建设工程项目管理与绿色建造案例

主　编　张基尧　肖绪文
副主编　吴　涛　王要武　尤　完　贾宏俊

中国建筑工业出版社

图书在版编目（CIP）数据

建设工程项目管理与绿色建造案例/张基尧，肖绪文主编；吴涛等副主编. —北京：中国建筑工业出版社，2021.11（2022.11重印）

（新型建造方式与工程项目管理创新丛书；分册13）

ISBN 978-7-112-26728-6

Ⅰ.①建… Ⅱ.①张… ②肖… ③吴… Ⅲ.①基本建设项目—项目管理②基本建设项目—案例 Ⅳ.①F284

中国版本图书馆CIP数据核字（2021）第208930号

本书从鲁布革、广蓄、小浪底工程的管理改革、经验入手，系统描绘了水电工程建设发展变革的历史进程、艰辛努力和卓越成效。并将这种工程项目管理原理和创新精神融入其他类型的建设工程，精心选编了八个项目实践案例。展现了党的十八大以来，建筑业企业管理工作者、工程技术人员和建筑产业工人在新的历史条件下，弘扬鲁布革精神，积极变革工程建设组织实施模式的众多实践与创新。

责任编辑：周方圆　封　毅
书籍设计：锋尚设计
责任校对：李美娜

新型建造方式与工程项目管理创新丛书　分册 13

建设工程项目管理与绿色建造案例

主　编　张基尧　肖绪文
副主编　吴　涛　王要武　尤　完　贾宏俊

＊

中国建筑工业出版社出版、发行（北京海淀三里河路9号）
各地新华书店、建筑书店经销
北京锋尚制版有限公司制版
北京富诚彩色印刷有限公司印刷

＊

开本：787毫米×1092毫米　1/16　印张：15　字数：273千字
2022年2月第一版　　2022年11月第二次印刷
定价：**88.00**元

ISBN 978-7-112-26728-6

（38542）

课题研究及丛书编写指导委员会

周金虎　宏盛建业投资集团有限公司董事长

杜　锐　山西四建集团有限公司董事长

笪鸿鹄　江苏苏中建设集团董事长

葛汉明　华新建工集团有限公司副董事长

吕树宝　正方圆建设集团董事长

沈世祥　江苏江中集团有限公司总工程师

李云岱　兴润建设集团有限公司董事长

钱福培　西北工业大学教授

王守清　清华大学教授

成　虎　东南大学教授

王要武　哈尔滨工业大学教授

刘伊生　北京交通大学教授

丁荣贵　山东大学教授

肖建庄　同济大学教授

课题研究及丛书编写委员会

主　任：肖绪文　中国工程院院士、中国建筑集团首席专家

　　　　吴　涛　中国建筑业协会原副会长兼秘书长、山东科技大学特聘教授

副主任：贾宏俊　山东科技大学泰安校区副主任、教授

　　　　尤　完　中亚协建筑产业委员会副会长兼秘书长、中建协建筑业
　　　　　　　　高质量发展研究院副院长、北京建筑大学教授

　　　　白思俊　中国（双法）项目管理研究委员会副主任、西北工业大学教授

　　　　李永明　中国建筑第八工程局有限公司党委书记、董事长

委　员：赵正嘉　南京市住房城乡和建设委员会原副主任

本书编委会

主　编：张基尧　肖绪文

副主编：吴　涛　王要武　尤　完　贾宏俊

编　委：（按姓氏笔画排序）

　　　　王永锋　王德兵　任卫华　杜　锐　何　丹

　　　　陈　杰　林苗庆　周金虎　高兴文

丛书总序

2021年是中国共产党成立100周年，也是"十四五"期间全面建设社会主义现代化国家新征程开局之年。在这个具有重大历史意义的年份，我们又迎来了国务院五部委提出在建筑业学习推广鲁布革工程管理经验进行施工企业管理体制改革35周年。

为进一步总结、巩固、深化、提升中国建设工程项目管理改革、发展、创新的先进经验和做法，按照党和国家统筹推进"五位一体"总体布局，协调推进"四个全面"战略布局，全面实现中华民族伟大复兴"两个一百年"奋斗目标，加快建设工程项目管理资本化、信息化、集约化、标准化、规范化、国际化，促进新阶段建筑业高质量发展，以适应当今世界百年未有之大变局和国内国际双循环相互促进的新发展格局，积极践行"一带一路"建设，充分彰显建筑业在经济社会发展中的基础性作用和当代高科技、高质量、高动能的"中国建造"实力，努力开创我国建筑业无愧于历史和新时代新的辉煌业绩。由山东科技大学、中国亚洲经济发展协会建筑产业委员会、中国（双法）项目管理研究专家委员会发起，会同中国建筑第八工程局有限公司、中国建筑第五工程局有限公司、中建科工集团有限公司、陕西建工集团有限公司、北京城建建设工程有限公司、天一投资控股集团有限公司、河南国基建设集团有限公司、山西四建集团有限公司、广联达科技股份有限公司、瑞和安惠项目管理集团公司、苏中建设集团有限公司、江中建设集团有限公司等三十多家企业和西北工业大学、中国社科院大学、同济大学、北京建筑大学等数十所高校联合组织成立了《中国建设工程项目管理发展与治理体系创新研究》课题研究组和《新型建造方式与工程项目管理创新丛书》编写委员会，组织行业内权威专家学者进行该课题研究和撰写重大工程建造实践案例，以此有效引领建筑业绿色可持续发展和工程建设领域相关企业和不同项目管理模式的创新发展，着力推动新发展阶段建筑业转变发展方式与工程项目管理的优化升级，以实际行动和优秀成果庆祝中国共产党成立100周年。我有幸被邀请作为本课题研究指导委员会主任委员，很高兴和大家一起分享了课题研究过程，颇有一些感受和收获。该课题研究注重学习追踪和吸收国内外业内专家学者研究的先进理念和做法，归纳、总结我国重大工程建设的成功经验和国际工程的建设管理成果，坚持在研究中发现问题，在化解问题中深化研究，体现了课题团队深入思考、合作协力、用心研究的进取意识和奉献精神。课题研究内容既全面深入，又有理论与实践相结合，其实效性与指导性均十分显著。

一是坚持以习近平新时代中国特色社会主义思想为指导，准确把握新发展阶段这个战略机遇期，深入贯彻落实创新、协调、绿色、开放、共享的新发展理念，立足于构建以国内大循环为主题、国内国际双循环相互促进的经济发展势态和新发展格局，研究提出工程项目管理保持定力、与时俱进、理论凝练、引领发展的治理体系和创新模式。

二是围绕"中国建设工程项目管理创新发展与治理体系现代化建设"这个主题，传承历史、总结过去、立足当代、谋划未来。突出反映了党的十八大以来，我国建筑业及工程建设领域改革发展和践行"一带一路"国际工程建设中项目管理创新的新理论、新方法、新经验。重点总结提升、研究探讨项目治理体系现代化建设的新思路、新内涵、新特征、新架构。

三是回答面向"十四五"期间向第二个百年奋斗目标进军的第一个五年，建筑业如何应对当前纷繁复杂的国际形势、全球蔓延的新冠肺炎疫情带来的严峻挑战和激烈竞争的国内外建筑市场，抢抓新一轮科技革命和产业变革的重要战略机遇期，大力推进工程承包，深化项目管理模式创新，发展和运用装配式建筑、绿色建造、智能建造、数字建造等新型建造方式提升项目生产力水平，多方面、全方位推进和实现新阶段高质量绿色可持续发展。

四是在系统总结提炼推广鲁布革工程管理经验35年，特别是党的十八大以来，我国建设工程项目管理创新发展的宝贵经验基础上，从服务、引领、指导、实施等方面谋划基于国家治理体系现代化的大背景下"行业治理—企业治理—项目治理"多维度的治理现代化体系建设，为新发展阶段建设工程项目管理理论研究与实践应用创新及建筑业高质量发展提出了具有针对性、实用性、创造性、前瞻性的合理化建议。

　　本课题研究的主要内容已入选住房和城乡建设部2021年度重点软科学题库，并以撰写系列丛书出版发行的形式，从十多个方面诠释了课题全部内容。我认为，该研究成果有助于建筑业在全面建设社会主义现代化国家的新征程中立足新发展阶段，贯彻新发展理念，构建新发展格局，完善现代产业体系，进一步深化和创新工程项目管理理论研究和实践应用，实现供给侧结构性改革的质量变革、效率变革、动力变革，对新时代建筑业推进产业现代化、全面完成"十四五"规划各项任务，具有创新性、现实性的重大而深远的意义。

　　真诚希望该课题研究成果和系列丛书的撰写发行，能够为建筑业企业从事项目管理的工作者和相关企业的广大读者提供有益的借鉴与参考。

二〇二一年六月十二日

张基尧

中共第十七届中央候补委员，第十二届全国政协常委，人口资源环境委员会副主任
国务院原南水北调工程建设委员会办公室主任，党组书记（正部级）
曾担任鲁布革水电站和小浪底水利枢纽、南水北调等工程项目总指挥

丛书前言

改革开放40多年来，我国建筑业持续快速发展。1987年，国务院号召建筑业学习鲁布革工程管理经验，开启了建筑工程项目管理体制和运行机制的全方位变革，促进了建筑业总量规模的持续高速增长。尤其是党的十八大以来，在以习近平同志为核心的党中央坚强领导下，全国建设系统认真贯彻落实党中央"五位一体"总体布局和"四个全面"的战略布局，住房城乡建设事业蓬勃发展，建筑业发展成就斐然，对外开放度和综合实力明显提高，为完成投资建设任务和改善人民居住条件做出了巨大贡献。从建筑业大国开始走向建造强国。正如习近平总书记在2019年新年贺词中所赞许的那样：中国制造、中国创造、中国建造共同发力，继续改变着中国的面貌。

随着国家改革开放的不断深入，建筑业持续稳步发展，发展质量不断提升，呈现出新的发展特征：一是建筑业现代产业地位全面提升。2020年，建筑业总产值263 947.04亿元，建筑业增加值占国内生产总值的比重为7.18%。建筑业在保持国民经济支柱产业地位的同时，民生产业、基础产业的地位日益凸显，在改善和提高人民的居住条件生活水平以及推动其他相关产业的发展等方面发挥了巨大作用。二是建设工程建造能力大幅度提升。建筑业先后完成了一系列设计理念超前、结构造型复杂、科技含量高、质量要求严、施工难度大、令世界瞩目的高速铁路、巨型水电站、超长隧道、超大跨度桥梁等重大工程。目前在全球前10名超高层建筑中，由中国建筑企业承建的占70%。三是工程项目管理水平全面提升，以BIM技术为代表的信息化技术的应用日益普及，正在全面融入工程项目管理过程，施工现场互联网技术应用比率达到55%。四是新型建造方式的作用全面提升。装配式建造方式、绿色建造方式、智能建造方式以及工程总承包、全过程工程咨询等正在成为新型建造方式和工程建设组织实施的主流模式。

建筑业在取得举世瞩目的发展成绩的同时，依然还存在许多长期积累形成的疑难问题和薄弱环节，严重制约了建筑业的持续健康发展。一是建筑产业工人素质亟待提升。建筑施工现场操作工人队伍仍然是以进城务工人员为主体，管理难度加大，施工安全生产事故呈现高压态势。二是建筑市场治理仍需加大力度。建筑业虽然是最早从计划经济走向市场经济的领域，但离市场运行机制的规范化仍然相距甚远。挂靠、转包、串标、围标、压价等恶性竞争乱象难以根除，企业产值利润率走低的趋势日益明显。三是建设工程项目管理模式存在多元主体，各自为政，互相制约，工程实施主体责任不够明确，监督检查与工程实际脱节，严重阻碍了工程项目管理和工程总体质量协同发展提升。四是创新驱动发展动能不足。由于建筑业的发展长期依赖于固定资产投资的拉动，同时企业自身资金积累有限，因而导致科技创新能力不足。在新常态背景下，当经济发展动能从要素驱动、投资驱动转向创新驱动时，对于以劳动密集型为特征的建筑业而言，创新驱动发展更加充满挑战性，创新能力成为建筑业企业发展的短板。这些影响建筑业高质量发展的痼疾，必须要彻底加以革除。

目前，世界正面临着百年未有之大变局。在全球科技革命的推动下，科技创新、传播、应用的规模和速度不断提高，科学技术与传统产业和新兴产业发展的融合更加紧密，一系列重大科技成果以前所未有的速度转化为现实生产力。以信息技术、能源资源技术、生物技术、现代制造技术、人工智能技术等为代表的战略性新兴产业迅速兴起，现代科技新兴产业的深度融合，既代表着科技创新方向，也代表着产业发展方向，对未来经济社会发展具有重大引领带动作用。因此，在这个大趋势下，对于建筑业而言，唯有快速从规模增长阶段转向高质量发展阶段、从粗放型低效率的传统建筑业走向高质高效的现代建筑业，才能跟上新时代中国特色社会主义建设事业发展的步伐。

现代科学技术与传统建筑业的融合，极大地提高了建筑业的生产力水平，变革着建筑业的生产关系，形成了多种类型的新型建造方式。绿色建造方式、装配建造方式、智能建造方式、3D打印等是具有典型特征的新型建造方式，这些新型建造方式是建筑业高质量发展的必由路径，也必将有力推动建筑产业现代化的发展进程。同时还要看到，任何一种新型建造方式总是与一定形式的项目管理模式和项目治理体系相适应的。某种类型的新型建造方式的形成和成功实践，必然伴随着项目管理模式和项目治理体系的创新。例如，装配式建造方式是来源于施工工艺和技术的根本性变革而产生的新型建造方式，则在项目管理层面上，项目管理和项目治理的所有要素优化配置或知识集成融合都必须进行相应的变革、调整或创新，从而才能促使工程建设目标得以顺利实现。

随着现代工程项目日益大型化和复杂化，传统的项目管理理论在解决项目实施过程中的各种问题时显现出一些不足之处。1999年，Turner提出"项目治理"理论，把研究视角从项目管理技术层面转向管理制度层面。近年来，项目治理日益成为项目管理领域研究的热点。国外学者较早地对项目治理的含义、结构、机制及应用等问题进行了研究，取得了较多颇具价值的研究成果。国内外大多数学者认为，项目治理是一种组织制度框架，具有明确项目参与方关系与治理结构的管理制度、规则和协议，协调参与方之间的关系，优化配置项目资源，化解相互间的利益冲突，为项目实施提供制度支撑，以确保项目在整个生命周期内高效运行，以实现既定的管理战略和目标。项目治理是一个静态和动态相结合的过程：静态主要指制度层面的治理；动态主要指项目实施层面的治理。国内关于项目治理的研究正处于起步阶段，取得一些阶段性成果。归纳、总结、提炼已有的研究成果，对于新发展阶段建设工程领域项目治理理论研究和实践发展具有重要的现实意义。

党的十九届五中全会审议通过的《中共中央关于制定国民经济和社会发展第十四个五年规划和二〇三五年远景目标的建议》，着眼于第二个百年奋斗目标，规划了"十四五"乃至2035年间我国经济社会发展的目标、路径和主要政策措施，是指引全党、全国人民实现中华民族伟大复兴的行动指南。为了进一步认真贯彻落实党的十九届五中全会精神，准确把握新发展阶段，深入贯彻新发展理念，加快构建新发展格局，凝聚共识，团结一致，奋力拼搏，推动建筑业"十四五"高质量发展战略目标的实现，由山东科技大学、中国亚洲经济发展协会建筑产业委员会、中国（双法）项目管理研究专家委员会发起，会同中国建筑第八工程局有限公司、中国建筑第五工程局有限公司、中建科工集团有限公司、陕西建工集团有限公司、北京城建建设工程有限公司、天一投资控股集团有限公司、河南国基建设集团有限公司、山西四建集团有限公司、广联达科技股份有限公司、瑞和安惠项目管理集团公司、苏中建设集团有限公司、江中建设集团有限公司等三十多家企业和西北工业大学、中国社科院大学、同济大学、北京建筑大学等数十所高校联合组织成立了《中国建设工程项目管理发展与治理体系创新研究》课题，该课题研究的目的在于探讨在习近平新时代中国特色社会主义思想和党的十九大精神指引下，贯彻落实创新、协调、绿色、开放、共享的发展理念，揭示新时代工程项目管理和项目治理的新特征、新规律、新趋势，促进绿色建造方式、装配式建造方式、智能建造方式的协同发展，推动在构建人类命运共同体旗帜下的"一带一路"建设，加速传统建筑业企业的数字化变革和转型升级，推动实现双碳目标和建筑业高质量发展。为此，课题深入研究建设工程项目管理创新和项目治理体系的内涵及内容构成，着力探索工程总承包、全过程工程咨询等工程建设组织实施方式对新型建造方式的作用机制和有效路径，系统总结"一带一路"建设的国际化项目管理经验和创新举措，深入研讨项目生产力理论、数字化建筑、企业项目化管理的理论创新和实践应用，从多个层面上提出推动建筑业高质量发展的政策建议。该课题已列为住房和城乡建设部2021年软科学技术计划项目。课题研究成果除《建设工程项目管理创新发展与治理体系现代化建设》总报告之外，还有我们著的《建筑业绿色发展与项目治理体系创新研究》以及由吴涛著的《"项目生产力论"与建筑业高质量发展》，贾宏俊和白思俊著的《建设工程项目管理体系创新》，校荣春、贾宏俊和李永明编著的《建设项目工程总承包管理》，孙丽丽著的《"一带一路"建设与国际工程管理创新》，王宏、卢昱杰和徐坤著的《新型建造方式与钢结构装配式建造体系》，袁正刚著的《数字建筑理论与实践》，宋蕊著的《全过程工程咨询管理》《建筑企业项目化管理理论与实践》，张基尧和肖绪文主编的《建设工程项目管理与绿色建造案例》，尤完和郭中华著的《绿色建造与资源循环利用》《精益建造理论与实践》，沈兰康和张党国主编的《超大规模工程EPC项目集群管理》等10余部相关领域的研究专著。

本课题在研究过程中得到了中国（双法）项目管理研究委员会、天津市建筑业协会、河南省建筑业协会、内蒙古建筑业协会、广东省建筑业协会、江苏省建筑业协会、浙江省建筑施工协会、上海市建筑业协会、陕西省建筑业协会、云南省建筑业协会、南通市建筑业协会、南京市住房城乡建设委员会、西北工业大学、北京建筑大学、同济大学、中国社科院大学等数十家行业协会、建筑企业、高等院校以及一百多位专家、学者、企业家的大力支持，在此表示衷心感谢。《中国建设工程项目管理发展与治理体系创新研究》课题研究指导委员会主任、国务院原南水北调办公室主任张基尧，第十届全国人大环境与资源保护委员会主任毛如柏，原铁道部常务副部长、中国工程院院士孙永福亲自写序并给予具体指导，为此向德高望重的三位老领导、老专家致以崇高的敬意！在研究报告撰写过程中，我们还参考了国内外专家的观点和研究成果，在此一并致以真诚谢意!

二〇二一年六月三十日

肖绪文

中国建筑集团首席专家，中国建筑业协会副会长、绿色建造与智能建筑分会会长，中国工程院院士。本课题与系列丛书撰写总主编

本书前言

改革开放以来、特别是党的十八大以来，在习近平新时代中国特色社会主义思想指引下，建筑业作为国民经济的支柱产业，取得了举世瞩目的成就，建筑施工企业作为建设战线的生力军，为国家经济建设的快速、持续、全面发展做出了巨大贡献。2021年是国务院五部委提出学习推广鲁布革工程管理经验35周年，也是"十四五"规划的开局之年，认真总结建设工程项目管理创新和项目治理经验，对于立足新发展阶段、贯彻新发展理念、构建新发展格局、发展新型建造方式、推动建筑业高质量发展具有极其重要的现实意义。

为了进一步深化和总结建设工程项目管理经验，彰显建筑业企业在建设工程项目管理领域的突出成就，展现高素质、职业化的项目管理人才队伍的能力和风采，我们组织有关建筑企业、高等院校的专家、学者共同编写了《建设工程项目管理与绿色建造案例》一书。该书主要结合建筑业35年，学习推广"鲁布革"工程管理经验以来，广大企业运用发展创新项目管理、严格工程质量管控、实施绿色施工、创建鲁班奖工程、促进行业高质量发展的实践做法和宝贵的经验。为了使读者进一步了解这些优秀典型案例产生的源头和"鲁布革"工程管理经验的引导启迪作用，我们特邀本书主编——水电十四局原局长、国务院原南水北调工程建设委员会办公室主任张基尧同志就他本人亲历参与"鲁布革工程、小浪底工程和广州电站工程"项目管理的实践经验加以整理作为典型案例的开篇之作。续篇选择了具有代表意义的8家企业承建的不同规模和类型的建设工程。这些典型案例是在学习推广鲁布革工程管理经验基础上，企业深化项目管理创新发展的重要成果，从一个侧面也反映了建筑业企业，学习借鉴国内外先进管理经验与新发展阶段贯彻落实创新、协调、绿色、开放、共享的发展理念，普及应用具有"坚持国际化方向、反映本土化国情、凸显专业化特色"三化融合特征的中国建设工程项目管理规范，进而在推进建设工程项目管理体制变革和项目治理体系创新中收获的基本经验形成的上下关联性和本质逻辑性特征。

众所周知，工程项目管理是一门实践性很强的学科，既有系统的理论观点，又有明显的实践特征，既要遵循相关法律、法规的规范化要求，也需遵循在规范化的原则下突出个案特点。随着经济全球化和新技术革命与新产业革命的深度融合，项目管理已经成为当今世界上最为活跃、最热门的学科。无论是政府投资项目，还是非政府投资项目，越来越多的业主方需要具有综合实力的工程承包企业或专业化的项目管理公司为其提供全过程、全方位的项目管理服务。

我们希望通过本书的出版，为从事工程项目管理的理论研究者和实践应用者，尤其是项目经理，提供一本具有实用价值的参考资料。由于工程项目管理在我国建筑行业中发展还不平衡，许多问题还需要进一步研究，所以，本书的编写难免有不足之处，希望广大读者和项目经理及时对本书提出宝贵意见。

本书编写过程中得到了政府主管部门、行业协会、大专院校以及广大建筑业企业有关领导、专家、项目经理的大力支持，在此表示深深的谢意。

二〇二一年八月二十日

目录

开篇

冲击与探索
——鲁布革、广蓄、小浪底工程管理体制改革之路

续篇

实践与创新

开篇

冲击与探索

——鲁布革、广蓄、小浪底工程管理体制改革之路

绪言

1992年，邓小平同志在南方谈话时指出："不坚持社会主义、不改革开放、不发展经济、不改善人民生活，只能是死路一条。"

2013年11月9日，习近平总书记在讲话中指出："改革开放是我们党在新的时代条件下带领人民进行的新的伟大革命，是当代中国最鲜明的特色，也是我们党最鲜明的旗帜。35年来靠什么来振奋民心、统一思想、凝聚力量？靠什么来实现我国经济社会快速发展，在与资本主义竞争中赢得比较优势？靠的就是改革开放。"

40年中国发生了翻天覆地的变化充分证实：改革是推动社会进步的动力。

中国建设管理体制的改革从严格意义上讲是从鲁布革工程开始的。紧随全国改革开放的步伐，以鲁布革工程为载体拉开了中国水利水电建设管理体制改革的序幕。在引进世界银行资金的同时引进国际通用的项目业主负责制、招标承包制和工程监理制；引进日本大成公司承担鲁布革引水隧洞工程建设并由此展现了先进的施工管理和技术，在云贵交界的鲁布革工程建设中开始了新旧两种体制的竞争和较量，引发了鲁布革人的困惑、反思和奋起，开始学习外国先进经验以推动建筑业改革的尝试，形成了对计划经济体制下的工程管理理念、模式、制度的冲击和思考。

1987年6月，李鹏副总理在全国第一次施工工作会议上发出了学习推广鲁布革经验、加快建设管理体制改革的号召。

继之而来的广州抽水蓄能电站给鲁布革改革的尝试提供了更广阔的平台，在这个平台上全方位地推行三项制度改革，确立业主在项目建设中的主导地位；引入全面竞争机制，建立以合同管理为中心的工程管理模式；强化工程监理的地位和作用。对于施工单位而言，则是彻底改变成建制的企业化施工模式，探索精干队伍上战场、优化资源配置、网络目标管理、加强成本核算、提高工程效益的"项目法施工"新模式。后经建设部及能源部归纳提炼向全国推广，作为全国建筑业体制改革的突破口，倒逼建筑企业走向改革开放的前沿，广蓄电站实现了工期短、质量高、效益好的工程建设目标。

改革必须敞开大门，改革的成果必须接受国际工程的检验。黄河小浪底水利枢纽工程给予我们一次如何把国际工程施工惯例与中国国情相结合的机会。以德、意、法三国承包商为主的施工联合体进驻小浪底工地不久，便出现了由于导流洞塌方引发的以德国旭普林公司为主的二标承包商停工索赔的严峻局面。面对关闭的施工现场和紧迫的工期要求，经过甲乙双方艰难谈判，在施工合同框架内促成以成建制精干的水电施工队伍替代零星劳务，把国际通用的FIDIC条款与中国国情相结合，中国水电工人以主人翁精神和"项目法施工"理念、方式承担起小浪底引水泄洪工程的劳务与劳务管理。通过斗争磨合、创新奉献促使外商由排斥转变为合作，最终赢得了他们的信任和支持，赶回贻误11个月的工期，如期实现工程截流。此后工程建设一路畅通，取得了工程质量优良、成本节约、甲乙双方互利双赢的良好效果。

小浪底工程是对广州抽水蓄能电站探索的甲方国际项目管理与乙方"项目法施工"的升华，是对新体制下施工能力和施工水平的检验，也是与国际工程管理接轨的一次尝试，不仅取得了丰硕的工程成果，维护了国家的利益，同时也在与国际承包商的交往契合中学习并提升了我国工程项目的管理水平，为中国企业走出去培养了大批人才。

鲁布革、广蓄、小浪底三项工程均被评为鲁班奖，并列入新中国成立60周年共和国百项经典工程，究其原因，笔者以为是三项工程紧紧融入改革开放的时代，紧跟改革开放的步伐，在改革开放政策的指引和各级组织的领导下，破除旧体制的障碍，改革传统施工企业和工程项目管理思路、模式、方法和制度，认真学习、勇敢变革、大胆尝试、深入实践，这种学习、变革、尝试顺应了时代潮流、符合生产规律、激发生产动力、提高管理水平，因此取得了丰硕的工程建设成果。它不仅为全国建筑业的项目管理提供了借鉴，同时也为施工企业的改革找到了突破口，进一步促进了建筑施工企业的体制改革，为企业开拓创新、升级发展探索了一条新路。

第1章

中国水电工程建设的艰难跋涉

水电是最清洁、最廉价、技术最成熟、综合效益最好的可再生能源，是我国电力结构中的重要部分，占全国电力装机的24%。水电站的水库大坝是防洪减灾的重要基础设施，在历次洪水中发挥了重要作用。水电的节能减排效益十分显著，改革开放40年来水电累计发电量为14万亿kW·h，约相当替代标准煤43亿t，减排二氧化碳113亿t、二氧化硫0.37亿t，为抑制气候变化、改善人民生活环境、促进经济社会发展以及帮助贫困人口脱贫致富都发挥了重要作用。

1.1 丰富的水能资源

我国水能资源十分丰富，总量居世界第一。根据最新统计，我国水能资源可开发装机容量约6.6亿kW，年发电量约3万亿kW·h，按利用100年计算，相当于1 000亿吨标准煤。[①]

我国水能资源分布不均衡。一是地域分布不均，其中西部占81%、中部占14%、东部占5%；在各省区中，西藏居首位，四川、云南分居第二、第三；在各流域资源分布中，长江流域占47.3%，雅鲁藏布江及西藏其他河流占15.63%，西南诸河、黄河流域及珠江流域分别占13.85%、6.89%、5.78%。二是时空分布不均，每年7～9月汛期水量占70%～80%，因此开发水能资源需建设高坝大库进行洪水调节。三是富集程度不均，富集程度高的十三大水电基地装机容量占全国技

---

① 数据来源：《水电发展"十三五"规划（2016—2020年）》。

术可开发量的54%，百万千瓦级以上120余座大型电站的装机及年发电量均占全国58%以上。

在积贫积弱的旧中国，仁人志士胸怀经济发展、民族振兴的远大抱负，面对腐败无能的封建王朝和列强觊觎分割的大好河山，只有扼腕呼喊、望洋兴叹。伟大革命先驱孙中山先生的三峡梦沉睡多年，开发江河、利用水能造福人民的宏伟理想，成为一代又一代仁人志士的久久期盼。

1912年，我国在云南昆明石龙坝建成了第一座装机容量480kW的水电站。至1949年，中国的水电总装机容量仅有36万kW，年发电量12亿kW·h（未包括台湾地区），水电装机容量居世界第20位，年发电量居世界第21位。丰富的水能资源，日复一日、年复一年地白白流失。

1.2　艰难而持续的水电发展

国运兴则水电兴。1949年10月1日，中华人民共和国成立，在中国共产党领导下，中华大地发生了翻天覆地的变化。新中国的成立为我国水电事业开辟了加快建设和不断发展的道路。

1950年召开全国水力发电工程会议。这次会议明确了恢复与建设水力发电工程的方针和任务，决定成立燃料工业部水力发电总局。同年11月17日，政务院第59次政务会议通过《全国水力发电工程会议决议》，决议指出：要加速完成丰满水电站恢复改建工程和其他中心水电站未完工作，建立健全组织机构，大量培养技术干部，为发展中国水电事业创造条件。

新中国成立伊始百废待兴，各项工作雷厉风行。在短短的时间内，全国组建起8个勘测设计院、12个水电工程局和1个科学研究院，拥有了近4万名建设者队伍，恢复及开始14座水电站施工及51项水电工程勘测设计工作。新中国成立初期的三年国民经济恢复和第一个五年计划期间，我国自行设计建设了狮子滩、古田、黄坛口、流溪河、佛子岭、梅山等一批中型水电站，这些电站以工期短、投资少的优越条件满足了所在地区新中国成立初期经济恢复对电力的需要，也为我国大型水电站的设计施工和机组制造培养了一大批管理干部和技术人员。

水电工程规划设计是基础。1953—1955年，水力发电总局首次组织对我国1958条干支流进行了全国水力普查。1956—1958年，电力工业部与水利部又联合组织第二次普查。继之组织编制了《黄河流域除害兴利综合利用规划报告》和《长江流域规划要点报告》。

1957年，我国开始建设新安江和三门峡两座大型水电站。自行设计施工的新安江水电站第一台机组1960年发电。在苏联专家帮助下设计的三门峡水电站由于对黄河泥沙缺乏足够的了解和认识，几经改造，在1973年投产发电，但遗留下了泥沙淤积的重大问题。

1958—1965年间，水电建设虽受到"大跃进"影响，但各项工作仍得到发展。由于选择项目合理，前期工作深入，勘测设计较完善，施工队伍扎实努力，柘溪、陈村等一批工期短、造价低的工程快速建成发电，虽然施工机械化水平很低，主要依靠建设者的劳动热情和奉献精神，但工程建设质量良好，至今依然发挥着重要作用。

10年"文化大革命"中水电建设受到"左"的思想冲击和破坏，水电总局及多数设计、科研机构被撤销，人员下放，项目前期及科研工作停滞。但由于水电站大多建设在深山峡谷之中，在建的水电工程建设工地受"文化大革命"的干扰较小，广大水电职工克服困难、坚持生产，因而这一期间的在建水电工程仍未停顿，新安江、云峰、盐锅峡、柘溪等工程相继竣工。

1976年10月，以粉碎"四人帮"为标志，结束了持续10年的"文化大革命"。水电系统在清理"左倾"错误、拨乱反正、落实政策、平反冤假错案方面做了大量工作，恢复和重建被撤销的水电总局、勘测设计院及科研机构，重新规划与部署水电前期工作，开始全面整顿和改革。至1978年，我国水电装机容量达到1 728万kW。

1978年党的十一届三中全会胜利召开，党和国家的工作重点转到以经济建设为中心的轨道上来，坚持改革开放，坚持一个中心、两个基本点的战略思想，掀起了一场解放和发展生产力的伟大变革，中国水电同全国各行各业一样迎来了改革发展的春天。

1979年，水利电力部提出《十大水电基地设想》，以后几经调整形成十三大水电基地。十三个水电基地装机容量2.78亿kW、年发电1.2万kW·h，其可开发量分别占全国技术可开发量及发电量的51.3%和48.6%。此后按照集中建立水电基地的设想，恢复后的勘测设计院加大了前期工作力度，随着设计的成熟和国家经济形势的好转，不时有新的工程开工建设。

40年来，中国水电装机容量和发电量由改革之初的1 728万kW和446亿kW·h增长至2019年的3.56亿kW和1.30万亿kW·h，增长了近21倍和29倍，建成了举世瞩目的长江三峡水电工程和溪洛渡、向家坝、小湾、水布垭、乌东德、白鹤滩等一大批百万千瓦级大型水电站，300m高混凝土拱坝、堆石坝、碾压混凝土坝筑坝技术、大型地下洞室施工等一系列世界级高新技术均处于国际领先水平。大型、特大型水电工程的建设推动了设备制造及高压输电技术的发展，经过技术转让、消化吸收、自主创新实践，我们不仅拥有70万kW、80万kW、100万kW单机容量水轮发电机组的自主知识产权和生产制造能力，同时拥有50万kV、75万kV以至100万kV的高压、特高压输电技术。目前，依托"西电东送"骨干水电集群已输送水电装机容量5 000多万kW、年送电量2 000多亿kW·h，相当于替代原煤1亿t、减排二氧化碳2亿t。

中国水电的长足发展，得益于党的领导，得益于中国特色社会主义制度，得益于一代又一代水电工作者锐意改革、敢于创新、艰苦奋斗、勇于实践，得益于改革开放的伟大时代。

1.3 计划经济体制下的水电建设模式

在我国初期的水电建设中，由于技术和经济的原因，施工力量薄弱、技术装备落后，不得不使用以人力为主的传统施工工艺和落后的组织方式，生产力水平低下。广大水电建设者以社会主义主人翁的精神和高涨的劳动热情，在党和各级政府领导下，千军万马肩挑人抬，运土筑坝劈山开隧。新中国成立后的老一代水电建设者以对祖国的忠诚和水电事业的热爱，为新中国水电的奠基和发展奉献出青春和热血，建立了不朽功勋。

由于历史的原因，长期以来我们一直沿用计划经济下的水电建设管理模式：政府大包大揽，项目投资体制单一；管理水平落后，劳动生产力低下；技术力量薄弱，水电队伍臃肿；水电行业在建设一座座电站的同时，也积累了越来越多的问题，背上了越来越沉重的包袱。

党的十一届三中全会以后，改革开放带来了水电建设发展的好形势。但由于水电建设投资大、工期长，传统的水电建设管理模式已很难适应水电建设快速发展的要求，探索水电建设管理体制改革成了中国水电人必须面对的重要课题。

1. 有责无权的国有企业

旧体制下的水电工程项目，是由代表国家的水电建设总局根据工程的大小分别下达给所属的水电工程局。一般说来，工程投资大、周期长的项目下达给施工力量比较强的工程局或组织多个工程局共同承担。对于云南、贵州、四川等水电资源丰富，但从国家的技术和经济考虑又暂时无力开发较大的工程，只有因地制宜地由工程局或组建若干工程处承担中小水电站的建设。

工程局、工程处实质意义上就是一个生产车间，有职有责，无权无利，组织生产建设的权利和所有生产资源都集中在水电总局，计划由总局下达，资金由总局安排，设备由总局统一调拨，物资由总局按计划供应，这之间除了人由工程局管理，所有构成生产要素的设备、材料、资金都待上级的指令和拨付。建设期间不乏资金、材料、设备、配件的断档缺货，工程就像断了奶的婴儿，只有忍饥挨饿、干干停停。

随着工程规模扩大和国家经济形势好转，在一个新工程开工时，国家也会配置少量设备，但是有设备采购权的部门并不使用设备，而真正使用设备的施工单位并没有设备采购权，权与责的分离注定他们能得到的设备多是不配套、不适用的。由此出大马拉小车、小马拉大车也就不足为怪了。

配件是设备发挥作用的关键。而在设备购置中多重设备不重配件，为了显示设备购置部门的业绩，只购机不买件或只购机少买件也成为惯例。可是在设备的使用中，由于一个配件的损坏，造成一台设备停产的事例比比皆是，使用效率大打折扣。

设备作为施工的重要工具，就如同战士的武器，可下发的武器不是有枪无弹就是有枪放不响，这样的部队岂能打仗。

2. 巧妇难为无米之炊

水电建设所用的建筑材料除砂石土料由当地加工生产外，多数材料依然依靠市场供给。在计划经济的年代，对于紧缺的钢材、水泥、汽柴油都是严格按国家计划安排供应，对于爆破用的炸药、雷管之类爆破物资，更是专供专管专用。

水泥是用量最多的材料，可水泥的供应是完全计划的，国家计划部门根据工程建设的需要，将年度计划下达到地方，由地方政府安排到生产该工程需用水泥的水泥厂。当时的水泥厂生产规模小，技术水平低，生产管理方式落后，生产出的水泥多不能满足工程的需要，多数水泥出厂达不到存放的时间。热腾腾的水泥翻山越岭几百公里用汽车送到工地，可是只要浇筑一两次混凝土，丰盈的仓库就变得空空荡荡，又要等待下一批水泥的到来。这个等待也许十天半月，也许更长。

钢材的供应更是严格，不仅数量大，而且品种繁多。为了能与厂家搞好关系，及时拿到计划内的钢材，工程局都在钢铁厂设有驻厂代表。钢厂生产规模有限，僧多粥少，驻厂代表也不止一家，所以即使想方设法依然难以满足工地的施工需要，为此经常出现混凝土浇筑模板立好后等钢筋，以致修改设计以大带小、停工待料的情况。

钢材紧张，人们开始向大自然进军，以木代钢成为当时的常态。每年按照生产计划，由国家将木材使用计划下达到各个省的林业部门，并由此转到各个林场，工程所需的木材只能使用单位派汽车去林场运输。

木材千难万阻拉回家来也并非能材尽其用。原木送到木工厂加工，主材加工成不同规格的方木、板材，可在加工、保管、运输、使用过程中，尽管有层层审批、环环把关的制度，但是品质好的木材还是会流入不同环节的管理者手中。

水泥要运、钢材要运、木材要运，而且都是长途的公路运输，成千上万吨的建筑材料从四面八方源源不断地向水电工地运输，日复一日、年复一年，这要花多大的成本，这要消耗多少资源？水电工程又如何不投资大、工期长呢？

3. 以众为荣的人才观

传统的水电施工企业，由于生产方式落后、生产力水平低下，加上远离社会需要建立独立的服务体系，致使机构臃肿、队伍庞大、冗员严重。一般的水电工程局都有1万～2万人，最大的葛洲坝工程局则有5万之众，加上家属子女及离退休老职工则达十几万之多，占据了大半个宜昌城。

在计划经济的时代，招工指标是上级批准的，只要有了招工指标，企业就可以招收工人，并可以把全部工人工资纳入财务支出计划由国家全部担起来，各级领导并不承担什么压力，同时还有单位人数越多说明单位级别越高、管理的人越多、领导干部的"官"越大的错觉。

在这种思想的支配下，领导们会千方百计地寻找招工的理由，增加招工的机会。这样一来，一是可以充实年轻劳动力，企业实现新老交替；二来可以利用招工的机会，安排自己的亲属和子女；三是通过招工进一步密切与地方的关系，帮助地方安排就业，尤其是对有关领导的子女可以先招进工程局，等待有更好的岗位再调入地方。

传统方式下的不均衡生产，造成了劳动力曲线的大起大落，短期的用工行为又推高了企业和工程的成本。人员能进不能出的政策既给企业带来负担，也给个人造成伤害。由于工人来源不一、招工形式多样，造成了职工之间的层次差异，工人之间不仅分工不同，在心理和待遇上也不同。多数以劳动力为主的普工都千方百计走门子、找关系去学技术，以此通过改变身份而改变命运，而技术性较强的技术工人成了水电队伍中的特殊群体，他们工作时间短、工资收入高，不同的境遇与工作形成了与普通工人之间的隔阂，也降低了施工企业的效率。

在人力资源管理方面的这些弊端给企业形成的无形枷锁，在鲁布革电站日本大成公司的用人制度方面都得到了对照和检验，没有用人的自主权，企业的自主权其实就是一句空话。

4. 粗放的成本管理

成本是生产经营的核心，但在计划经济年代，成本的边界模糊，成本管理粗放，影响成本的变动因素也是多样的，所以工程项目计划成本往往被突破。

国家有明确的水电工程设计施工定额，在设计施工定额的指导下，设计单位要根据工程规模、设计深度、环境条件、施工方式编制工程项目的初步设计概算，经项目主管单位批准后，作为工程建设安排计划、拨付资金的依据，也是工程建设单位控制成本的基础。

工程建设单位也力图控制成本，各个层次的工作会议和工程安排总是在强调工程进度、安全的同时，把成本作为一项重要的指标加以强调。即使在施工管理的基层单位，也设有计划及概算控制的管理部门，专事计划管理及成本控制。

成本管理的关键在基层，可是成本管理的理念及控制却由上而下层层递减，到了最关键的基层，反而是最薄弱的地方。由于设备不配套、材料供应不及时、资金短缺不到位，加上水电工人靠山吃山的观念，基层的成本管理只是放在表面的口号和应付场面的形式，实际上是先干后算、干而不算。

水电工程的流动性及水电施工队伍围绕工程而流动的生活方式，决定了水电职工对企业的依赖。他们与企业形成了生死相依、荣辱与共的共同体，企业就是他们永远的家，他们为了企业献了青春献终身、献了终身献儿孙，在这样的体制下，工程建设的成本也必然包含了职工生活中用水、用电、交通、通信等公共设施的成本，尽管是不合理的，但却是客观存在的。

偏远的地理位置和众多的工人队伍决定了人类生活所必需的社会功能只能由企业承担。第一是医院，生老病死谁人能离得了，况且在偏远危险的水电施工中还有着诸多意外的工伤和急需救护的伤员、孕妇、幼儿及老人，医院作为生活和生产的保障，不仅必需而且每个工地还不止一所。

第二是学校，从幼儿到青少年的几乎全部教育都由施工单位的学校承担，水电职工亲切地称为"子弟学校"。这里的学生几乎全是水电职工子女，上至校长、下至幼儿教师均是水电职工，不少是大学毕业分配到水电工地的大学生，他们承担着稳定水电队伍、培养水电职工后代的责任。

第三是社区服务，水电施工的特点决定了居住的分布，以工区或工段为基础的行政单位自然担负起社区领导的责任。上班指挥生产、下班管理生活，工区工段领导的家就是当然的社区服务站，职工家属生病、夫妇邻居纠纷、供水供电不畅、食堂缺米少菜、浴室能否开放等吃喝拉撒之类的大事小情都要工段长们解决，他们不仅是生产的管理者，更像是自然的大家长。

"除了火葬场没有，企业什么都有"，这是水电职工的常谈，也是他们生活的写照。他们生在企业，活在企业，死了也要靠企业，难怪有些职工自豪深情地说："我生是水电人，死是水电鬼，企业不管我谁管我？"这看似是对企业的依恋、是企业凝聚力的体现，可是这样的依恋极大增加了工程建设成本，犹如沉重的包袱压得企业喘不过气，企业已失去了竞争的活力和发展的动力。正如以后在鲁布革工程的投标中，有些基层干部和职工面对大成公司的低报价无可奈何地说："让我们背着沉重的包袱，去与轻装上阵的日本大成公司竞争，这合理吗？公平吗？"

1.4　我国基本建设体制的弊端

我们的生产力落后吗？答案是肯定的，又是否定的。肯定的是现实，否定的是鲁布革引水隧洞利用世界银行贷款进行国际招标，由日本大成公司承建，使用中国工人劳务，工程造价比标底降低40%、开挖工期提前半年、隧洞开挖创造了单头月进尺373.7m的国际水平。是同样的工人，在不同的管理下，为什么会有如此巨大的反差？答案是时任国务院副总理李鹏在视察鲁布革工地时指出的"原因不在工人，而在于管理"，中国工人可以出高效率，问题出在我国基本建设管理的体制上。

我国基本建设体制的弊端在哪里？

我国基本建设体制的弊端之一是国家统包工程。一个工程从规划、勘测、设计、施工一直到验收投产，全过程都由国家各级机构和各个部门统一包下来，由于机构部门分工细致、职责不一，相互掣肘、推诿的事屡见不鲜，往往一个环节出现问题，就会使全部工作停滞或中断。各级机构和各个部门分地区分行业，用行政办法而不是用经济办法来管理基本建设，形成地区壁垒和行业壁垒，同一地区与不同地区、同一行业与不同行业之间没有竞争，相反的是极力封闭技术、人才、管理要素，在地区、行业之外没有流动，往往出现自拉自唱、坐井观天甚至盲目自满。

我国基本建设体制弊端之二是行业统包队伍。各个行业都有一支庞大的基本建设队伍，任务单一、忙闲不均、技术狭窄，行业之间任务封闭、队伍封闭、技术封闭，工程越建越多，队伍越拖越大，包袱越来越沉重。有人说："中国有那么多人要吃饭，行业不包队伍怎么办？"可是也有人说："让我们拉家带口和外国人竞争？"……尽管意见多种多样，现实问题一个接一个，可是如何组织管理施工队伍，使各类专业的基本建设单位都改变单一的自营式的生产方式，成为一专多能、打破地区行业壁垒、独立于社会、综合承包经营的企业，是搞活企业、推动生产力发展的必然选择。

我国基本建设体制弊端之三是政府统筹资金。重大工程耗资巨大，资金保障是基本建设能否顺利进展的关键。我国旧体制下的基本建设资金全部是由政府按照计划拨付的，由于新中国成立不久，经济百废待兴、财政拮据，各行各业都亟待资金安排。在基本建设领域，虽然千方百计保重点，但依然有庞大队伍的刚性开支，用于基本建设的资金多是捉襟见肘，有多少米做多少饭。另外，旧体制下的企业是政府的附庸，实际上与政府是同体同根，政府既没有企业融资的政策，也没有银行贷款本息的偿还办法，所以不少基建项目随着经济发展而起落，上马不久就下马、下马几年再上马的项目比比皆是。这种上下马工程，对增加成本、稳定队伍、保证工程质量都造成重大影响。

我国基本建设体制的弊端之四是基本建设基层企业缺乏自主权。作为生产要素的人、财、物大权都不掌握在企业自己手中，工程的造价和工期都是由国家高层管理部门决定，有权的没有责、有责的没有权，责权利严重背离，企业和职工的积极性和责任感难以调动和发挥。1987年8月，在《人民日报》记者采访张基尧同志时，问到其承担的职责时其曾动情地说："如果鲁布革出了问题，要追查责任，我有充分的理由，因为人、财、物的主动权一样都不在我的手里，我又能负什么责任呢？长期以来，工程建设出了问题总是以种种原因相搪塞，大家负责其实谁都不负责。高高在上的政府各级机构掌握着工程建设人、财、物诸要素的分配权，而从事基层工作的单位和人员就如同被捆绑着手脚的人在跑道上与自由之身的人同场竞技，其输赢可想而知。"

……

旧体制的弊端是显而易见的，它已经不适应改革开放的要求和经济发展的需要，必须改变。可是几十年来，千千万万的人正是在这种模式下献了青春献终身，对旧体制的否定怎样才不致伤害曾在旧体制中英勇奋斗过的人们的感情？对人们奋斗精神的肯定和赞颂又怎样才不会掩盖旧体制的弊端？对于根深蒂固的旧的管理体制的改革从何处入手呢？

第2章

拉开序幕——鲁布革水电站项目管理
体制的改革开拓

1978年党的十一届三中全会以后，我们党以自我革命的政治勇气和民族振兴的
战略视野，一方面拨乱反正、平反冤假错案、解放干部，驱散"文化大革命"压在
人民心中的阴霾，另一方面加快恢复崩溃边缘的国民经济，工厂复工、学校复课、
高考复考稳定社会。水电建设作为电力建设的重要组成部分，自然被列入经济建设
的重中之重。

2.1　历史机遇与挑战

经济要发展，电力必先行。地处祖国西南边陲的云南，具有我国丰富的水力资
源，昆明水电勘测设计院有着以礼河、西洱河等多个水电站设计的经验，水电十四
局是全国水电施工的劲旅，开发红水河上游黄泥河上的鲁布革水电站并向云南、贵
州送电，既有电力建设的急切需要，又有设计施工力量的充分可能。

党的十一届三中全会以后百业待兴，各项工作都要争分夺秒，各行各业都要整
顿发展，铁路、公路、电力、通信，停工的要复工、急需的要建设，可是哪一个行
业哪一个项目的建设都离不开钱，无钱万事难，总投资9.6亿元的鲁布革工程需要
开工，钱从何来？

中共中央、国务院高瞻远瞩，作为电力体制综合改革的重要部分和水电项目管
理体制改革的突破口，国家选择偏远的鲁布革水电站引水隧洞工程，希望通过引进

外资而打开中国水电改革开放的大门，引进世界先进的管理模式、设计规范和施工技术，从而推动一场史无前例的水电项目管理体制的改革。

根据中央提出的对内搞活经济、对外实行开放的方针，国务院有关部门与世界银行进行了多次协商。经中央批准，作为我国基本建设第一个对外开放窗口的鲁布革工程，引进世界银行贷款1.454亿美元。按照贷款协议，该项费用用于修建电站引水系统，购置电站成套设备和部分施工装备。世界银行贷款破解了鲁布革电站的资金困局，但更重要的是作为对外开放的窗口，它使我们从这里看到了工程建设上的另一个世界，并努力寻求我们与世界的差距，缩短与先进工程管理之间的距离，赶上世界水利水电工程乃至基础设施建设的步伐。

世界银行对借款国使用该银行贷款有明确规定：贷款使用必须符合贷款协议和世界银行采购指南，这里的"采购"指的是通过国际招标获得施工及采购机械设备。

1982年9月6日，《人民日报》刊登中国技术进出口总公司（以下简称中技公司）受水电部委托为鲁布革水电站引水隧洞工程招标资格预审发出的通知，出售施工承包人资格预审文件，正式向全世界公开招标施工队伍。

这是新中国第一例向全世界发出的施工招标文件，是建筑业改革的开始，是《招标投标法》规定的招标投标制的先驱。

门，终于打开了，进来的是春风还是浊气呢？人们拭目以待！而鲁布革人当时并没有意识到他们已客观地被推到了这场改革的最前列，后面不知道要发生多少新鲜的事情和痛苦的绞杀！

刚刚打开一扇小门的中国，一个名不见经传的鲁布革吸引着世界的目光，急于进入中国建筑市场的外国承包商蜂拥而至，日本、挪威、德国、美国、法国、意大利……他们看中的绝非一个小小的引水隧洞，他们看中的是中国建筑业的这一片广阔的市场。鲁布革引水隧洞工程国际招标工作，从1982年7月编制招标文件开始，历时17个月。由昆明水电勘测设计院与澳大利亚雪山工程咨询有限公司共同编制，内部标底14 958万元。

1983年11月8日，鲁布革水电站引水隧洞施工招标在中技公司当众开标：

日本大成公司（TAISEI）84 630 597.97元

日本前田公司（MAEDA）87 964 864.20元

中国贵华西德霍兹曼联营公司（PHIL—IPPHOLNANN）119 947 489.60元

中国闽昆挪威联营公司（MINKU—NOR）121 327 425.30元

……

投标报价发生了戏剧性的差异，最高报价是最低报价的2.12倍。

经评价委员会综合分析研究，选定了最低报价的日本大成公司中标。1984年6月9日世界银行表示对评标结果无疑义，6月16日由中技公司正式向日本大成公司发出中标通知书。由水电十四局参加的联营公司投标失败。

历时24个月的鲁布革水电站引水隧洞国际招标落下帷幕。消息传到工地，整个鲁布革工地一片哗然，尤其是为鲁布革工程引水隧洞完成了"三通一平"准备工作的水电十四局就像开了锅，鲁布革就如遭遇了天塌地陷！"大成公司夺走了我们到手的饭碗！"

连续多天的惶然不安、沉痛忧伤，人们开始自嘲式的自我安慰，"我们报价是精打细算，压了又压的，日本人那么低的报价能干得下来？等着看吧，工程干不下去还得靠我们上！"他们以嫉妒的心理，等待着看大成公司的笑话。

首先冷静下来的是水电十四局编标小组的技术干部门，他们陷入深深的思考。

为什么投标失败？为什么我们占据了最好的地理位置，进行了充分的施工准备，吞到喉咙里的肉硬是被活生生地抠了出来！

其实冷静一想，问题十分简单，一看报价即可一目了然。大成公司的投标报价8 460万元，水电十四局所在的闽昆挪威联营体12 000万元是大成公司的1.5倍，天下哪有愿意多出钱的业主，何况还有世界银行的监督呢？

我们的报价为什么这么高呢？固然报价高低跟施工队伍的实力及技术水平有关，但更重要的是我们的工程管理体制和施工理念。我们准备在引水隧洞投入1 000余人，使用传统的开挖方式，还有大量为工程服务的后勤人员，而日本大成公司只有24名管理干部，使用400～500名劳务人员，以及成套的施工机械，大成公司的报价是我们用中国水电工程定额和组织形式无论如何也计算不出来的。

局部突破，使小小的鲁布革成了一个混合物：四面八方、多种模式在这里开始了摩擦碰撞、对比较量……

一下子在鲁布革这个方圆十多公里的三省交界的穷乡僻壤，有旧体制指令性计划下冗长的施工准备、队伍转移；也有新体制下的招标投标、合同约定，先进管理带来的高速度、高效益；有中方传统方式施工的首部枢纽，也有日本大成公司管理的引水隧洞，还有学习外国经验的厂房指挥所；有国际惯例的管理模式，也有中国特色的业主管理，当然还有大成公司劳务、厂房指挥所试点以及首部大坝传统施工三种不同的工资待遇……总之，鲁布革有两种体制的矛盾，有各种利益的摩擦，有三种管理方式的比较探讨，它就像一个琳琅满目的橱窗，在改革的风口浪尖上，经受着来自多方面的冲击和检验。

2.2 不同工程管理体制的探索与较量

1. 日本大成公司管理下的引水隧洞

日本大成公司中标后，鲁布革人的预测和期盼没能变成现实，相反的是大成公司在鲁布革工程使用的中方劳务人员创造出当时世界上最高的施工水平（8m直径引水隧洞开挖单头月进尺373.7m，平均月进尺247.5m）和劳动生产率，创造出工程质量优良、提前半年完工的案例，实现了文明施工、均衡生产、科学管理的目标。大成公司成功的原因在哪里？经过较长时间的了解，笔者认为一个很重要的原因是他们有一套科学严格而又行之有效的管理体制和管理方法，有明确的管理目标、严格的管理制度和先进的施工工艺，正确处理了数量与质量、速度和效益的关系。

（1）明确的管理思想，科学的管理手段

大成公司在鲁布革工程中追求的总目标是"提高工作效率，确保工程质量，保持均衡生产，努力降低消耗，获取最佳经济效益"。在管理中采用全面质量管理的理论、观点和方法，注重对人的管理及人在管理中的作用，在充分调动各方面人员积极性的基础上，有效运用现代科学技术和管理把各个建设环节组织成一个有机整体，形成人人有事干、事事有人管的局面。

决策者以工程项目为对象，对人、设备、材料、技术以及地理环境等生产要素进行合理科学配置，本着"技术入手、经济结束，技术为经济服务"的原则，制定出明确的目标、规划、方案，建立各种严格的制度并坚决执行。

在追求目标的过程中，始终坚持"信誉、质量、友好"三原则和"安全第一、质量第二、进度第三"的宗旨，最终目的是取得良好综合效益。

（2）精干的管理机构，权威的指挥系统

鲁布革事务所是大成公司驻工地全权机构，事务所设所长1人，直辖4个课长和1个工务系长，4个课长下设9个系长，系长以下的工长由中方技术人员担任。这个机构均为一长制、不设副职，其特点：

第一是纵向关系明确、层次少，横向关系职责清楚，上级对下级充分信任，下级对上级严格服从、认真负责；

第二是实行技术与行政合一的管理体制，权力高度集中，所长掌握技术、财务、人事权，负责与业主联系，把生产系统和管理系统有机结合起来，决策快、应变灵活；

第三是严格的组织观念，事务所上下级之间是命令及服从的关系，每个人都把自己的工作好坏与所处岗位及公司命运相联系；

第四是工地各作业面为垂直管理体系，因事设人、机构精简、责任到人。

（3）周密可行的计划，均衡高效的施工

大成公司注重计划编制的客观性和严密性。针对不同地质条件确定不同掘进循环进尺，在计划的制定中认真周密、依据充分，使用网络技术，坚持均衡生产。在计划执行中实行目标管理，强化执行效益，保证施工计划持续稳定完成，节点目标站站都能实现。

施工作业计划周密详细，材料库存消耗每日报告，并严格依此组织施工。施工技术措施科学化、系列化、规格化，不追求高指标，不搞突击赶工，十分注重均衡生产。

（4）实行合成工种，严格劳务管理

重视教育培训，实行跟班指导。从项目管理和工作要求上给每个人形成压力，上至工长、下至劳务，适应不了要求就要被淘汰。

强调合成工种，发挥群体作用。大成公司打破传统的工种界限，采用以工作面为单位的合成工种劳动组合，一专多能，严格控制人数，工作面上的工人个个是多面手，充分利用8小时工作时间，减少杜绝工序间的中断，从工长到开挖工每个人都有详细的工作任务，具体且饱满。

严格违章教育，促使提高技术。大成公司制定了强调操作规程和劳动纪律相结合的书面指导书，指导书内容具体、全面、周到，如违反指导书的内容第一次教育、第二次警告、第三次变换工种或辞退处理。

严格考核评价，分配有奖有罚。大成公司按劳务合同把劳务分成四个等级，根据工作情况可随时调整，为调动工人积极性设置进度奖与安全奖，奖金与职务及进度、安全、质量挂钩，安全奖与事故轻重、责任大小挂钩，奖金标准根据工作条件和工作业绩变动。在大成公司，上至工长、下至劳务，当时的收入大约是国内工程施工人员的3~4倍以上，它成为一种很强的约束手段，激励劳务人员遵守纪律、严格规程、保证质量、提高效率。

（5）技术手段配套，工艺方便实用

大成公司技术管理的特点是"以技术为手段、以经济为归宿"，每一个细小的环节都采取积极的技术措施。例如在隧洞开挖中坚持"最佳进尺、每班循环"原则，"先欠后就、一次成型"原则，隧洞运输采用汽车转盘技术，隧洞测量采用"共同透视定点法"，混凝土施工采用全断面梁式钢模台车等，缩短了循环时间，提高了工作效率，带来明显的经济效益。

（6）重视合理选型，提高机械效率

日本大成公司在鲁布革电站引水隧洞施工的23个月中，因为设备配件影响施工的时间少于20个小时。这个比例是国内施工单位难以想象的。

大成公司并没有什么通天妙法，只不过项目管理求实且有较大主动权罢了。第一，他们不片面追求第一流的设备，而是经过反复论证，从设备租赁市场自主选择最适合他们承包工程使用的机械，有的还是二手设备，这样的设备价格便宜成本低。第二是他们强调设备的配套，设备的使用就像一串环环相扣的链条只要一环松动便全盘皆停，大成公司在设备配置中大马拉大车、小马拉小车，大设备与小设备都必须配套。第三，他们强调充分的配件，宁可少要一台主机也要占设备费50%以上的充足备件，而我们的配件与主机的比例还不到10%。第四，易损配件随时可取，无需开票签字，前提是必须保证机械正常运行。

再精细的计划也可能出现例外。大成公司在施工中如发现需要购置急需设备配件，可自主决定电传订货，不需要层层审批长期等待，设备配件的购置使用者说了算，这在当时中国的体制下是难以做到的。

（7）以合同为中心，守合同求效益

同国外的所有施工单位一样，日本大成公司对合同奉若神明。他们认为甲乙双方在一起工作的依据就是合同，"合同"就是一切纠纷仲裁的"法官"。

详细具体、具有极大可操作性的合同有厚厚的一大本，对施工管理、设备、材料、后勤都有详细的规定。按照中国工程师的说法：他们是先小人后君子。合同谈判时可以争得面红耳赤，但一经定下来就严格执行。而我们国内的合同寥寥几页，大量的问题都在合同执行中出现，这就造成合同双方对合同的解释差异，由于合同纠纷影响施工的现象比比皆是。

大成公司上自所长、下至员工，个个熟悉合同，他们把合同印发给有关人员自学2个月，经考试合格才能取得上岗资格。

施工中他们不认可行政长官的干涉——因为合同是具有法律效力的唯一文件。

大成公司到鲁布革施工不久，就提出由于交通路面质量达不到合同要求，造成施工车辆轮胎大量磨损，向鲁布革管理局索赔。世界银行和特别咨询团支持他们的意见——因为合同上有明确规定。这成为我国基本建设中的第一个索赔案例，引起了中方业主及施工单位的强烈震撼。合同既是保证工程建设顺利进行的法律武器，又是保障合同双方合法利益的护身法宝。

（8）精打细算，积少成多

"技术是手段、经营是归宿"，这是大成公司的工作宗旨。他们使用网络技术关键线路法编制总进度计划和进度激励与质量约束双向奖罚办法，最后提前5个月完成引水隧洞施工，实现了少投入多产出，达到最大的节约。

另外大成公司在各个层面都精打细算。整个工地没有空气压缩站，也没有庞大的变电系统，400余台套的施工机械不设机修厂，3 000t的钢筋加工也只在洞口设一台简易的弯筋机，甚至把一截一截的钢筋对焊起来继续使用，小账不可细算，积少成多，小溪汇流成河，节约效益十分可观。

……

大成公司的这些做法和经验，现在看起来已经成为我国基本建设领域普遍的做法，甚至我们有的企业比他们做得还出色。但我们不能割断历史看问题，回顾在20世纪80年代改革开放的初期，在我国多年计划经济传统的思维定式和施工方式下，大成公司的这些做法是在密封的房间里打开了一扇窗户，当阳光从这个窗里射进来时，我们既感到温暖又感到刺眼，于是就有了对旧体制改变的要求和学习新体制的担心。

2. 传统会战的首部枢纽

1984年9月，世界银行特别咨询团来鲁布革工地视察后带有失望与无奈的报告："即使是装备精良的设备及训练有素的队伍，要完成鲁布革工程如期截流也是十分困难的。"实际上就是暗示了1985年11月鲁布革工程截流的目标不能实现。

1984年底，水电部钱正英部长掷地有声"我们不能在外国人面前丢中国人的脸……"的指示暗示了1985年鲁布革工程截流关乎中国人的形象和信誉，无论如何都必须实现！

截流的关键在导流洞。

鲁布革工程导流洞长786.33m、宽12m、高15.31～16.88m，就像是一条足以并行3～4辆货运汽车的地下长廊。在水电十四局的工程建设史上，还从未建过如此高大的导流隧洞。

导流洞上部开挖采用全断面推进方式。工人们刚看到伸着四支长臂的多臂钻车时，新奇、激动的心情难以言表，报名学技术的工人排成长队。

从学习到正式施工经历了近2个月时间，边学边干，隧洞掘进了几十米。2个月后开挖速度提高了，每天1～2个循环，进度可达4～5m。速度提高了，对设备的磨损接踵而来，二手设备的毛病也日益增加，配件供应成了关键。没有充足的配件，只能修旧利废、拆东墙补西墙维持工作。为了节约时间，只有把修理人员集中在一起，在导流洞口搭了一个工棚，集中吃住，半军事化管理，期待以传统的方式解决修理不及时的问题，不知不觉中它成为导流洞会战的开始。

为了落实水电部的指示，为了展示中国人的精神风貌，水电十四局组织了传统方式的导流洞会战。在导流洞2号支洞口出现了一排沿河修建的临时工棚，临时工地食堂、现场调度值班室、钻机维修班、炮工班……

深夜，黄泥河峡谷寒风凛凛，河面上腾起的水雾结成冰粒挂在树枝上、房顶上。

夜深了，几个黑影沿着冰粒覆盖的滑滑溜溜的泥土公路向导流洞走去。一到洞口，孙启林副局长就吆喝开了："同志们，吃夜宵了，趁热吃了夜宵，暖暖身子再干！"吆喝了半天，洞子里施工的工人才慢慢集中过来。

他把一碗碗热气腾腾的面条送到每个工人手里，顺便拿上一副筷子，在身上擦一擦递过去。

他几乎每天晚上坚持给工人送夜宵，等工人们吃完他和炊事员一起回到洞口食堂，当炊事员收拾碗筷的时候，他又去了别的工作面，再次回到洞口那间办公室兼卧室时已是四点多钟。第二天工人上班时，他又出现在洞口。

孙启林曾多次说，当干部也要学会睡觉，把一天的觉分成几次睡。当工人们最疲劳的时候正是干部们发挥作用的时候，干部和工人在一起疲劳就能化成力量。听着他的话，感到很有道理，一直学着他的做法日复一日、年复一年。

为了减少工种交替浪费时间，项目部把交班制改成候班制。项目部没有权力像大成公司那样让工人获得多种工种合格证书、采用一专多能混合编制，项目部只能把一个开挖循环的工人全部集中到洞口，等待着他所负责的专项工作，用来缩短循环时间。

冬天云桂交界的黄泥河畔特别冷，河边的公路上冰雪泥水交融，工人们穿着雨靴的脚个个生了冻疮。为了让笔者和孙启林每天能烤一下浸湿冻冷的鞋袜，炊事班给项目部弄了一个火盆，把烧尽的煤渣捡到盆里，既可以烤鞋袜，又给到处透风漏气的工棚增加一点温度。

火盆只用了一天，第二天就被送到炮工班。

在隧洞开挖钻孔后要填装炸药，可是炸药后的后面必须用炮泥封堵，封得越紧，炸药效果越好。炮泥是工人用手利用黏土加水搓成的，由于天气太冷，一边搓一边冻，炮泥都冻裂了，那工人的手更是冻得厉害。当项目部想到那些衣衫单薄在阴暗工棚里赶制炮泥的工人，项目部没有权力给他们增加工资或烤火设施，只能把火盆送给他们，以此来温暖他们的身心。从第二天开始，这个火盆一直留在炮工班，而且每天由炊事班负责加煤渣直到导流洞开挖完。

1985年春节前夕，导流洞在开挖爆破时发生伤亡事故，工人们不愿再进洞作业。昔日繁忙的导流洞一片沉寂，沉寂得人心烦。导流洞工期不能等，截流的日期不能等。

此时无声胜有声，是领导干部扛起炸药、雷管，再次向导流洞走去，他们只有靠自己的行动让导流洞的施工恢复正常，让截流的脚步加快再加快。一行人行至不远、回头一看，十几个工人跟进来，笔者的眼睛又一次模糊了……有什么样的干部就有什么样的工人，在死亡面前同样是这样。

项目部没有先进的设备，暂时也难以突破体制和制度的屏障，项目部只能沿用传统的方式，干部带头和群众团结一心，最大限度地调动工人同志的劳动热情，以血肉之躯、精神力量与大成公司施工的引水隧洞抢时间、争进度。

导流洞总算开挖结束了，混凝土浇筑的任务更重，只是洞口的工棚不再是开挖队所有，混凝土队进入现场，检修班、炮工班换成混凝土班、钢筋班……

为了解决导流洞两侧高边墙架立模板的困难，机械工程师借鉴大成公司的经验，设计了可在轨道上滑行的大型钢模板。钢筋班的师傅们为加快洞内的钢筋绑扎，把一根根钢筋先在洞外连成片焊接好，打锚杆插筋注浆的同志在钢筋台车上提前打孔插筋……混凝土施工的每道工序都被压了又压、挤了又挤，凡是能平行作业的尽量把有限的时间空间填满。此时工人们心里只有一个想法：在外国人面前，不能丢中国人的脸，更不能让日本人小瞧了我们。

混凝土浇筑前的清底又一次沿用了人海战术，把机关干部、行政后勤、医院学校等非生产单位动员起来分段包干并由公司党委组织劳动竞赛，一时间导流洞内又一次成了人的海洋，簸箕、三角耙的大会战。会战一个星期，成绩巨大，可是簸箕、三角耙堆成山，每个人还要发长筒水靴、工作手套，算下来清底成本不知高出概算多少倍。可是在大会战中，谁去考虑成本，谁去计算效益呢？"85截流压倒一切，一定要算政治账"，上面的领导经常这样说。

1985年5月，世界银行特别咨询团第三次来到鲁布革，在他们提交的咨询报告中称："在过去的7个半月当中，施工已有相当多的改进。虽然首部枢纽施工仍落后于计划进度，仍有不小的困难必须克服，但1985年11月中旬实现截流是可能的……"

短短七个月，鲁布革人用传统的方法和沉重的代价，使世界银行特别咨询团不得不改变了自己的观点。

大成公司丝毫没有放松对首部工程的关注，在经历不同地点却有同样目标的竞争后，日本人发出由衷感叹：中国人真是令人难以琢磨，有时他们像条虫，有时他们像条龙，真是太可怕了！

鲁布革人是否应该感到欣慰呢？不是，他们依然背负着理智的指责。扪心自问，项目部清醒地知道项目部采用的是旧式的管理体制，是"大会战"的管理模式，是不计成本的资源滥用，这种方式既不科学也难以持久。

以现在的管理理念看那些指责并无不妥甚至是十分中肯的，可当时更多的鲁布革人不服气。试问在当时全国沿用的计划经济体制下，除了发挥干部的带头作用，除了用感情的力量去调动激发职工的积极性，除了激发广大职工的爱国热情和奉献精神，还有什么更好的办法？大成公司的管理模式项目部想效仿但又如何效仿？盘根错节的各种绳索捆绑着项目部，中国施工企业改革的路又在何方？

3. 改革试点中的地下厂房

地下厂房是水电站的心脏，鲁布革电站地下厂房是一个长125m、宽18m、高38.4m的巨型地下宫殿，此外还有4条尾水洞以及交通运输洞、排水洞、主变压器室等地下洞室，共同组成厂房枢纽地下工程群。由于厂房枢纽布置集中，在不足1km^{2}的地下布置了大小30多个洞室，工程施工相互干扰，难度很大。

日本大成公司在引水隧洞施工中表现出的先进的施工管理模式，很快就引起了中国工程界的注意，情况反映到北京，当时的国务院领导立即批示"组织学习试点"。

1985年9月，经国务院批准鲁布革水电站地下厂房、天生桥电站地下工程的钻爆部分、水丰电站引水隧洞三项工程为全国学习外国先进施工经验的试点单位。负责鲁布革水电站地下厂房施工的水电十四局参照日本大成公司的管理模式，制定试点方案，报请国务院批准。

1985年11月，由承担地下厂房施工的水电十四局三公司抽调人员组成地下厂房工程指挥所，副主任工程师黎汉皋出任首任工程指挥所所长，并以水电十四局鲁布革工程指挥部为甲方、厂房工程指挥所为乙方签订了承包协议书。

厂房工程设计几经变动，按照1989年一季度第一台机组发电的要求工期已推迟3个月。

黎汉皋所长的这副担子远没有大成公司泽田富治所长轻松，他事先与三公司经理朱友清约定"时间3个月，干不好不下台，干好了就下台"。

黎汉皋在水电十四局及三公司的支持下，学习大成公司的做法，进行了大胆的改革和探索。他既管技术又学管理，干得很苦也很累。

（1）组建精干有力的管理机构

实行内部工程项目承包合同制。水电十四局鲁布革工程指挥部为甲方、厂房指挥所为乙方，改单一的上下级行政关系为既是上下级关系又是经济合同关系。指挥所所长职责权限明确：所长有权在三公司范围内采用调配及招聘相结合的办法挑选干部工人；有权根据所规处分和辞退（退到三公司）职工；有权选择租用工程设备；有权决定内部工资及奖金分配制度；所长实行高度统一指挥。

在合同权责明确后，黎汉皋从三公司1 488人中选择462人（其中干部47人），组成厂房工程指挥所。指挥所实行所长负责制，下设主任—工长—班长—工人，形成五个管理层级，组成开挖、混凝土、机电、技术和管理五个系统。指挥所实行垂直领导，除所长由三公司党委任命外，主任以下均由所长聘任，干部工人均实行一专多能混合编班，按照施工程序循环作业。

（2）改革分配办法

工程局对指挥所采用百元工资含量加超产奖励的办法，工资含量系数为18%，以月产36万元为基数，每超产万元按包干人数550人计算，每人奖励3元，奖金与进度、质量、安全、成本挂钩。

经工程局（鲁布革工程指挥部）同意，指挥所内班长以上的人员的工资为基本工资加职务工资加浮动奖金的办法，由所长依次递减，分别为185、163、141、107元，工人仍执行技术等级工资及各种施工津贴和奖金。

奖金是激励工人努力工作的重要手段，指挥所采用根据生产指挥层次以进度、质量、安全、成本作为综合考核目标，拉开奖金档次，突出奖罚结合，进度奖外还有质量奖、安全奖、定额超产奖、合理化建议奖。奖金按照分级管理的原则由所长召集系统主任商定后，主任再与工长商定具体分配办法，在奖金分配中充分体现责权利相结合的原则。

由于坚持按劳分配、多劳多得的奖罚分配办法，鲁布革地下厂房1个月的产值超过原来1年的总和。1986年1—10月全所平均每人每月奖金71.7元，在鲁布革工程建设中仅次于日本大成公司的收入，比起首部枢纽施工人员的工资一般高2～3倍。

（3）实行目标管理，加快施工进度

以第一台机组发电时间为总目标，利用网络计划分解制定施工阶段的短期目标，确定控制性的关键线路和关键节点，集中优势的人员、设备、材料等生产要素，确保关键线路上各个节点目标的如期实现，在保证质量安全的前提下转化关键线路为非关键线路，逐步形成均衡生产的局面。

确立现场第一的宗旨，指挥所每个部门都牢记工作目标，每个工作人员都把工作目标与工程目标结合在一起，全力为生产第一线服务，千方百计保证工程建设目标的按期实现。

（4）制定人事、技术、机械设备等有别于传统行政管理的办法

以机械设备管理为例，一是重视技术培训，加强维修保养，组建一支工艺作风好、技术水平高、超越工种界限、能处理所用设备故障的维修队伍；二是部分进口设备国产化，以解决采购配件不及时且成本高的问题；三是加强机械设备的配套与合作，产生"1+1>2"的施工效率。

厂房工程改革试点从1985年11月开始到1987年2月，历时13个月零10天，共完成投资826.3万元，月均67万元，为试点目标56万元/月的120%，不仅抢回了拖后1个季度的工期，而且主副厂房的开挖提前于1986年基本结束，缩短工期4个半月。经阶段验收，工程质量明显提高，1986年合格率100%、优良率80%以上。工人月工资收入由原来的121元提高到203元，约为大成公司中国劳务工人的56%。指挥所平均职工人数为429人，比试点方案减少112人，比原来施工人数减少1 000人左右。

鲁布革地下厂房的改革尝试取得了实实在在的效果，但同时也暴露和发现了不少体制内外的问题。

（5）困惑与无奈

在地下厂房施工管理体制改革取得丰硕成果的同时，指挥所也承担着太多的困惑和无奈，观念和体制像一张看不见的网，无时无刻不在发挥着作用。

1986年3月，厂房集水井进入混凝土浇筑阶段，可是早已计划订购的混凝土搅拌运输车和混凝土泵车还"八字没一撇儿"，工程只能停工坐等！

厂房开挖高峰期间，凿岩台车的钻头坏了，工地上的挪威专家急电速购，几天后便从奥斯陆机场起运。可是工地急切等待1个月、2个月，情急之下的黎汉皋从下而上一级一级查找，结果查到十四局物资部门一个办事员办公室的角落里，得到的

回答是："若是你们的就拿去吧"，就像喝茶一样轻松，可是工地上已停工等待了2个月。

保证计划内设备材料供应是在甲乙方合同上明确的甲方责任，可是作为合同的甲方又如何保证这一责任的履行？

为了加快开挖进度，降低炸药用量，挪威专家建议改用乳状炸药，只要给他一张证明，他可以帮助在中国香港购买。黎汉皋多次找局领导，总算拿到一张盖有水电十四局公章的证明。可是专家到了中国香港后，有关方面非要水电十四局领导的签字才认可，可此时局长们都在外地，挪威专家不能在中国香港久等只有放弃这种炸药回到鲁布革。黎汉皋目睹了挪威专家为中国的工程痛哭流涕的场景。后来河北石家庄有了这种乳状炸药，但黎汉皋跑遍了昆明也没能找到一个存放炸药的仓库。黎汉皋感慨万千："我一个小小的所长，在这种环境下就是三头六臂又能如何？"

外部如此，内部亦如此，掣肘的事比比皆是。

厂房指挥所只是在生产管理上学习模仿了一点大成公司的做法，管理体制并没有发生实质性的变化。但就这么一点"改良"，已使许多人心理上无法承受。黎汉皋上任时领导曾给他承诺："实行承包合同制，经济独立核算，人员由你组阁。"但执行起来却又处处卡壳。合同没有法律保证，工资是包干的，奖金是封顶的，更主要是人只进不出，即使出去了，他们依然是三公司的职工，与指挥所有千丝万缕的联系。黎汉皋领着400多号人在地下厂房搏杀，后院却频频起火。修配厂给指挥所加工配件慢慢腾腾，汽车队修理汽车处处刁难，甚至指挥所的工人下班后吃不上饭、洗不上澡，幼儿园的孩子有时也无端受到委屈。你若问为什么，别人总是笑嘻嘻地说："我们已经尽力了！"实际上那些人的眼神里明白无误地告诉你："你们改革，你们多拿奖金，关我们什么事，你们去干好了！"

黎汉皋苦闷、彷徨、无助，他咬牙从工资含量中拔出一些拱手送给修理厂、供应科、机电科，对车队也采用了核算收费办法，竭尽全力让指挥所生产人员的利益与后方有关人员的利益挂起钩来。但即使这样，问题依然没有解决，黎汉皋不能也不可能把后方1 000多人的奖金全部背起来，盘根错节的行政关系，人事关系累的他苦不堪言，中国传统的那种"不患寡而患不均"的思想，那种"宁可天边发大财，不可邻居得小利"的思想，还在人们的头脑中起作用，有时还会支配着人们的行动。

1987年初，黎汉皋离开了厂房指挥所。对于他，这无疑是一种解脱，而对于他致力的厂房工程和他推行的改革呢？无疑是个损失。

是工程开挖阶段的结束，更是各种矛盾交织，鲁布革厂房学习外国经验的试点草草收兵。一年多来的试点的的确确取得了可喜成果，不管是领导还是第一线的工人都感到老传统、老体制的弊端，谁也不想走回头路，但鲁布革厂房试点的改革是成功还是失败？大家说不准也很难用一句话去概括，但有一条的认识是共同的，那就是：光靠生产一线的改革，而作为后方庞大的、固有的、传统的企业管理理念和方式不改，改革难以为继，也不可能取得成功。

2.3　鲁布革改革试点的经验与启示

从批准使用世界银行的贷款开始，国家就把关注点放在引进先进的工程管理体制、机制，推动我国管理体制改革，促进生产力发展上。

中央领导亲自来鲁布革视察，从内资外资两种不同管理体制实施的工程建设中发现问题，借鉴国外的先进管理经验，擘画基本建设体制改革的蓝图，旗帜鲜明地推动改革的思想和要求在基本建设领域深入传播。

建设部、水电部等有关部门的同志持续跟进鲁布革试点工作的进展，及时研究两种体制对比中的问题，积极寻求建筑业体制改革的突破口。

鲁布革工程管理局、水电十四局、昆明水电勘测设计院以鲁布革工程为依托，身临两种体制的摩擦、碰撞、对比、较量，感受两者的差距，反思和寻求改革项目管理和企业管理的路径。

一石激起千层浪，鲁布革这个地处偏远的试验场所发出的冲击波已在全国建筑行业引起强烈震动和连锁反应。

水电部领导及部门的同志来听取汇报，了解情况，总结经验教训。建筑、铁路、公路、水电等各路设计、施工管理单位来鲁布革学习交流。

多路记者来到鲁布革采访，刨根问底寻求新闻线索。1987年8月6日的《人民日报》头版发表了实习记者杨飐的文章《鲁布革冲击》，在全国引起巨大反响。

在两个多小时的交谈中，她提出很多疑问，笔者也试图回答一些问题。这些问题和疑问都指向一个同样的方向，传统的建设管理体制。

笔者曾向她介绍，对于日本大成公司承包鲁布革引水隧洞工程中国人开始不服气，而不久的事实改变了人们的看法。大成公司20多个管理人员雇用了水电十四局424名劳务，创造了当时隧洞开挖的最高进尺，全员劳动生产率4.57万元/人，相当于同类工程的2～2.5倍。而1983年开工的首部枢纽工期不断推迟，世界银行特别咨询团两次发出警告，这是为什么？事后水电十四局组织千人大会战，工程不计成本、工人无私奉献创造了外国专家和大成公司惊叹的奇迹，鲁布革工程提前4天截流，这又是为什么？不少外国专家、安装督导为了中国的工程着急得掩面痛哭，而我们的管理干部却心态平静、无动于衷，这又是为什么？

为了学习外国先进管理经验，经国务院批准成立地下厂房指挥所。指挥所成立40天完成产值相当于1984年全年的总和。到1986年底13个月中，不仅抢回来工程原来拖后的3个月的工期，还提前4个半月完成厂房开挖。可就是这样高效率的指挥所，为何被解散？国务院批准的天生桥、水丰水电站部分工程的试点为何也早已无疾而终？

鲁布革工程中遇到大坝心墙料、高边坡开挖、地下厂房岩壁吊车梁等很多技术问题，这些问题在中国工程师中引发规范与现实的不断争论并最终在世界银行特别咨询团的建议下得到解决，其中不少方案又是中方工程师通过世界银行特别咨询团提出的。这又说明什么问题？是中国的工程师水平低下还是陈旧的规程规范束缚了他们的思维和手脚？

中国劳务工人体验了两种不同的管理。有人说："日本人的管理就是金钱加鞭子。"有人说："我们最好学习日本大成公司的管理方法，但在人际关系上还是维持中国的感情色彩。"也有人说："甘蔗没有两头甜。外国人能多给你钱也能解雇你，中国既不能解雇你也不能多给你钱，那你给谁干？"时间长了，于是有了共同的答案："年轻时给外国人干，年老了还是回中国干。"工人们的对话说明了什么？这里面蕴含着什么样的问题？

理智和感情在这里打架，这痛苦是深沉的。两种体制在这碰撞，其感受是深刻的。几乎所有单位及每一个平凡的鲁布革人，在这场被动的式点中都受到巨大的冲击。这也是采访的记者大多问起笔者的问题："鲁布革进行的试点，你们受到的冲击是什么？经验是什么？反思又是什么？"笔者反复思考也尝试着回答这些问题。

第一，冲击的是传统的工程建设管理体制和自建自营的管理方式。鲁布革引水隧洞第一次把建设管理单位与工程施工单位分开，采用项目业主负责制、工程监理制和合同管理制。工程项目有了投资主体和监管单位，初步改变了项目吃企业大锅饭、企业吃国家大锅饭的局面。业主通过国际竞争选择施工单位，通过合同管理工程项目，通过工程监理监督工程质量和合同执行，这种全新的项目管理体制在鲁布革工程中虽然十分不完善并受到不同方面的抵制，但引水隧洞的工程质量、工期控制以及投资节约的现实给出了明确的答案。它为建筑领域工程项目管理体制的改革指明了方向，促进了施工单位放下幻想走向市场的步伐。

第二，冲击的是我们沿袭多年的项目管理模式。大成公司的管理以工程项目为中心，人、财、物各种生产资料在工程项目上优化组合，充分发挥保障和激励促进作用。对项目管理者则是责权利相统一，管理者和工人的利益都与工程项目的成败休戚相关，工程效益与企业利益、个人利益有机结合。大成公司采用的项目管理模式与我们长期沿用的行政体制下成建制企业管理模式的优劣，已在工程投标及实际工程比较中明显显现。改革项目管理模式、提高工程管理效益是建设管理体制改革的重点领域。

第三，冲击的是企业吃国家大锅饭长期对政府的依赖。自诩为中央企业的水电企业和水电工人看到了天外有天，他们从鲁布革引水隧洞投标失利的冷嘲热讽、等待看大成公司的笑话，到心悦诚服地认可大成公司管理方式及取得的工程业绩，他们进行了痛苦的自我否定。通过导流洞传统大会战的深刻反思和大成公司的均衡生产、高质高效，他们看到了高质、快速、低耗建设水电工程的希望，从而认定建设管理体制改革的方向，油然增加了生存的危机感和抓住机遇率先改革参与行业竞争的意识。这种危机感和责任感在中层干部和技术人员中从未如此强烈。

第四，冲击的是墨守成规的规程、规范、传统习惯。鲁布革工程使用了当时世界先进的设计施工理念和技术、成套完备的施工机具，这使鲁布革人打开了眼界，进行了一次不出国的集体出国考察。挪威、澳大利亚专家提出数十项优化设计方案，令人耳目一新。鲁布革建设者深深感到自己设计理念、规程规范、管理方式、施工方法的陈旧，在现实与规范的矛盾中深刻感到解放思想、更新理念、修改规范、大胆创新的必要性和迫切性。创新与探索逐渐成为鲁布革在工程建设中较为普遍的实践追求。

鲁布革工程的实践只是在禁锢多年的中国建筑业慢行列车上开了一扇小小的窗子，从而吹进了一些新鲜空气，使项目部看到了部分外部世界的精彩。项目部也模仿着做了一些尝试和探索，有了较深的感受和体验，更多的则是引发了全国建筑业的关注和更加深入的改革实践。

1987年6月3日，全国施工工作会议召开，时任国务院副总理李鹏发表重要讲话，对鲁布革工程的改革试点给予充分肯定，并号召全国学习鲁布革经验。

鲁布革经验是什么？为什么要在全国推广？笔者在认真学习李鹏副总理讲话，并结合自己的工作实践认真思考后，感到鲁布革经验是多方面、全方位的。既有项目管理，也有施工管理，还有设计管理，同时还推动着企业及行业管理的改革。它是基本建设管理体制综合改革的一个突破口，是全国建筑业改革的试点。

在项目管理方面，李鹏副总理说："推广鲁布革水电站工程管理上的经验，最重要的一点就是把计划指导下的市场经济竞争原则运用到施工上。在全国范围内，首先在重点建设项目上实行和推广招标投标制，在所有施工企业中实行各种不同形式的承包经营责任制。招标的范围和形式有三种，即项目招标、设计招标和施工招标。"李鹏副总理还对招标提出了明确的要求，他说："要真正做好招标工作会遇到很多阻力，面对很多干扰。要防止感情用事，防止走形式招标，防止低标压标的'钓鱼标'。为克服这些问题，使所有施工企业在同等条件下开展真正的竞争，应采取立法的、行政的、经济的措施，保证招标的公正性、合理性，保证严肃认真地履行合同。"

现在看来，34年前李鹏副总理的讲话有的已经成为基本建设项目必须遵循的法律法规，也有的要求至今还需要我们不断地努力去实现，我们的确还有很长的路要走。

在施工管理方面，李鹏副总理对鲁布革施工经验进行了深刻剖析，他说："第一，在技术上采取先进的施工技术和先进的工艺方法；第二，在劳动组织上主要是精兵强将上前线；第三，在管理上要精简机构，提高指挥机构的效率；第四，在分配上做到按劳分配，把第一线工作人员的劳动报酬和完成工程量、工程质量挂钩；第五，在劳动组合上实行按工作需要混合编组，工种配套、工人实行一专多能。"李鹏副总理还逐条进行解释，希望各施工企业要掌握鲁布革经验的基本精神和主要做法，结合自己的实际，不能生搬硬套。

在设计改革方面，李鹏副总理只是提出设计改革的方向，没有进行深入阐述。但通过学习和鲁布革工程的实践，笔者初步体会：一是创新设计理念，学习借鉴国外先进的设计理念、设计规范、设计方式和工艺技术，敢于触及和突破禁锢多年的"设计禁区"；二是结合基本建设科技发展和中国工程实际，尽快修编与先进设计理念、工艺技术不相适应的技术标准、规程规范、工程定额及有关行业规定；三是改变设计分工过细的专业壁垒、设计组合，加强各不同专业之间的衔接协调；四是充分利用计算机及先进的设计工具，提高设计质量和效益，着力建设设计变更；五是加强设计现场服务，增加设计现场力量和授权，提高工程现场的技术水平和决策能力。

正如李鹏副总理所指出的，鲁布革经验内容十分丰富，涉及多个环节、体现在方方面面。从精神层面，鲁布革给予的启示更强烈。那种敢于创新、勇于实践、服从大局、甘于奉献的鲁布革精神早已超越鲁布革这块土地，激励着全国各行各业在改革开放的春潮中乘风破浪、奋勇向前。

在1987年6月李鹏副总理向全国基本建设战线发出"学习鲁布革经验"的号召前后，从中央到地方的报纸杂志不惜篇幅推出大量有关鲁布革的报道：《鲁布革冲击》《鲁布革人的呼唤》《鲁布革：印象与思考》……成百上千的建筑业领导、技术人员到这里学习、交流、沉思……

1987年7月28日，国家计委、国家体改委、劳动人事部、建设部、国家工商行政管理局联合发出《关于批准第一批推广鲁布革工程管理经验试点企业有关问题的通知》（计施〔1987〕2002号）。

9月2日，国家计委、劳动人事部、中国人民建设银行向国务院报送了《关于推广鲁布革管理经验　深入施工管理体制改革的报告》。不久，国务院批准了这个报告。

10月3日，建设部、国家计委、劳动人事部、中国建设银行、国家工商行政管理局联合发出《关于进一步做好推广鲁布革工程管理经验　创建工程总承包企业进行综合改革试点的通知》。

一时间，学习鲁布革工程管理经验成为全国建筑行业在那个时代的改革方向、重要任务和行动标准。然而，鲁布革工程管理体制改革试点能不能在全国推广并继续深入？试点中发现的体制障碍、职责划分、市场规范、政策保障等诸多问题能否得到解决、如何解决？改革中的建筑业同行已陷入深深的思考，身处与日本大成公司同台较量的我们有着更为深切的体会。

一是建设管理体制改革是一项庞大的系统工程，需要自上而下的顶层设计和分类配套的政策支持。建筑企业的生产活动和企业管理与政府、社会及相关行业有着千丝万缕的联系，多年计划经济体制下形成的思维定式、体制障碍、制度约束、利益藩篱就像若干无形的大网禁锢着我们的思想和行为，使之寸步难行。鲁布革地下厂房的试点虽然也进行了大胆的尝试并取得了短暂的工程成果，但它以失败而告终的结局明确地告诉我们：改革的路艰难而又曲折，改革必须进行顶层谋划、统筹推动，从国家政策、市场规范、行业监管、后勤保障等方面改革与生产力发展不适应的一切生产关系，破除一切体制障碍和利益藩篱，建立起有利于企业竞争发展的体制机制、政策和社会环境、建设环境、生态环境，充分发挥市场的基础性作用，优化配置各种资源，解除企业的社会职能，化解企业的历史负担，放权减负，使建筑企业真正充满生机活力。

二是建设管理体制改革牵一发而动全局，需要建设项目改革与建筑企业改革统一谋划、同步推动、相互促进。对于建筑业来说，项目是企业的窗口，企业是项目的依托。没有后方企业的改革迸发出来的活力和动力，项目如何获得充分授权？生产资源如何向项目优化配置？项目的后方基地又如何稳固？没有工程项目的改革所取得的工程成果和经济效益，企业又如何生存？信誉又如何获得？人才又如何培养？所以，建筑企业与工程项目是生死与共的母子关系，相互依存，工程项目改革只能是建筑企业改革的突破口，以此推动和倒逼企业转换职能、精简机构、开拓市场、调整结构、技术开发、监督检查，成为工程项目建设与改革的后盾，成为真正意义上的基本建设领域自主经营、自负盈亏、自我约束、自我发展的建设者、经营者。

三是建设管理体制改革涉及各方利益、矛盾突出，需要及时处理好改革带来的新情况、新问题。鲁布革地下厂房的改革因前方后方利益分配的矛盾导致生产链断裂而难以为继，现实告诉我们，改革是与旧体制、旧传统、旧观念的决裂，更是多种利益的调整和责任权力的重新分配。作为改革的政策制定者和推动者，必须高度重视改革中各方利益的重新分配，引导企业及职工牺牲眼前利益、放眼长远发展，承受改革的阵痛，制定拓展经营范围、建立后方基地、安排富余人员、提高职工素质的相关政策，一方面坚定不移地推动改革，另一方面不断清除改革中的障碍、解决改革中的问题，使改革沿着健康的方向稳步前进。

四是建设管理体制改革深切复杂、涉及面广，需要结合不同行业、企业的实际情况分类指导、依次循序进行。李鹏副总理在1987年6月3日的讲话中明确指出，各地各单位学习鲁布革经验要结合自己的实际，切忌生搬硬套。国家五部委下发的《学习鲁布革经验分批试点单位的通知》，也向有关单位提出明确的要求。中国建筑企业门类齐全、种类众多，不同企业在内部治理结构、工程管理方式、后勤基地保障、项目分散程度等方面有着很大差异。鲁布革的改革试点只是给大家一种思维的启示和方向的展现，提供一种改革的思路，增强改革的紧迫感，坚定企业改革的信心，它没有也不可能提供标准版的做法。建筑企业要结合自己的工作实际，按照李鹏副总理的讲话精神和五部委的改革要求，继续探索把建设管理体制改革推向深入。继鲁布革工程之后，广州抽水蓄能工程的改革实践便是在鲁布革工程试点基础上对水电项目管理体制改革的深入和发展，在建设部指导下它探索并归纳出的建设乙方实施的"项目法施工"成为推动中国建筑业项目管理改革的重要成果。

鲁布革工程建设管理体制改革的试点只是在全国改革开放的春潮中作为基本

建设工程经历的初次尝试，是对禁锢多年的传统项目管理方式的一次冲击。通过不同工程管理理念、管理体制、管理方式和管理效果的比较，我们受到了启发和教益，认识到传统工程管理体制存在的弊端，找到了改革的方向和切入点。鲁布革的建设者是第一个吃螃蟹的人，所以他们的功绩一定会载入中国建筑企业改革开放的史册。

2.4 倒逼企业内部改革

鲁布革工程进行的改革在全国引起强烈反响，作为身临其境的当事企业，冲击和感悟更加强烈。经过鲁布革水电站引水隧洞、地下厂房学习外国管理经验的试点以及指令性计划下的首部枢纽工程建设，在鲁布革的冲击、尝试和反思下，水电十四局便以先行先试的决心在全国建筑领域率先进行了企业管理体制改革的探索。

1. 树立市场经济观念，增强竞争意识

在鲁布革引水隧洞投标失利后，水电十四局多层面进行深刻反思，并通过与日本大成公司的施工深入比较，改革意识有了极大增强，等项目、靠国家、要设备的传统思想改变为依靠自己的力量改变环境、占领市场、谋求生存。企业自主考虑前途和发展，职工关心支持投标和中标，企业的凝聚力有了极大的增强。通过鲁布革提高企业的形象和信誉，跳出地区及行业界限，积极参与市场竞争，依赖技术优势和鲁布革工程的影响，立足云南、面向全国，参与竞争、开拓市场。

2. 深化企业内部改革，建立内部经营机制

调整企业内部治理结构，以工程项目为中心，实行行政领导负责制，人财物技术统一管理，在工程项目上构建集中统一的生产调度指挥、技术质量管理、经营成本核算以及政治工作系统，各系统人员的职责、权限明确，相互关系清楚，因事设人、精干高效。

对工程项目采取分年签订承包合同和竞争获得项目两种方式，对工期紧、难度大的项目实行内部竞争投标，在全局范围内探索建立内部承包经营、设备租赁、资金有偿使用等生产资料内部市场及费用包干等经营措施，按照"包死基数、确保上缴、超收多留、歉收自补"的原则签订内部合同。在人才使用和干部聘任中也逐步引进竞争机制，探索聘任项目经理和部分处科级管理人员。制定多项优惠政策，鼓励各类技术干部和管理人员下沉施工前线，由于采取了企业内部的改革措施，对增

强企业的经营观念、竞争意识、激发干部职工的改革创新精神、推动工程项目人员素质及劳动生产率和经济效益的提高都起到一定的促进作用。

3. 实行管理层与劳务层分离

为实现管理层与劳务层的分离，水电十四局改革原来的施工单位为劳务公司。在组建广州抽水蓄能等项目管理机构时由工程局组建管理班子形成管理层并明确施工项目的管理目标；由劳务公司向项目管理机构提供合格的劳务，对于不符合要求的人员可以退回或更换；有偿使用机械设备和材料；项目管理机构根据劳务及机械设备投入的多少分配利润并同时承担风险，为促进生产资料合理流动、提高劳务输出单位及工人劳动积极性的发挥起了重要作用。

4. 建立多功能基地，拓宽经营市场

为了精干施工队伍，使水电职工老有所养、幼有所教，使外出施工的职工安心、留守后方的人员自食其力，就必须建立综合功能的后方基地。1987年国务院领导视察鲁布革以后不久，国家计委出台了在水电工程概算中计列1.5%基地建设补助费的政策，随同中标项目由业主直接支付施工单位。水电施工单位也千方百计节衣缩食、降低成本，压缩行政开支和施工临建，利用在建工程及对外经营的盈利开始建设集生活、生产、服务、培训为一体的后方基地。

为了使富余人员得到妥善安置，依靠自食其力减轻企业负担和工程一线的压力，多数基地依靠工程局的专业优势和社会服务要求建立起了医院、学校以及汽车修理、印刷、服装等小型企业和商店，开始了企业走向社会、融入社会的尝试。

5. 提高企业群体素质，获取最佳经济效益

大成公司最强调人员的素质，一专多能的劳动组合要求工人同时掌握多种生产技能。水电十四局当时的做法，一是加强职工技术培训，建立多层次、多工种、多专业的培训网络，把土建施工队伍从单纯劳动力型转变到综合技术型的轨道上来。二是采用思想工作与经济手段相结合，加强企业职工共同理想目标教育，鼓励职工积极投身改革，提高对改革的适应能力。三是积极探索分配制度改革，在工资标准不变的前提下，加大奖金分配的自主权、拉开档次、奖勤罚懒、奖优罚劣，加大工程一线指挥员在奖金分配上的裁量权。四是发挥各级干部的模范带头作用，使职工能够体会到企业的温暖，增加对干部的信任，各级干部在艰难险重工作面前勇于担当，冲锋在前，言传身教，以感情的投入去弥补经济手段的不足，以政治思想工作的优势去增强职工队伍的凝聚力、战斗力。

鲁布革的经验是撞击出来的，水电十四局的企业改革是倒逼出来的，十四局也

从改革中如凤凰涅槃尝到了甜头，他们派出一支支精干的承包和施工队伍夺得广西、广东、福建以及云南省内的多项工程，原来依靠上级指令性计划生存的方式，已向投标竞争过渡，企业开始尝试着小心翼翼地走向市场，并把从鲁布革工程取得的先进管理理念和经验消化吸收后运用到其他工程中去。

2.5 全面启动水电建设综合体制改革

在中央的统筹安排和国务院相关部门的指导帮助下，鲁布革工程的改革实践取得了丰硕的成果并由其引发蝴蝶效应。通过不同工程建设管理体制、模式和制度的比较，开阔了视野、提高了对改革的认识，为更广领域、更深层次的水电建设综合体制改革创造了条件，做了思想、舆论、政策及案例准备。

在鲁布革建设后期的1987年7月14日，李鹏副总理在水电部召开的"加快发展与改革座谈会"上明确提出电力建设要实行"政企分开、省为实体、联合电网、集资办电"的新思路。这一新的改革举措明确了电力体制改革的方向是政企分开，政府负责电力政策和规划的制定，企业自主经营，在政府规划指导下进行电力工程的开发和建设。从此以后，开放电力投资市场，由政府单方面主导转变为允许电力企业及其他投资主体投资水电建设，水电建设投资的大门由此打开。

1988年7月15日，以投资电力为主的国家能源投资公司宣告成立。该公司以企业运营的方式在国家规划的基础上，自主组织项目评审委员会评估拟开工项目的前期工作、开发条件及经济技术指标，决策投入资本金的项目和额度，在一定意义上把以前政府的拨款转变成按市场经济框架下企业投入的资本金，明确了投资者的权利、责任和义务。

有投资就必须有回报，水电工程巨额投资只有依靠工程发电以后的电价收入回收，银行贷款的本息也必须依靠电价收入偿还。为解决投入产出失调的问题，在国家能源投资公司成立并运行以后，国家出台了还本付息电价政策，通过水电建设的投入和成本由国家职能部门与地方政府共同核算水电上网电价，其原则是既要考虑到当地经济社会发展、用电户的承受能力，又要考虑到投资主体能够还本付息并使所投入的资本金有所回报。还本付息的电价优惠政策在电力短缺的年代极大提高了电力投资者的积极性，促进了电力的快速发展，对国民经济恢复和发展起到重要的保证作用。

　　电力投资者在某项水电工程投产后，其投资收益能否用于水电的继续开发？如何做好水能资源利用规划并科学有序而不是选择性分散式开发？对水能资源丰富的地区如何形成水电集群，发挥集成电力送出的能力？在水电投资踊跃、水电发展迅速的20世纪80年代后期，国务院进一步明确流域梯级滚动开发的政策，水利水电部门在做好流域综合规划及水能利用规划的基础上，水电投资者分流域统一规划、依次安排电站建设开发顺序，形成建设资金的良性循环和设计、施工、道路、通信等设施的统筹协调安排。这一政策的实施既解除了水电投资者投资项目不连续的顾虑，又充分利用了各种资源，在一个电站的后期就开始筹建下一个电站，形成了设计、施工力量的有效衔接和施工设施、设备的高效利用，为推动水电事业更加健康有序发展奠定了基础。

　　水电建设的改革发展引起全社会的关注，水电投资主体的确定和还本付息的电价政策又充分调动了银行贷款的积极性，水电建设投资大、时间长、还款有保证使国有银行看好水电项目，纷纷将贷款向水电倾斜。水电在诸多利好政策的支持下，逐步由政府直接管理走向了国家宏观调控、市场化运行、企业化管理的路子，有利的市场环境又进一步为水电项目及水电企业的改革创造了条件。

第3章

推向高潮——广州抽水蓄能电站工程管理体制改革的深入尝试

正当学习鲁布革经验的热潮持续升温之时，改革开放的前沿广州传来了我国最大的抽水蓄能电站招标的消息，水电十四局决定，积极参与广州抽水蓄能（广蓄）电站的竞争，把在鲁布革工程投标失利的教训变成广蓄投标的财富。带着学习外国先进管理经验的实践去寻求工程项目及企业内部管理改革之路，同时利用鲁布革学习的不成熟、但初步尝到甜头的做法，在一个更大的项目上去检验、去完善、去定型。

封闭在大山中的鲁布革人，包括相当多的技术干部事先并未听说"抽水蓄能电站"，更没有从事过抽水蓄能电站的建设，但鲁布革的改革开放工程实践给他们增加了勇气和信心，也赋予了他们一些市场经济的理念和市场竞争的勇气，他们认为"天下的事都是人干的"，日本人能干的事，我们也能干！

3.1 深化水电建设管理体制改革的新平台

广州抽水蓄能（广蓄）电站位于广东从化区距广州120km粤北山区，总装机容量240万kW，一期工程安装4台30万kW的抽水蓄能机组，作为大亚湾核电站的配套工程为核电站调峰补谷。电站除设有上下两个容积不大的水库外，其引水洞、地下厂房、尾水洞均深埋地下，水轮机、发电机均可逆式运行为水泵、电动机。广蓄电站的特点如下：

一是规模大、工期短。鲁布革电站装机60万kW，工期是7年，广蓄电站一期工程装机120万kW，工期仅有4年，相比国外同类级电站的工期也缩短了2年多。

二是工作量大、施工条件差。全部土建工程需完成明挖土方265万m³，洞挖石方70万m³，坝体填筑90万m³，浇筑混凝土40万m³。鲁布革工程进行了长达3～4年的准备，可广蓄电站施工初期，道路不通，水电不通，通信不通，工程边准备边施工，每年漫长的雨季给施工带来极大影响。

三是技术复杂、责任重大。该工程地处蚀变岩地区，地质构造复杂，加之高水头、大断面钢筋混凝土岔管，引水斜井及高压预应力灌浆、抽水蓄能可逆式机组安装调试等新技术、新工艺都具有极大的挑战性。这项工程与大亚湾核电站联合运行，部分电力还将输往香港，能否优质按期竣工，事关核电站安全运行和我国改革开放的国际形象。

四是管理规范、市场化程度高。广州抽水蓄能电站由广东省、国家能源投资公司和广东省核电投资公司三家按8∶1∶1比例投资兴建，投资三方组成董事会，下设联营公司。联营公司学习鲁布革工程的经验，通过公开招标分项发包面向全国选择施工队伍，采取规范的合同管理、严格的甲乙方承包关系，最大可能地摆脱了政府干预、概算调整以及社会负担。联营公司选择中国水利水电工程咨询公司中南分公司中标承担监理任务，广东省水利电力勘测设计院承担设计任务，老道的联营公司依靠中南设计院强大的技术力量弥补了设计力量的不足，依靠葛洲坝工程局丰富的施工经验加强了对施工的质量控制和工期监督。

面对这一任务，水电十四局组建广东分局项目管理机构。广东分局组织精干的管理班子和一专多能的作业队伍；以改革为动力建立目标管理制度，实施周密的网络计划和科学求实的技术措施；编制内部定额、逐级成本核算；实行按网络节点就位，按质量、定额考核。广蓄工程在业主、监理及施工单位共同努力下，实现了工期短、质量好、投资省、效益高的建设目标，同时在鲁布革经验的基础上，以广蓄工程为载体，深化改革、大胆探索、科学创新、扎实实践，形成了一套科学高效的项目施工管理办法，为"项目法施工"模式的形成和发展作出了重大贡献。

3.2 项目管理的原则目标和做法

水电十四局经过激烈竞争中标承揽广蓄工程施工任务后，学习日本大成公司的做法，彻底改变企业跟着项目走的传统施工模式，开始了以项目为中心的"项目法施工"管理模式的探索。

广东分局一成立就明确提出：在广州抽水蓄能电站的施工中，始终要强调"一个原则"，围绕"两个中心"，坚持"三个方向"，推广"四项做法"。

一个原则：在处理项目施工中的安全、质量、进度等关系时，始终要坚持"安全第一、质量第二、进度第三"的原则，把安全和质量放在首位。

两个中心：在确保质量的前提下，以加快工程进度和提高企业经济效益为中心，结合广州抽水蓄能电站与大亚湾核电站配套运行的要求，在企业经济效益与工程进度矛盾时，把工程进度放在首位，以最大限度服从国家利益，保障核电安全。

三个方向：把广蓄电站建设成一个优质工程、探索出一条施工管理新路子和培养出一支特别能战斗的水电建设队伍，我们由此提出的目标是实现"三个一流"，即一流的施工、一流的管理、一流的队伍。

四项做法：以"项目法施工"为总揽，以目标管理为红线，以动态优化生产资料配置为抓手，以建立层层承包经营责任制、改革分配体系和思想工作方法为保证，实现广州抽水蓄能工程的科学管理、均衡施工。

3.3　组织精干高效的管理机构

广东分局局长是广州抽水蓄能电站施工项目的主要负责人即是这个项目的项目经理。在工程施工中负责组织、协调、管理，承担工程安全、质量、进度的责任；在项目合同关系上是工程施工方的法定代表，是履行合同义务、执行合同条款、处理合同变更、行使合同权力的最高当事人；在对外关系中是与地方政府、业主、监理及市场交往的施工方最高代表，重要事项的最终决策者，肩负着组织和带领项目领导班子及全体施工人员高效地实现项目目标的重任。要深入"项目法施工"的探索，实现广州抽水蓄能电站的施工目标和管理目标，企业给项目负责人充分授权和工作中的有力支持显得尤为重要。

1. 组织政治强、业务精的决策层

经水电十四局党委认真研究，张基尧同志以工程局副局长身份兼任广东分局局长、党委书记，广东分局副局长、总工程师、总经理师在内的决策层由张基尧同志提名、工程局党委批准，决策层的6个人都经历过鲁布革工程及多个水电工程建设的施工锻炼，具有丰富的专业知识和水电工程管理经验，知识结构、工作经历、专业特长既能形成相当共识，又能形成优势互补，是被业主和监理公认的组织协调能力强、专业技术过得硬、敢于担当、善于决策、以身作则的好班子。

2. 工程局充分授权

为便于广东分局局长履行职能，工程局党委在广东分局与工程局签订责任书的基础上，授予人事管理权、生产指挥权、设备购置权、项目分包权、内部分配权，这在当时已是大大超出了一般工程项目管理权的权限，无疑是项目管理的重大冲破。

人、财、物是重要的生产要素，是工程施工的必备条件，是优化资源组合的基础。工程局授予人事管理权，明确分局局长有科以下干部的聘用权、调动权、指挥监督权，有对其进行考核、职务升降、奖励、惩罚、辞退的权力，明确规定凡被辞退回后方的职工处以降二级工资的处分；授予财务管理及内部分配权，即明确在保证上交工程局的各项费用基础上有权制定分局内部的财务制度和分配方案，决定超定额劳动奖金发放标准，有权决定内部经济责任制，并对有功单位和个人实行奖励，例如在国家每年一次探亲假的规定下，广东分局实行每年两次的探亲规定。

项目分包权，即在广东分局内部，局长有权决定单项工程、单位工程或分部工程的分包方式及承包单位，并对部分专项工程及非主体工程有权决定对外发包。

设备购置权，即对设备材料的采购原则、质量要求及分配使用方案、使用管理办法做出决定。

生产指挥权，即根据工程项目施工合同，将施工项目总进度与工程成本进行统筹分析和综合研判，对工程拖后的补救措施及人力、设备等资源的调配进行决策，使整个工程进度、质量、成本控制在预期目标内。

3. 精干高效的管理层

按管理层和作业层分开的管理原则，在"精干、高效、多功能"的思想指导下，学习日本大成公司的做法，在分局设置业务管理机构"五部三室"。这"五部三室"在项目施工高峰时，最高达57名管理人员，对管理人员全部逐级实行聘用制。在管理过程中，广东分局遵循"现场第一"的原则，做到上级对下级充分信任、下级对上级认真负责。管理干部既要各司其职，又要一专多能、一人多职，管理人员的数量和管理机构的设置，随着工程任务的变化相应调整。明确每一个岗位及每一个管理人员的职责任务和要求，使每件事都有人管，每个人都有饱满的工作。在不同管理层次和不同管理部门之间，着力避免职能分工、权限划分和信息流通上的相互矛盾和重叠，尽可能闭合所有管理漏洞。通过管理人员的职责定位，在项目管理上形成多层次、多部门之间既紧密联系又相互监督的管理体系。

3.4 以目标管理为主线，实现"三高一低"

广蓄电站总的目标是1992年9月发电，48个月的工期分为两个阶段性目标：一是从开工到1991年4月上库下闸蓄水，二是下闸蓄水后到第一台机组发电。

1. 制定总目标

根据工程施工承包合同的要求，结合广东分局的实际，广东分局本着既满足合同要求又科学求实的原则，提出工程进度、质量、成本管理控制总目标，即1992年按合同工期发电的进度总目标，单项工程全部满足设计要求、创建整体优良工程的质量总目标，以及施工成本控制在中等先进水平、实现工程局确定的利润指标并略有积累的成本总目标。围绕进度、质量、成本总目标，制定保证各项目标实现的具体措施。

2. 目标分解

在工程进度控制中，以施工总进度网络为行动纲领，按时间顺序分别制订年度计划、季度计划、月计划、周计划，各作业队则根据周计划细化制定每日的工作计划，形成班控制循环作业计划、作业队控制日计划、分局控制周计划，以日保周、以周保月、以月保季的进度保证体系，最终都为总目标服务。对质量则分单元、分部位、分环节提出不同质量要求，对成本则根据施工的不同阶段分解总的成本控制目标，并针对不同阶段、部位、环节分解目标，制定实施方案，落实相关措施。

3. 目标考核

广东分局在工程管理中加强目标考核，考核中按照网络计划的节点和关键线路，不仅考核工程进度，而且考核质量、安全、效益等指标，严格执行超奖欠罚、奖优罚劣、奖盈罚亏，并将奖励和处罚层层传递到每个厂队、班组和个人，兑现为每个施工人员的荣誉表彰和物质奖励，从而调动了各生产厂队为实现自己的目标而努力的积极性。对于难以明确指标考核的机关和辅助施工厂队，制定服务要求和标准，以服务工程一线为前提，以帮助施工现场解决困难、提高效率为目标，制定考核目标，与施工单位同步考核，并接受施工单位的评价，采用同样方式但不同额度的奖罚措施，调动机关及附属厂队的积极性，使之与施工现场浑然形成一个攻坚克难的战斗集体，发挥引领、指导和服务的作用。

4. 目标调整

抽水蓄能电站的施工受地质条件、气候变化以及诸多因素的影响，加上工程的工期本来就十分紧张，虽然在决策前充分发扬民主，制定目标时充分征求建设单位、监理单位及各职能部门、作业队伍的意见，提高目标的科学性和可操作性，但实际执行中，偏离进度目标的情况时有发生。为满足总体目标要求，一是在总体目标下明确关键线路和关键节点。集中各种资源，保证关键线路畅通、关键节点按时就位。二是科学调整网络计划。根据实际情况，实事求是，每年调整一次网络计划，每季制定一个产值进度施工目标，既保证关键节点的就位，又要保证生产产值的均衡，使得施工方案、施工组织、施工设备以及施工队伍在管理中不断动态优化。三是优化施工方案。随着工程施工的步步深入和施工条件、环境的不断变化，施工的程序、方式、方法、组合等都可能发生改变，广东分局的工程师及施工管理者善于把握施工中的变化，不断提出优化改进的施工方案，如增设0号支洞、地下厂房上下层同步开挖、吸收国外经验使用斜井滑动式模板等，保证广蓄电站施工的关键线路——高压斜井和地下厂房施工始终处于受控状态，工程质量优良。

实践证明，实行目标管理将施工总目标层层分解，使各施工单位和人员有了明确的目标，清楚了各自的岗位责任，使参与施工的各层次、各专业齐心协力，围绕着总目标及各阶段目标转。围绕进度、质量、成本总目标和分期分段控制目标，制定检查标准和考核奖罚办法，充分调动了施工人员的积极性，促进和保证了经济责任制和岗位责任制的落实，工程每季、每年的进度、质量、成本控制目标基本上都能得以实现。科学有效的管理不仅加快了工程进度，提高了工程质量，同时也取得较好的经济效益，有更多的可能实现目标奖励、增加职工收入、支持企业生存和发展，形成了工程项目管理的良性循环，落实了国家、集体、个人利益的相互统一，整个工程施工出现了高速度、高质量、高效益、低消耗的"三高一低"的可喜局面。

3.5 完善施工项目承包责任制

广东分局在广蓄工程施工中全面探索"项目法施工"，实行施工承包责任制。

其内容包括：代表工程局对广州抽水蓄能联营公司全面负责该项目的主体工程建设责任；按单项工程或分部、分项工程切块分包给水电十四局下属分公司，明确工期、质量和上交局、公司的利费等责任；把竞争机制引入企业内部以保证施工项目合同兑现，取得了良好成果。

1. 建立承包网络体系

根据广蓄电站远离本部、交通通信不便的实际，项目施工管理实行管理层与作业层分离，全面实行内部承包责任制。

广东分局根据工程规模、结构特点、技术难度、工程布置，把全部主体工程分包给水电十四局下属5个土建工程公司，把机电、金属结构安装分包给安装公司，把机械修造、大型汽车运输、供电通信等分包给水电十四局下属专业队伍。此外，广蓄电站的施工组织改变成建制调派队伍的老办法，按照两层分离和两层结合的思路，实行一线工人以内为主、以外为辅、内外结合的弹性劳动组合，现场施工人员2 500多人，除骨干技术工人1 200人外，其余均为当地及外省劳务队伍，在这些外部队伍中，多数又是长期形成劳务关系的合作伙伴。

广东分局实行前方后方两线分开。施工现场"三不办"，即不办学校、不办医院、不办社会服务机构，将节约的临建设施费用交由各公司返回后方基地为职工建房，鼓励广东分局的职工自觉克服"三不办"的困难，采取多种方式调动前方工作人员的积极性。

按照工程项目实际需要，由承担施工承包的公司组建人员精干、技术素质高的分公司、分厂，实行分公司、分厂项目经理负责制，并与后方公司签订设备租赁和人员管理服务协议。

广蓄电站的承发包体系包括联营公司与水电十四局的承发包关系，广东分局与下属各分公司、分厂的内部承发包关系，各分公司与民工队的承发包关系，通过广东分局与水电十四局、广东分局与施工分公司、各分公司与公司的管理协议，明确协议双方的权利、责任和义务，形成了广蓄电站主体工程的承包网络体系。

2. 实行内部承包责任制

广东分局在广蓄电站工程项目施工中科学确定承包形式和指标基数，对于下属独立核算单位，实行经济承包责任制，对非经济核算部门实行岗位承包责任制，对于主体工程中的土建工程及安装工程分别采取单价和总价两种不同的承包方式。鉴于联营公司对广蓄电站土建工程实行分项招标发包，各分项工程的招标时间、方式、合同条款、结算方式不尽相同，其合同价格、效益、风险存在明显差异，为了加强管理，减少承包单位风险，分局决定不管业主以何种形式发包，分局内部一律采用单价合同，其计价依据是分局内部制定的统一单价和统一工程预算定额，其定额均高于国家及工程局制定的预算定额。对机电安装工程采取内部总价承包方式，由业主与工程局签订合同时的发包价格扣除部分管理费用后，由分局与安装公司签订协议。

辅助厂队机修、汽运、电信等承包任务不同，工作性质各异，则采取不同的承包结算方式，如单位承包加补贴、任务包干、费用包干等。

分局各职能部门建立部门岗位责任制，坚持因事设岗、一人多岗、按岗授权的原则，确定各岗位人员的岗位责任，制定工作权限、工作流程、质量标准及考核办法，各职能部门及人员的经济利益与岗位责任挂钩，除国家规定的有关待遇外，奖金分配根据岗位责任大小、工作考核好坏、工作难度差异、完成工作情况、部门奖励总额及干部管理权限逐级核定。

广蓄电站的施工责任体系"纵到底、横到边"，纵横交错不留死角。从实际出发，科学确定承包形式和指标基数，既强调指标先进性，必须经过努力排除困难方可实现，又强调合理性，不搞一刀切、大锅饭。不同单位采用不同的承包方式，不同岗位的人员实行不同的岗位责任制、享受不同的待遇。还强调可操作性，不追求形式，不搞一成不变，根据施工环境、条件及资源变化，对承包合同和岗位责任可做适当调整。

3. 严格责任制考核

责任制考核，依据是经济承包合同与岗位责任制。对于承包合同所完成的各项指标需经过认真核实。考核的内容主要围绕项目施工的进度、质量、成本三大控制目标，分层次、分部门进行。考核周期根据不同类型的责任制分为月、季和年，考核结束后立即进行责任制的奖惩兑现。

4. 实行奖励与多目标挂钩

在改革开放初期，工资是刚性的，只能升不能降的经济待遇是体现公有制性质的生活保障，这部分之和约占工资含量9%。要打破大锅饭，实行真正的多劳多得，只有从奖金上想办法。其做法一是提高劳动生产率，增加工资含量的总额，从而也就增大了奖金分配的蛋糕，产值越高奖金基数越大。二是在奖金分配中，以工资含量为基础，在兼顾工程局、公司和职工三者利益的同时，实行奖金与多种技术经济指标挂钩的办法，分配向生产第一线脏、苦、累、险岗位和责任重、贡献大的高技术含量岗位倾斜，生产一线单位制定奖金与产值、进度、质量、安全、成本挂钩的分配办法，分项定量考核、线性浮动。设置了产值奖、质量奖、安全奖、成本奖、钢材节约奖等奖励，所有奖励都有罚则，优则奖、劣则罚，而且坚决立规矩、明制度、兑现承诺连续稳定。在此基础上，分局设立进度奖，奖励为关键线路及关键节点施工作出贡献的集体和个人。对于工期特别紧、施工特别困难的，如高压斜井混凝土浇筑工程，设立特别进度奖，以激励职工争先创优，攀登施工高峰。

3.6 加强成本管理，提高施工效益

1. 以合同为纽带理顺各方经济关系

广蓄电站的施工正值改革开放的初期，借鉴推广鲁布革经验，深化施工企业内部改革正在深入进行，企业管理层次多，生产资料市场尚未形成，这些因素都决定了广蓄电站的施工合同关系复杂，正确理顺各种关系，不仅涉及有效调动各生产要素和施工人员的积极性，也涉及为工程局、公司本部完善基地建设，安置后方职工，购置施工设备提供物质基础。

处理好工程局与分局的经济关系。分局作为水电十四局的派出机构，工程局支持分局充分行使工程局赋予的各种职能，在重大问题上做好工程总承包合同与甲方业主的协调和后方生产资料的组织保障，分局则每年按核定产值基数的8.2%上缴费用及大部分超计划利润，并按设备租赁管理条款向各分公司代工程局收取大型设备租赁费用。

处理好分局与分公司的经济关系。各分公司按内部统一单价或分局核定的总价进行结算价款，分局直接控制大型临建、机构转移、技术装备三项费用。同时，广东分局探索建立内部模拟市场，实行施工设备内部租赁制、材料配件计价调拨制、流动资金有偿占用制，促进生产资料在分局内部合同流动，提高设备、材料、资金的使用效率。

处理好分公司前后方经济关系。根据分局核定的百元产值工资含量一线施工单位最高比例为15%的规定，各公司结合本公司经济实力和后方负担确定提取7%~10%的工资含量，其余工资含量及分局给予的奖励资金由分公司自行安排，工程管理费用连同结余资金返回后方本部，分公司与公司在相互理解、相互支持的基础上，维持着良好的经济合同关系与行政领导关系。

处理好分公司之间的经济关系。各分公司实行独立经济核算。分公司之间配合作业、设备支援，一律按分局内部人工、机械台班定额进行分解结算，分公司之间交换或调剂使用的成品、半成品按供求关系计价，分公司聘请的科研设计、技术服务也实行有偿计价。

这些内部管理的尝试实际上是在外部市场尚未发育完善的情况下，利用可调动的资源形成内部模拟市场，在企业内部经济运行中按价值规律充分调动各方积极性，促进生产资料的合理流动，提高企业管理的经济效益。

2. 成本管理是核心

在成本核算与管理中分对外经营和对内管理：对外经营即合情合理合规地把应得的收益取回来；对内管理就是通过科学严谨的管理制度及措施少花钱、多办事、办好事。

在对外经营中，把合同当作施工法律仔细研读认真领会，在合同执行中业主提出新要求及超出合同规定条件的工作，都要严格复核工程量，做好原始记录和测量，及时办理现场签证，编制标外项目预算，为合同变更做好准备。在塌方、洪水、泥石流等不可预见的风险面前，首先维护国家利益以工程建设六局为重，紧急组织职工调用机械抢险救灾，赢得了业主的充分信任，为合同补偿创造了条件。相互的信任和依托使施工单位和业主形成了互相离不开的利益共同体，良好的甲乙方关系为合同的变更、补偿和索赔奠定了基础。

在对内管理中，分局实行分局与分公司两级内部独立核算。分局、分公司经济核算部门在项目成本、费用管理中以高度的合同观念、强烈的经营意识、实事求是的工作作风，努力为分局创造最大的经济效益。

广东分局组织力量在中标合同的基础上，根据分局的施工水平，制定内部统一的工程单价，并作为编制工程预算成本的依据，各分公司为有效控制成本，在优化施工组织设计确定的施工方案基础上，根据分公司内部施工定额确定的人工、材料、机械台班（低于预算定额指标），编制月成本计划作为成本控制的指标，与预算成本比较，可以预测本月内成本降低额度。

分公司承建的施工项目在每月初结算上月完成的工程价款，核算部门根据上月各项费用开支计算出实际成本，当实际成本与目标成本比较，即可得到本月施工的成本降低额；当实际成本与同期"验证表"结算工程款相比较，可得出当期分公司的实际盈亏额，分公司核算部门根据施工队盈亏情况，结合完成实物工程量、施工质量和材料节约情况核发奖金。

3. 把降低成本与企业、职工利益结合起来

实践表明，把主材消耗、成本盈亏作为经济技术指标纳入奖惩，无疑促进了全员全过程成本认知和节约理念，调动了职工降低成本的积极性。正如有的工人所说："以前我们是干了算，现在我们可以算了干，通过明晰的成本管理，我们可以清楚的知道这个月干多少活，能拿到多少钱。"由此看，在广蓄成本管理已成为全体施工人员的自觉行动。

实际成本的降低来自成本控制，施工成本控制就是优化施工方案以及对施工过程中各种资源消耗的控制。广蓄电站在施工中千方百计在保证工程质量的前提下，提高劳动生产率，多创产值，降低可变成本消耗，争取更高的经济效益。我们采用一专多能，混合工种劳动组合，减少人工费开支；优化设计参数，掺加混凝土外加剂，减少炸药、水泥消耗；加强维修力量和即时维修，保证设备完好率；发动职工钢筋回收、废旧钢材利用；加强计划实现工完、料净、场地清；实施材料节约、成本控制奖罚制度等都对降低施工成本起到重要作用，广蓄电站创造的劳动生产率已超越日本大成公司，在当时的施工行业中起到标杆作用。

3.7 动态优化资源配置，建立内部模拟市场

生产资料只有充分利用才能体现其价值，不同的生产资料有机科学地组合在一起，相互契合，才能充分发挥其作用。广州抽水蓄能电站施工中，人、财、物的定向流动、科学组合，在一定程度上发挥了生产资料市场的功能，对提高生产能力和生产效益起到重要作用。

1. 多技能培训、多工种组合

广东分局学习借鉴日本大成公司的经验，第一，抓了各施工队操作人员的上岗培训，通过培训使施工人员能具备多种工作技能，并取得国家认可的上岗证书，给工人施展才华、提高素质、增加收入拓展空间。第二，改变过去传统的按专业分工配备操作人员的做法，采用"混合工种"的动态组合，使某专业的工人也能从事第二专业、第三专业的工作。第三，所有专业操作人员在担负某一主要工序或工作之外，还必须机动地参与其他工序中一般性工作。这一做法增加了施工人员的整体意识，克服了工作忙闲不均、工序衔接不及时的弊端，节约了人工成本，提高了生产效益，同时也增加了工人的收入，赢得了工人的认同和支持。

2．完善设备租赁市场、促进设备内部流动

施工设备是重要的生产资源，在改革开放初期，施工企业技术装备比较落后的情况下，一台完好的机械设备可代替几十甚至上百人力的劳动。由于广蓄工程各部位参与施工的单位施工高峰和设备使用时间不同，设备配置状况各异，为充分开拓设备资源，保障施工顺利进行，广东分局编制了多臂钻车、装载机、挖掘机等大型设备使用的内部定额，制定了优于机械台班的设备租赁单价和租赁办法，加强设备的维修保养和配件的供应，开展"五好"设备竞赛，鼓励在广东分局内的机械设备进入内部模拟市场，使所有的设备都能良好地为工程建设服务，这也许就是现在设备租赁市场的最早尝试。

3．建立内部银行、促进资金内部流动

流动资金是企业生产经营必不可缺的润滑剂，可是流动资金的使用必须受到银行的制约，而且要支付高额的利息。加快资金周转，提高流动资金使用效率一直是施工企业的追求，也是生产效益的重要部分。广东分局下属的5个分公司、3个厂队都存在不同时段积存和缺乏资金的问题，为提高流动资金周转效益，广东分局建立内部银行，由分局搭建资金内部借贷平台，各单位在平台上低利息相互调剂，分局承担担保责任，通过分局的金融财务服务，从总体上提高了流动资金的利用效率，资金使用的周转率有了较大的提高。

4．实行科技后勤有偿服务

科技是生产力，在广蓄项目建设中得到充分体现。复杂的地质结构和施工条件，严格的施工标准和工艺要求都需要不断地根据变化的施工环境优化施工方案、改进施工方法、改造施工机具、引入新型材料，这些工作仅仅依靠各分公司及分局的技术力量是难以完全解决的。为调动工程局本部及更大范围的技术资源，引进高校及科研设计单位专家，广东分局明确有偿使用科技资源和科技服务，对能签订服务协议的项目签订技术（科技）委托协议，协调攻关的项目签署项目合同，对于个别专家由用人方与有关方面协商借用时间和费用。在当时科技资源尚未进入市场、科技人员相对封闭的情况下，广蓄的做法无疑为固化静谧的科技园地和科技人才打开一扇窗户，施工单位的技术水平和广蓄项目的建设水平都得以提高，科技作为工程建设的支撑作用得以充分发挥，广州抽水蓄能电站施工关键技术研究还获得了国家科技进步二等奖。

3.8 实行"三位一体"的思想工作方法

在广州抽水蓄能电站项目施工中，结合中国国情和队伍实际，以政治思想工作为核心、行政手段为辅助、经济杠杆为催化剂，三者结合起来互为补充，发挥综合效力，调动职工为工程建设多做贡献的积极性，这是运用、发展鲁布革工程经验与中国国情相结合的鲜明特征。

1. 思想政治工作的特点和要求

广蓄工程远离后方基地，施工特点是艰苦危险、工作强度大，队伍特点是中青年职工多、思想活跃、文化素质相对较低、可塑性强。项目施工的工作特点及职工队伍的结构特点决定了思想政治工作的着力点：一是工程远离基地，家中老人、孩子得不到照顾，夫妻得不到慰藉，未婚青年婚姻问题不易解决；二是施工工地处在改革开放的前沿地区，既有"金钱至上"的思想传播，又有黄、赌等社会影响对职工队伍带来侵袭，施工队伍中青年人多，思想不够成熟，识别和抵制不健康的思潮能力差；三是施工强度高、条件差、危险性大，这更需要职工发挥不怕难、不怕苦，甚至不怕牺牲的献身精神；四是实行管理层与作业层分开后，前后方分开，以合同为纽带，明确各单位和岗位的责任，保证向后方的资金反馈，这就需要教育职工克服金钱至上、注重整体效益，识大体、顾大局，团结协作，发扬奉献精神。

面对改革开放形势下职工队伍的思想变化和地处广州附近的特殊环境，对广蓄项目施工中的思想工作提出新的要求：一是开展思想政治工作必须从理解和关心入手，要与解决职工的实际困难结合起来；二是因人施教，结合不同文化背景、工作性质，有针对性地采用不同的工作方法开展思想工作；三是思想工作要强调实事求是，既要激励职工的积极性，又不提"大干快上"的空口号；四是思想政治工作要采取职工喜闻乐见的多种形式，寓教育、引导、激励于无形之中。

2. 思想政治工作的目标原则

在广蓄项目施工一开始，项目部就明确了思想政治工作的三个目标，确定了三条原则。

三个目标。一是通过不同层次、多种形式的思想工作，调动职工的生产积极性，把职工凝聚在一起，同心同德、苦干实干，全面实现项目施工承包合同规定的工期、质量目标，争创施工高效益。二是通过务实有力的思想工作，坚定职工走社会主义道路的信心，培养与企业共荣辱、为建设做贡献的精神，锤炼一支有道德、守纪律、技术精、作风硬、特别能战斗的职工队伍。三是推行"三位一体"的思想工作方法，探索一条思想政治工作保证高强度安全施工的新路子。

三条原则。一是以人为本，建立牢固的群体之间的信赖关系。要注重感情投入，建立各层次、全方位的感情网络，视职工为亲人，把群众当主人，动之以情、晓之以理、处之以实，把困难和问题交给群众，共同破解难题、战胜困难。二是让群众做到的干部首先做到，让群众不做的干部首先不做。在思想政治工作中充分发挥各级各类干部的模范带头作用，以干部的模范行动形成强大凝聚力，激励广大职工与项目部同甘共苦、共同奋斗，在职工追求物质与精神两方面收获的同时，为工程、社会做更大贡献。三是在思想政治工作中，以各项规章制度规范每个人的行为。通过思想工作教育促使职工讲规矩、守纪律、知荣辱、识大局，当个人行为越过了制度边界，则辅以行政手段。

3. 思想政治工作的做法

针对思想政治工作的特点，讲究工作方法的科学性是做好思想政治工作的根本保证，广东分局在广蓄项目中把"精神、纪律、利益"结合起来，建立企业内部激励和行为约束机制，收到良好效果，为"项目法施工"进行了新的探索。

一是讲"三情"、抓重点，广泛开展思想政治工作。三情就是"国情、局情、工程情"，重点就是针对不同时段工程施工特点的思想政治工作。首先在队伍一进场，广东分局就反复组织"三大讲"，大讲广蓄项目与大亚湾核电配套运行的特点和要求，增加广大职工的使命感；大讲广蓄电站投资多元，产出且能部分送往香港，关系祖国声誉、香港回归，激发广大职工的民族自尊心和工程自豪感；大讲企业面临的形势和竞争的要求以及广蓄电站施工对工程局的重要性，增强广大职工的责任感。在"三大讲"的基础上，自始至终坚持党的基本路线教育，把学习外国经验与发扬自己的优良传统结合起来；坚持主人翁思想教育，明确不论是工程发包者、还是工程承包者，都是国家的主人，都要为实现国家现代化做贡献；坚持全局意识和长远观点教育，克服生产经营和分配中的短期行为，帮助职工树立正确的利益观，正确对待和处理生产及分配中的各种利益冲突和矛盾。

二是干部以身作则，带动职工共同奋斗。广蓄项目施工中的思想政治工作是靠参与工程施工的全体职工共同实现的，但是党员干部的行动是思想工作的关键。广东分局要求每个党员干部身教重于言教，在困难危险面前，身先士卒、冲锋在前，能吃苦、敢献身；在利益荣誉面前，能吃亏、勇退让；在各方压力和复杂的工作关系面前，能承受委屈、襟怀博大；基层干部在急难险重面前从不畏惧，把方便让给群众，把危险留给自己；而在利益面前，规定干部加班不发加班费，没有职务津贴，不发高温补贴，他们的收入比一般工人还少，但工作天天连续干十四五个小时。正是党员干部的这种模范行动，让群众服气、顺气、有心气，使干部心明、眼亮、有底气，干部群众心往一起想、劲往一起使，创造了工程建设的一个又一个奇迹。

三是多管齐下，激励职工的积极性、创造性。在广蓄项目的施工中，广东分局采用目标激励、竞赛激励、信任激励、荣誉激励、评价激励等多种形式的激励方式，激发广大职工的生产热情。

目标激励：即要求全体职工牢记工程总目标和分期目标，铭记自己肩负的使命，每一个目标实现都抓住机会总结经验，表彰先进单位和个人，同时为下一个阶段目标进行动员，明确措施，把每个阶段目标都变成一个充电桩、加油站，为工程总目标的实现加油护航。

竞赛激励：围绕关键项目及关键施工环节，开展单项竞赛活动，此外还开展"五好食堂""红旗设备"等多种形式的竞赛评比，对竞赛中涌现的一、二、三等功臣和先进集体，披红戴花挂奖章，并在家属落户、住房分配、工资升级、子女就业等方面给予优先，并把立功喜报、表彰录像寄给后方的亲人，赢得后方亲人的支持，形成前后齐动员、同心争模范的局面。

信任激励：广蓄项目施工青年职工多，对他们既要严格要求做好传帮带，又要充分相信大胆使用。广蓄工程的高压斜井，施工条件艰苦，技术要求高，斜井队的青年人得到领导的充分信任，把信任变成动力，对技术学习精益求精，在困难面前知难而进。一次意外事故，阿里马克爬罐卡在导井中，副队长韩汝莲冒着生命危险，手抓轨道悬身从下向上爬了100多米排除险情，使被困20多小时的战友获救，小韩累得昏死过去；在工地结婚才5个月的余燕，丈夫在一次事故中牺牲，她强忍悲痛，坚持留在斜井队去完成亲人未完成的事业。青年是广蓄项目施工的中坚，是工程建设的主力军，对他们充分的信任和支持可以激发无尽的力量，才能锻炼出战无不胜、无坚不摧的钢铁队伍。

四是入情、入理、入实，探索新时期思想工作的有效方法。

入情，就是讲人情、讲感情，和职工建立感情上的联系和沟通，把每一个职工都视为自己的亲人，工作上支持、生活上关心、困难中帮助，职工生日送上一句祝福，生病住院送上一声问候，分局及下属公司领导回基地开会及探亲，总是要走访前线职工的家庭，帮助解决子女升学、生活住房中的困难，使前方的职工感受到领导的关心、尊重、爱护，后方的家属感受到领导的认可、温暖和体谅，心情舒畅、甘心情愿共同分担工作和家庭中的困难，与企业同荣辱、共命运。

入理，就是讲道理、讲实理，以理服人，讲小道理服从大道理。启发职工正确认识个人利益、集体利益和国家利益的关系，个人自由、个性和组织纪律、企业制度的关系，把职工的积极性和创造性，建立在自尊、自爱、自信、自强的基础上。

入实，就是为职工办实事、办好事，实事求是解决具体问题。针对广东气候炎热，施工粉尘大，广东分局为职工宿舍添置电风扇，修建浴室、游泳池，安装自来水，改善隧洞内的通风条件，按期给职工体检，根据隧洞深度，修订津贴标准，分季节发放高温津贴，补贴数量及范围向工程一线倾斜，实行双周休息、一年两次探亲假制度。通过这些看得见、摸得着的实实在在的事例，从小事做起，改善生产生活条件，保障施工安全，关心后方亲人，使职工安心、放心、舒心，从而促进了生产，赢得了广大职工的认可。

五是正面教育为主，辅以行政手段，做好后进职工的转化。虽然在分公司与各公司签订的协议里明确，对不适合在一线工作的职工可以退回后方，但广东分局坚持尽量不使用这一条款。在抓思想工作的同时，决不放弃行政手段的作用，从完善规章制度入手，狠抓制度的执行和落实，强调执行制度从干部做起，不搞下不为例。对一度出现的赌博歪风和打架行为，抓住苗头，重点处理，并在做出对个别人的处分后，安排专人跟进，做好转化工作，鼓励其改正错误。并根据其表现任命某年轻同志为洞挖队副队长，在职工中引起强烈反响，起到树立一点、带动一片的效果。广东分局花大力气对后进职工的精心雕琢，起到事半功倍的作用，从中也认识到事物转化的规律，增强了后进转化的信心。

3.9 "项目法"施工初见成效

从鲁布革工程建设管理体制改革试点到广州抽水蓄能电站全方位项目管理改革的深化，广蓄电站的建设者在4年多的时间里建成了120万kW全国最大的抽水蓄能电站，取得了速度快、质量高、投资少、效益好的好成绩。在笔者参加全国优秀项目经理表彰大会期间，向李鹏总理汇报广蓄电站的建设情况时，李鹏总理高兴地说："没想到广蓄电站建设得这么快、这么好，我抽时间一定去看一看。"

在广蓄电站的建设者取得工程建设的丰硕成果的同时，项目部在鲁布革经验的基础上深化改革、着力实践走出了一条中国特色项目管理的新路子，为"项目法施工"的完善和推广进行了实践探索。

1990年7月下旬，建设部施工管理司张青林司长带队到广蓄项目进行调研，追踪他们曾在鲁布革工程中总结鲁布革经验的后续足迹。经过几天的调研，他们与水电工人心灵相通、感情共鸣，掌握了大量翔实材料，写出了《关于广州抽水蓄能电站建设情况的调查》。

"一、广蓄电站的工程建设已经并正在创造着我国水电工程施工的一流水平。……

二、广蓄电站工程建设已经并正在踏出一条运用发展鲁布革经验、深化企业内部改革、强化项目管理的新路子。

水电十四局是一支曾在鲁布革电站建设中直接创造鲁布革经验的又直接受鲁布革经验冲击的队伍，他们在广蓄不但要创造一流的施工水平、一流的管理水平，更要探索出中国特色的工程管理的新路子，初步总结了三条基本经验。

第一，以"项目法施工"总揽电站工程建设的施工组织，打破过去以行政建制为主组织施工的老框框，建立有利于全面优化生产要素的项目管理体制。

第二，以项目目标管理为主线，运用网络计划等现代化手段层层分解分段考核，确保总目标实现。

第三，以政治、行政、经济手段三位一体为保障，调动职工多做贡献的积极性。

三、广蓄电站工程建设已经并正在锤炼着一支讲奉献、勇拼搏、团结奋进、特别能战斗的施工队伍。

一是建设一个胸怀大局、团结奋进、密切联系群众的领导班子，二是建设一批能吃苦、能吃亏、能带兵打仗的干部队伍，三是建设一个特别能战斗的工人集体。这支队伍已充分显示了我国工人阶级的时代风貌。"

1991年，能源部召开广州抽水蓄能电站建设管理经验现场交流会，向全国水电行业推广广蓄的经验和做法。

1991年7月，第五次全国施工管理体制改革试点工作座谈会召开，张青林在会上做了重点发言。他在讲话中说："项目法施工"经过3年努力，已在全行业形成全国推行态势，我们要因势利导，把"项目法施工"作为深化施工管理体制改革的突破口，推动企业尽快向集约经营型、质量效益型转变。

1992年8月，时任建设部常务副部长叶如棠在讲话中指出："几年来施工管理体制综合改革是以'项目法施工'为突破口，把市场与企业连接起来的。'项目法施工'一方面把市场的需求传给企业；另一方面把企业的改革成果在市场中运用……"

　　"项目法施工"从理论和实践两个方面在试点企业进行深入探索，引起了建筑界的强烈反响，为全国建筑业综合体制改革起到重要的引导和促进作用。

　　鲁布革、广蓄电站建设管理体制的改革，为"项目法施工"提供了明确的目标、丰富的内涵、成熟的经验和大批的制度成果，成为"项目法施工"这一科学项目管理方式的重要实践基础。

第4章

模式创新——黄河小浪底工程中国特色国际工程管理之路的探讨

黄河是中华民族的母亲河，她用丰盈的乳汁养育了沿河两岸的亿万儿孙，造就了灿烂的中华文明。

黄河又是世界上泥沙含量最大的河流，多年平均入河泥沙达16亿t，以她雄浑壮美的气势，孕育了华北平原和千里沃土，灌溉着约50 000km²的肥沃良田。

然而，利也在沙，害也在沙。黄河泥沙淤积，河床冲淤变化剧烈，洪水危害极其严重。从周定王五年（公元前602年）到1938年人为扒开花园口的2 500多年中，决口、决溢的年份多达543年，决溢泛滥总次数1 590余次，重要改道26次。千百年来黄河不管是自然溃决还是人为扒口，都给沿河人民带来无穷的灾难。

新中国成立后，党和国家对黄河治理开发高度重视，对黄河大堤先后进行了三次加固培厚，加强了河道整治及险工险段处理，先后修建了龙羊峡、三门峡、公伯峡等十几座大小水库，初步形成上拦下排、两岸分滞的防洪体系。

可是黄土高原水土流失依然严重，黄河"悬河"的形势进一步加剧。与1950年相比，黄河河床普遍抬高2～4m，河床高于河背地面4～6m，小水大灾漫滩机会增多，给滞洪区内人民生命财产及国家重大基础设施构成严重威胁。

随着经济社会发展，引黄灌溉面积不断扩大，工业及城乡生活用水持续增加，水资源短缺问题日益突出，自1972年至1998年的27年间，有21年下游出现断流。黄河断流造成河口萎缩、海水入侵、河道尘沙飞扬、河口生物多样化消失等生态灾难。

自然环境的变化和经济社会的发展及黄河防洪减淤的需要，急切期待在黄河中游有一个大型的水资源控制工程。小浪底水利枢纽工程的建设得到国家的高度重视，1991年4月经全国人大四次会议确定为"八五"国家重点工程。

小浪底水利枢纽开发的目的是以黄河下游防洪、防凌、减淤为主，兼顾供水、灌溉、发电、除害兴利综合运用，其工程既有巨大的社会经济效益，同时也面临诸多挑战。

"中国的水利工程若论规模，当数长江三峡工程。若论技术复杂、管理困难当属黄河小浪底工程。"我国著名水利专家、两院院士张光斗先生不止一次这样说。

"小浪底工程无论其规模还是技术复杂程度，都是富有挑战性的世界级工程。"加拿大国际工程咨询公司小浪底项目经理安德森先生发出赞叹。

小浪底工程面临的挑战不仅是技术层面上的，同时也体现在项目管理层面上。项目管理即按项目自身特性和它的内在规律来组织全过程的科学管理。为了区分甲乙方的项目管理，一般对项目业主称为项目管理，对施工方称为"项目法施工"，对小浪底工程而言既是对业主项目管理与国际接轨的挑战，又是对"项目法施工"如何适应国际工程的新的实践。同时也是国际工程如何与中国国情相结合的积极探索。

4.1 小浪底工程的关键时刻

为筹措小浪底工程巨额资金，国务院决定部分使用世界银行贷款。由此，小浪底工程成为我国首个主体土建工程全部按国际项目管理的大型水利枢纽，成为工程项目管理体制改革成果检验的平台，成为我国工程项目管理与国际接轨的前沿阵地。

小浪底主体工程由大坝、泄洪排沙系统、引水发电系统和机电安装四部分组成，形成了Ⅰ、Ⅱ、Ⅲ三个国际招标和机电安装国内招标共4个标。国际招标和设备采购严格按照世界银行采购导则及国际工程师联合会（FIDIC）推荐的招标评标程序进行。

作为小浪底工程Ⅱ标的泄洪排沙系统是在3个主体工程标中工程投资最大、工程技术最复杂而且是控制关键工期的工程集群。1994年6月30日，小浪底工程监理工程师向以德国旭普林公司为首的Ⅱ标联营体下发了包括导流洞在内的泄洪工程的开工令。

开工令下达后，正常的施工组织并没有形成。标书承诺的施工设备迟迟不能到达工地，施工组织混乱，技术、管理人员缺乏，低价雇佣当地的进城务工人员缺乏严格的培训。旭普林公司虽说具有国际工程施工经验，但在小浪底工程一开始就"水土不服"，遇到了一大堆问题。

1995年4月至6月，掘进中的三条导流洞相继发生18次塌方，山一样的堆积体把导流洞分隔。"险情就是命令，抢险就是战斗。"塌方若不及时处理，随着岩石承载力的减弱和地下水的活动问题就会越来越严重。然而小浪底工程导流洞的塌方不但没有给旭普林公司联营体形成压力、及时进行处理，反而把塌方的原因归咎于中方并由此停工提出巨额索赔及推迟1年截流的要求。这一要求导致中方发电损失及连带索赔损失数十亿元之多，是中方业主无论如何都难以承受的。

"当务之急是尽快恢复施工，索赔之事边干边谈，要集中最优势的兵力把1997年截流这个堡垒攻下来。"时任水利部部长钮茂生在视察工程后坚定地说。

经历艰难的合同谈判，3月19日，中国水电一局、三局、四局、十四局组成OTFF联营体（四个工程局英文字头缩写），以劳务分包的身份承担起外商无力承担且已造成重大延误的导流洞扩挖和衬砌任务。决心维护国家利益、拼命抢回工期的OTFF联合体在被迫接受劳务分包现实的Ⅱ标承包商面前，面临着理念差异、工作方式、工作程序、利益碰撞诸多问题，他们的工作常常受到种种掣肘，就像被禁锢在橡皮气囊中，有劲使不出来。

当时的小浪底工地处处弥漫着失望、焦虑、松散的情绪：项目业主对1997年截流信心不足，意见不一，管理松散，干部职工不知如何发力；工程监理权威不强、力量不足，与外商尤其是Ⅱ标承包商之间有较大的意见分歧；设计单位在传统的思维方式下与业主、监理、承包商之间尚难形成密切协调。

如何赶回11个月的工期，在外商与业主对立、承包商与分包商相互掣肘、导流洞塌方严重、工期严重滞后的情况下，项目部从理顺生产关系、强化合同管理入手，探索适应中国特点的国际工程管理模式，调动中外建设者的积极性，完成了这个看似不可能完成的任务。

4.2　强化项目法人的责任和权利

1. 压实项目业主负责制

项目业主承担着项目筹资、建设、移民、运营、还贷等重大责任，是工程项目全方位全过程的责任方，这既是社会主义市场经济下我国水利水电工程的基本管理体制，也是国际工程界普遍认可的模式，是国际通用FIDIC条款的基础。但在20世纪末期，习惯了计划经济的设计、施工等单位，从对国家负责调整为对业主负责还有着不少心理障碍和认识误区。

项目部依据项目法人责任制，确定并强化了监理、设计、施工、设备供应对业主负责就是对国家负责的理念，并分别与业主签订合同，履行合同的权利和责任。作为项目业主的小浪底水利枢纽工程管理局，则理直气壮地加强对监理、设计、施工各方面的管理。监理作为受业主委托对工程建设直接管理的责任方，则根据合同、协议，履职尽责，加强对外国承包商的管理。设计单位根据合同和工程要求，及时提供设计图纸和设计变更通知，并经监理单位审核后交付外国承包商施工，通过不同形式的技术交底、工作协调、资源配置，做到所有问题都在工程现场充分协调、及时决策。

2. 实行总工程师技术负责制

小浪底工程技术复杂，在工程建设中有大量技术问题要及时决策，在以往的工程建设中经常出现监理与设计工作联系多，但无合同关系，业主与设计有合同关系、但工作关系不密切的情况，导致了重大技术问题不能及时决策、贻误时机，构成了承包商索赔的条件。为解决这个问题，项目部制定了业主总工程师技术负责制，确定技术既为安全负责也为经济负责的原则，坚持技术方案必须与经济效益相统一，所有合同变更及赶工措施必须多方案比选，强调技术可行、经济合理、安全可靠。同时明确了技术工作的原则、技术管理形式、技术决策程序和层次，在技术问题上业主总工程师有最终决策权并对国家负责。

为使总工程师能真正履行决策权，在技术保障上，建立并完善各项技术管理规章制度，建立总工程师领导的工作机构，组建国内一流专家组成的技术委员会，聘请国际咨询机构，形成较为完善的技术保障体系。

在决策程序上明确，一般技术问题由监理工程师代表与设计总代表协商决定，较大技术问题或有分歧意见的技术方案由总工程师决策、或由其主持召开有关方面参加的技术会议研究后决策，重大技术问题决策前由总工程师提请技术委员会提出咨询意见由小浪底建设管理局领导班子研究决定，对涉及重大工期变更和巨额投资变化的问题由总工程师报请业主领导班子提出意见后报国家有关部门审批。建立这样的决策程序后，基本做到了一般技术问题当场解决，重要技术问题3日内解决，重大技术问题半月内解决，保证和促进了工程施工。

总工程师技术负责制的实施和多种方法的灵活运用，理顺了技术管理关系，发挥了综合技术管理优势，取得了良好效果。

3. 建立质量保证体系和制度

制定《小浪底工程质量管理办法》，该办法明确：业主总工程师代表业主进行质量问题决策，并明确建设各方的责任；监理工程师在业主授权范围内，按合同规定对工程建设、设计及施工负监控责任，并向业主负责；设计单位对工程设计质量向业主负责，并为施工质量的监督管理提供技术支持；承包商及分包商对其施工的工程质量及使用的原材料，构、配件质量承担全部责任，且不能因监理工程师的检查疏漏而减轻或免除应有的责任。

为使工程及工作质量落实到位，小浪底建设管理局吸收参建单位质量负责人组成"工程建设质量管理委员会"，负责领导工程建设的质量管理工作，建立管理信息网络，组织质量评比活动，制定质量奖惩办法，各承包商和分包商层层建立了质量管理机构，设立质量管理岗位，明确责任和人员，为工程建设从机制、制度上提供了多层次保障。

4.3 加强监理力量充实工程一线

工程监理承担着对工程的"三控制，一协调"重任，要做好监理工作，必须有优秀的监理人员和多种资源的保障，同时还必须赋予工程监理足够的权力。为此，根据国际工程惯例和小浪底工程的特点，项目部实行"小业主、大监理"体制，把管理力量向监理单位及岗位倾斜。

1. 完善机构，充实人员

1996年7月，小浪底建管局对内部机构进行较大的调整，原业主单位的34名不同专业的工程技术人员加入工程监理队伍，充实到工程第一线。业主机构中的国际合同管理和工程技术管理部门成建制划入小浪底工程监理公司。业主单位减少到132人，负责筹资、计划、移民、结算、综合协调、后勤保障、党的建设等职责，监理公司的各类专业人员增加到500多人，主要承担对工程的进度质量安全管理和工程量核实、设计变更审查、工程结算签证等多项任务，业主与监理的职责进一步明确。

大量的专业人员从办公室走向了工地现场，重叠的机构合并，使管理工作效益和效率大大增加。为了解现场施工情况，及时解决施工中的问题，在工程最紧张的导流洞口设置总值班室，昼夜24小时值班协调；建立由工程监理代表、设计代表、承包商及有关分包商参加的现场例会制度和工程日报制度、总值班室督促检查制度；由工程监理和施工单位负责制人"带队"值班、挂牌上岗，做到关键部位和节点责任到人，外商及分包商对这种及时解决问题的方式高度评价。

2．充分信任，大胆放权

若要工程监理承担起责任就必须赋予充分的权力，经小浪底建管局党委研究，在承包商最为关心的合同结算上，工程监理合同部可以代表业主及监理工程师处理与承包商的合同纠纷问题；在合同范围内可指导协调工程监理不同代表部，对工程建设中引发的经济问题进行审核和处理，经监理总工程师签字后可以直接办理支付手续；授权监理工程师自主确定合同变更和暂定单价，对不同国外承包商共同提出的价差补偿、后继法规变更等问题由监理工程师统一受理；除特别重大的技术问题须提交专家委员会研究外，一般性技术问题由工程监理全权处理。在质量问题上工程监理更具有绝对权威，工程质量不合格时工程监理有权决定修补、返工，以致对承包商提出处罚。由于业主对工程监理的充分授权，极大地优化审核、审批程序，缩短了支付周期，促进了工程建设，赢得外商的欢迎。同时由于充分的授权，极大地树立了工程监理在小浪底工程建设中的权威，调动了广大监理工程师的积极性，工程监理成为工程建设的"保护神"和合同执行公正、严明的"大法官"。

3．多种资源向工程一线倾斜

监理工作的重点在施工现场，监理工程师24小时坚守作业，条件艰苦，工作压力大，在人员配置上，把年富力强、专业技术水平高的人员尽可能安排在监理工作岗位；在奖金分配上，前方人员高于后方，各种评比、荣誉的评选全方位向一线倾斜；在后勤服务上，车辆、计算机、通信设备等物资率先满足监理工作需要，对于艰苦岗位及急难险重节点上的监理工程师，当完成某一关键节点任务时，建管局以局长令形式予以嘉奖。这一系列措施，使坚守在施工第一线的监理工程师，既感到责任重大，又倍感组织温暖，从而调动了监理人员的积极性，也为小浪底建管局培养了大量的优秀技术和管理人才。

4．实行网络计划，明确目标责任

按照工程及合同要求，在保证工程质量前提下，实现工程进度计划是工程监理的重要责任，也是业主管理的重要目标。要实现工程总体目标，就必须进行目标分解，明确关键线路和关键节点，以局部保整体、以阶段保全期，配置多种生产资源保证关键线路一路畅通，关键节点按时到位。同时工程监理还要对因种种原因延误工期的工程，要求承包商提出整改调整措施，审查赶工方案，分清赶工责任，计算赶工费用，重大赶工计划需报业主批准。

为使网络计划成为工程施工的方向路标和重要遵循，工程监理建立了全方位、全周期的分片、分区、分部位目标岗位责任制，对关键节点的监理人员实行挂牌值班，并建立巡视检查制度和交接班报告制度、重大问题请示报告制度等，业主单位和监理公司领导不定期抽查，在小浪底工程施工全域内，建立起全方位、多层次的监理有岗位、岗位有职责、职责有目标、目标有考核、回馈有渠道、成绩有表彰的监理工作制度体系。

4.4 组建小浪底工程专家委员会

小浪底工程规模巨大，地质结构复杂，施工要求高，又加上已推迟工期11个月，如何把已经停运的施工列车开动并加速前行。一方面要充分调动设计施工及工程管理各方面人员的积极性，打一场为国争光、塑造母亲河丰碑的"人民战争"；另一方面也必须依靠专家的智慧和经验，充分发挥国内外专家的作用。

1. 聘请国内顶尖级水利水电专家

1996年9月，在小浪底内部技术委员会的基础上提高层次、扩大范围，在全国范围内聘请了40多位工程技术顶尖级专家，组成以陈明致院士为主任的小浪底工程技术专家委员会，并聘请张光斗、潘家铮等5名著名水利专家为顾问，专家委员会的职责就是对小浪底工程建设中的重大技术问题提供咨询，对工程质量进行年度或重要阶段性检查，并提出质量检查报告和改进意见。

2. 发挥外国专家的作用

小浪底工程不仅技术复杂，还是由外国承包商施工、依照国际工程规则管理的国际工程。要实现工程技术上的安全和工程管理上与国际接轨，不仅要依靠国内知名专家组成的专家委员会，还要尽可能借助国际上的知名专家的帮助。为充分发挥外国专家的作用，第一，小浪底建管局高度重视世界银行特别咨询团咨询专家的意见，认真落实咨询专家的建议。第二，充分发挥加拿大驻小浪底专家组（CIPM）的作用，把加拿大专家的工作纳入小浪底工程建设管理体系，根据专家不同专业组成专家组，形成既独立又与小浪底技术、合同、管理高度融合的决策系统，随时随地接受他们的指导和帮助。第三，在合同纠纷以及索赔的处理中，小浪底建管局聘请国际著名的索赔专家组成合同当事人外来自不同国家的三人顾问团（DRB），充分发挥专家在国际规则制定和国际合同索赔中的经验，为合同的甲、乙双方提出破解合同纠纷的意见。项目部注意国外专家与国内专家咨询意见的协调、融合，既遵从国际规则，又结合中国国情，一般说来，技术问题以国内专家为主，合同管理多听从国外专家的意见，使不同来源的专家都能各展其长，充分发挥咨询作用。

4.5　探索中国特色的国际工程管理模式

小浪底工程使用世界银行贷款，与国际惯例接轨，全方位实行国际标准，由外商承包、中方业主管理，这对我国水利工程来说是一个崭新的课题，也是中国建筑业了解、走向世界的大好机会。但是，中国工程由外国人承包了，我们如何管理？实践的答案是既不能完全照搬国际工程的普遍做法，也不能传袭国内工程的管理模式，必须结合中国的实际，探索一种新的模式。

1. 实行一种特殊模式

按照一般国际工程的做法，外商进入施工现场以后开展分层次雇用施工人员，一般的劳务均是当地雇用，而管理和技术人员则分不同等级从欧洲、非洲、东南亚等地雇用，外国承包商与其签订合同，明确双方权利义务。

小浪底工程国外承包商沿用他们在其他国家的习惯做法，从河南小浪底附近农村雇用的劳务既缺乏专业技能，又没有严密组织，加上语言二的障碍，管理十分困难，工程质量也难以保证。

如何发挥成建制中国水利水电建设队伍的作用，把小浪底工程建设的主动权抓在中国人手中，小浪底导流泄洪工程停工后，在水利部领导下开始了与外商的艰苦谈判，说服Ⅱ标承包商放弃零散的农村劳务，改用成建制的水电施工队伍为劳务分包商，并在业主支持下组成OTFF联营体，承包劳务及劳务管理。在小浪底建管局与德国旭普林公司反复谈判协商后，在总承包合同的框架内对小浪底导流泄洪工程承包合同进行了调整修改，由外国承包商与OTFF联营体签署了劳务分包协议。

OTFF联营体的组成和参与改变了小浪底工程原来的生产关系，它形成了两头是中国人、中间是外商的"中—外—中"新形式：在上层，由中方业主、监理单位组成的管理和监督机构对工程重大问题进行决策，对工程的投资、进度、质量进行控制，对施工中出现的各种问题进行协调；中间层是以外商为主的工程承包商，他们依照合同组织施工，制定施工方案，配备施工设备，组织施工队伍；而基层是由中方劳务组成的分包商，这些分包商有几十年水利水电工程建设经验，有严密的各级组织，有熟练的施工技术，更有为国争光、为工程负责的精神。这样的"中—外—中"的新模式，既符合国际合同的要求，表现为中方机构按合同约束和管理外商履行他们的义务，外商以主承包商的身份约束和管理中国劳务或分包商，中方业主与中方分包商及劳务没有直接的工作、经济关系，中方业主的意图必须通过国际承包商这个环节才能贯彻下去，同时，在实现共同的工程建设目标和国家利益上，中方业主与中方劳务又有着分不开的感情联系和总体的共同利益。

2. 探索一种行为机制

小浪底工程生产关系复杂，它除一般工程所有的业主、监理、设计、施工、设备供应商等参建单位外，还有来自51个国家和地区的外国承包商以及由若干支中国水电建设队伍组成的工程分包商或劳务分包商，面对如此多的参与者、建设者，如何把大家的思想统一到工程目标上，把大家的行为规范到合同要求上，项目部探索并实行了一种"三分三合"的行为机制。

责任上分，目标上合，建立目标激励机制。责任上分是以合同为依据，在横向上明确业主与承包商、监理、设计之间的各自责任，在纵向上明确业主与中外联营体、中外联营体与分包商、分包商与劳务组织之间的各自责任；在目标上合是要求横向、纵向各方围绕工程建设的分项、分段目标齐心协力，各参建单位根据各自的职责、任务分层次分解出确保工程进度和质量的具体实施计划，做到思想到位、责任到位、措施到位、成效到位，实行重点考核、目标管理。在目标激励上，运用思想动员、精神鼓励、宣传表彰、经济奖罚等手段，组织比学赶超竞赛活动，以内部促外部，以先进催后进，以重点带一般。如在三条导流洞施工中，项目部建议承包商组织水电三、四、十四局各承担一条，三个单位如同在三条平行的跑道上开展你追我赶的比速度、比质量、比安全、比效益的竞赛，相互间既有竞争又有合作，既有协调又有相互帮助，共同对联营体的信誉负责，取得了良好效果。

岗位上分，思想上合，建立思想融通机制。岗位上分是各参建单位、各工作面、各工序岗位分工明晰，确定各自的任务、做法和实施效果，建立明确的岗位责任制；在思想上合是做到认识统一、工作协调、整体配合、同步进展、思想融通、内外有别。国内的参建单位重点抓三条：一是大力提倡主人翁精神，响亮地提出"在小浪底所有中国人都是小浪底工程的主人，都应为工程建设做贡献"，激发爱国主义热情；二是依靠参与单位各级党政组织做好经常性思想政治工作，提倡讲政治、讲正气、讲团结，注重队伍精神文明建设，创建政治硬、作风正、技术精、纪律严的工程建设劲旅；三是关心全体建设者尤其建设一线的职工，给他们送友情、送温暖、送实惠，以民族情、同志情、战友情维系干群关系。对外方人员真诚相信他们，既严格合同管理，又以中国工人阶级的奉献精神教育感动他们，工作上为其协调帮助，生活上为其排忧解难，治安上为其维护保证，积极支持他们把工程搞上去。这些做法赢得国内外建设者的理解和认同，促进了小浪底工程建设。

对外部分，对内部合，建立利益驱动机制。对国内队伍热情关怀，解决他们的实际问题，在与国内分包商及劳务提供单位无直接合同关系的情况下，与其签订赶工协议，发放重要工程目标奖，对临时住房解决修缮费用，对急难险重的工程部位组织慰问等。对外方人员则是礼貌看望、友好往来，工作上建立规范的合同关系，生活上发展国际友谊；对内部，合就是把万余建设者统一到"中国"这面旗帜下，形成一种凝聚力，同心同德实现小浪底工程如期截流，造福子孙后代。

3. 营造一种合作环境

小浪底工程作为黄河上的关键性控制工程，既是列入国家计划的国内工程，又是由德、意、法三国承包商为主承建实质意义上的国际工程，如何在中国国内实现工程建设与国际接轨，如何通过与国际接轨进一步提高国内项目管理水平及施工队伍的技术水平，除了合同管理、施工组织、技术创新等硬件外，创造一个良好的合作环境十分重要。小浪底建管局分析工程特点和建设要求，采取"国内工程、国际打法"，取得实实在在的成效。

在业主与承包商的关系上，融热情帮助与严格管理于一身，理解并处理好中西文化的差异。一方面，从情感上认同外商来中国承包工程，通过工程获取利益是天经地义的合理行为；另一方面，700多外商远离家乡，把先进的技术、管理、设备带到中国，使国内的施工企业得到不出国的国际培训。我们要理解他们的思维方式、行为准则，尊重他们的生活习惯、生活方式，学习他们的技术和管理，履行国际工程条款，使外商愉快地在小浪底工作。在工作上充分认识帮外商就等于帮自己，外商加快进度保证质量是甲乙双方互利双赢的选择。我们在合同及国家政策范围内千方百计帮助外商解决流动资金短缺的困难，把业主的设备提供给他们使用，垫支租赁费、启动中间半成品临时支付等，得到外商的真诚拥护。在生活上注重感情投入，促进国际友谊，节假日互访，工程阶段目标实现小聚，对生病的外商组织医疗、探视，对失窃的家庭帮助地方公安破案追赃，使他们感受到中国人民的友好情谊。在合同管理上严格按合同办事，及时掌握工程进展情况，支持工程监理加强监理。出现工期延误时，督促外商通过各种资源优化调整进行赶工，并根据延误原因分清业主与承包商的责任，按责任承担赶工费用。在质量管理上，根据技术规范和合同制定管理制度，实行分部、分项工程质量监督一票否决及全天候跟班监理，并通过测量试验、原型观测加大监管力度。在经济结算上依据合同及时支付工程款，正确处理各种合同纠纷、赶工和索赔，明辨是非，区分责任，既要维护合同的严肃性，又要本着实事求是的精神，以合同为依据，以事实为准绳，大处着眼，以理服人。

在承包商与分包商关系上，支持分包商既要服从承包商管理，又要主动赢得承包商信任。在小浪底工程中主要的施工责任方是外商，国外承包商依据合同工期安排施工计划，制定施工方案，配备设备材料，调度劳务人员，掌握着指挥施工的主动权及对分包商及劳务人员的管理权，因此要加快工程进展就必须正视外商的作用。项目部尽力教育帮助分包商适应外商的要求，服从外商的管理。在OTFF进场初期，个别外商雇员怀有敌意、百般刁难，但为了项目部自己的工程、国家的利益，项目部必须忍耐、服从，与此同时分包商也要发挥积极主动的精神，为加快工程进度、保证工程质量出主意、想办法，奉献智慧与经验。在导流洞开挖中OTFF一位工程师提出的"中间拉槽两侧跟进的品字形"开挖方案，在工程监理及业主反复做工作后被外商勉强采纳，工作效率提高了3倍多；在处理导流洞塌方的艰难施工中，劳务工人们仅用50天就完成了外商计划5个月才能完成的塌方段处理。在中国工人的智慧和勇敢面前，外商的心悦诚服是用语言和金钱得不到的财富。使外商对成建制引进中国劳务由拒绝变成感谢，承包商与分包商的关系由对抗变成了合作。随着外商与分包商关系的改善，业主、监理站在合同的角度从上而下对承包商提出要求，分包商则从下而上提出建议积极作为，形成了三方携手共同赶工期的局面。

在业主与分包商的关系上，关心与支持分包商发扬主人翁精神，干好小浪底工程。OTFF联营体的成员在小浪底工程赶工的关键时刻，他们以劳务分包商的身份来到这里为国分忧，为业主解难。当工程出现问题时，项目部就把中方的同志请到一起共同研究提出意见，然后根据工作职责分头解决；当外商拖欠劳务费用时，业主向外商发出照会，直至从工程结算款中直接扣留；当分包商提出工程质量问题时，监理工程师深入检查下发整改通知；当由于外商组织及设备原因造成分包商窝工时，工程监理支持分包商向承包商提出索赔，由业主约见外商经理，要求他们加大设备材料、工器具等资源的供应，强化现场的指挥协调。在这样的"中—外—

中"模式下，外商渐渐认识到业主、监理和分包商，虽然没有经济合同，但中国人是一家，他们有共同的目的，所有的中国人都是齐心协力的。

4.6 弘扬民族精神，发挥组织力量

在小浪底工程导流洞工期极大滞后外商提出推迟一年截流的严峻形势下，项目部决定引进成建制的水电施工队伍承担外商劳务。但是如何把参建各方尤其是工程一线的施工人员的积极性调动起来，统一思想坚定信心、齐心协力攻坚克难是比引进成建制队伍更重要、更艰巨的工作。

1. 明确目标，坚定信心

凡是在小浪底工作的同志都十分清楚，作为小浪底工程推迟截流一年将损失数十亿元的现实不允许后退，作为国家的形象和声誉不允许后退，面对人民群众的期待和数万建设者的艰辛付出不能后退，项目部面前只有一条路，那就是团结一致众志成城，克服一切艰难险阻如期实现高标准截流。

1996年6月，小浪底建管局在工地现场召开保截流动员大会，会议明确了确保1997年11月按计划、高标准截流的目标（以下简称"九七截流"），分析了项目部面临的困难和实现截流的有利条件，反复指出小浪底工程是中国的工程，所有中方建设者都是工程的主人，项目部要以主人翁的姿态团结起来、行动起来，发挥中国水利水电人的聪明才智顽强拼搏，为伟大祖国争光！同时项目部也要充分认识到实现截流决非一件容易的事，但只要业主、设计、监理、施工以及外商下定决心，咬定青山不放松，明确目标争分夺秒不迟疑，在付出巨大代价后，九七截流是完全有希望的！我们不仅要实现九七截流，还要把小浪底水利枢纽工程建成母亲河畔的历史丰碑。

动员会上各参战单位纷纷表态发言并发出倡议，动员会后层层进行宣传发动，结合本单位从细从严制定赶工措施，一场意义重大、目标明确、保障有力的赶工战役步步走向深入。

2. 严密组织，凝聚力量

要在艰难的条件下实现截流，要在20个月内完成31个月的工程量，光有决心是远远不够的，必须脚踏实地一步一个脚印地完成每一项任务。

小浪底建管局不再分上班与下班，不再过星期天、节假日，办公室内灯光彻夜

不息，大家没有犹豫没有怨言，都是自觉自愿地去加班，他们只有一个信念：一切都是为了九七截流。

工程监理实行网格式监理，他们把关键工程及关键部位细分成若干监理岗位，落实到人，每天三班与施工人员一起，他们吃在工地、住在现场，做梦想的也是工程，他们只有一个信念：一切都是为九七截流。

黄河水利委员会勘测规划设计研究院为小浪底工程设计代表组增加了设计力量，把设计及审查工作搬到了现场，保证了图纸供应，为了优化设计、减少修改，设计人员和监理一样，在现场与施工、监理交流研究施工中的问题。工地上不同颜色或标记的安全帽，标示出每个人的工作性质，三个一群、五个一堆的不同颜色安全帽形成小浪底一道特殊的风景，他们只有一个信念：一切都是为九七截流。

OTFF的联营体各单位的劳动竞赛热火朝天，三支水电劲旅在平行且长短相近的三条导流洞摆开战场，谁也不甘示弱。年过五旬的分局副局长唐大林为了截流把肝硬化诊断书藏在兜里；导流洞出口40m深的抗滑桩施工，水电三局组织共产党员突击队，硬是虎口拔牙，啃下这块"硬骨头"……截流就是使命，赶工就需奉献，在1996年、1997年，在小浪底这片黄河滩上，"截流""赶工"成了最时尚也最真实的用词，所有建设者都丢弃一切杂念，暂时抛舍亲情，用对祖国的忠诚、用身体和激情投入到旷日持久20个月的赶工之中，因为他们只有一个信念：一切都是为了九七截流！

3. 树立主人翁意识

给外国承包商打工的劳务，如何与主人联系到一起？笔者曾有一个形象的比喻，干小浪底工程就像是自己家里建房——用外国人当技工，为了加快速度、节省投资，我们又给外国人当小工，但小工同样是房子的主人，同样以主人的态度对待每项工作，这种是劳务更是主人的双重身份，就要求我们配合好外商，又要联合起来帮助、促进外商。

在实践中OTFF联营体是这样理解的，也是这样行动的。他们用丰富的经验和顽强的精神帮助外商赶工，为了赶工，在外商设备不足的情况下，自己带来几千万元设备先赶工后算账；为了赶工，主动以熟练工人替换外商民工，免费安装多臂台车；为了赶工，OTFF联营体的电焊女工少吃饭，不喝水，整班不出导流洞；为了赶工，中国工人举报菲律宾工长偷工减料，以1.2m锚杆代替4m锚杆。维护国家利益，捍卫民族尊严，正是这种既当劳务更是主人的意识，构成了小浪底工程管理的中国特色、民族精神。

4. 争取更多的主动权

外国承包商在小浪底中标以后，雇用了大量外籍人员为他们工作，在这些雇用人员中高级财务及管理人员多来自欧洲本部，大量的工长一级的管理人员则来自第三世界国家，这些雇员技术能力不高、管理水平较差，工资收入也比较低，但却掌握施工现场的指挥权，在OTFF联营体与外商的磨合中，通过实践外商认识到中方的技术人员有丰富的工程建设经验和组织能力，但又怕上下通气、大权旁落。项目部便通过CIPM专家组及工程监理向外商介绍推荐合适的工长人选，并建立试用期制度，外商也谨慎地替换了部分外籍工长，促进了承包商与分包商的沟通，降低了承包商的人力成本，对项目部了解外商资源供应、设备损坏、车间图提供、材料消耗等资料提供了方便，也为事后的合同谈判和索赔处理奠定了基础。

4.7　严密合同管理，坚持互利双赢

国际工程项目一切以合同为准则，小浪底工程完全依照国际工程招标、管理，合同就自然成为小浪底工程管理的基础，遵从合同、执行合同、管理好合同也就成为业主的主要目标和任务。

在小浪底工程建设时期，社会主义市场经济正在逐步建立，项目部在对于合同理解、设计变更、资源市场变化以及国家有关政策调整等方面还不能完全适应国际市场的要求。一般来说，国际合同的约束性强、内容翔实、严密细致，往往一份工程承包合同可达数千页之多，凡是超出合同的一切设计变化、环境变化、工期变化、政策变化、工程内容及要求变化等都会构成合同的变更、纠纷、索赔。例如施工中的塌方，也要先保护现场，分清责任，谈好价钱再处理，即使增加工作量，不仅要增加工程支付，还要延长工期，若不同意延长工期就必须支付赶工的费用（增加设备、材料、人才及管理费）。这对于刚刚进入市场经济的小浪底建管局与对国际合同烂熟于胸的法、德、意国际承包商无异于小学生面对大学生，而且小学生还必须管理好大学生，为此只有以十倍的努力去学习，以百倍的努力去实践，在学习中管理、在管理中学习。

1. 建立机构，充实人员，熟悉合同、市场及法律

为加强合同管理，及时准确地进行支付，处理合同变更及索赔，我们建立了多层次的合同管理系统。

第一层次是工程监理一、二、三标代表部合同部。小浪底工程有3个国际合同标，对应3个国际标监理公司，成立3个代表部，每个代表部均设有合同部，通常情况下的工程结算由各代表部进行，对于合同变更则有各代表部合同部研究提出处理意见，报监理公司合同部审核。

第二层次是监理公司合同部。它是高于代表部合同部的小浪底工程监理公司工程合同管理办事部门，负责对代表部办理的工程结算进行审查，对因合同变更由各代表部合同部提出的处理意见、确定的支付价格或暂定单价进行审核并提出处理意见，报监理总工程师批准，报请业主财务部进行支付，同时在遇到各标共同性的合同问题时，则由监理公司合同部做出统一规定，由各标分头执行。

第三层次是合同变更索赔工作小组。合同变更索赔工作小组是由业主单位、监理公司抽调25人，并请5名加拿大咨询专家（CIPM）参加的最高层次合同处理工作班子，当遇到较大合同变更或索赔数额较高以及涉及范围较广时，就必须在各标提供充足原始资料和研究意见基础上，提请合同变更索赔工作小组研究形成意见后报合同变更索赔领导小组批准；合同变更索赔工作小组的另一项重要工作就是在日常工作的基础上，注重更深层次的系统地研究处理合同纠纷、变更、索赔的工作策略和原则，研究如何利用国家政策处理小浪底合同中的问题，指导基层的工作。

第四层次是合同变更索赔领导小组。它是小浪底工程国际合同执行和处理的最高决策机构，由监理总工程师及5位局级领导组成，在各层次工作的基础上提出对合同变更索赔工作的总体要求和方针，对重大合同变更及索赔问题做出决定。

在国际工程中，合同管理是项目管理的核心，抓住合同管理项目管理才能有的放矢，把握住了关键。为把合同管理放在各项工作的首位，加强合同管理力量，项目部面向社会聘用了有合同管理经验和良好语言能力的专家充实到合同管理队伍中来。配置了大量的合同文件和相关法规，要求每一个监理工程师都要认真学习有关政策法规，熟悉、理解和准确把握合同条款，运用合同条款维护甲乙双方的合法权益。针对中国工程师专业能力强、合同意识弱的特点，鼓励大家不仅在施工技术上提出优化方案，在合同管理上也能提出建议意见，努力营造群专结合、公平开放的合同管理氛围。

2. 确定赶工索赔处理

合同规定工程地质、施工环境、工程量变化等超出了合同的内容就会导致合同的变更，合同变更是国际合同十分普遍的现象，但每个业主都力图减少合同变更。这就要求做好充分的工程勘测和设计，建立相对稳定的施工环境。不是所有的变更都形成索赔，只有超出合同范围且变更的原因是由业主导致的，才会引致承包商的索赔，所以千方百计减少变更，或使其变更限制在合同允许的范围内，一直是项目部努力的目标。

索赔一经成立，则往往伴随着赶工，如果业主不同意延长工期，就必须向承包商提供赶工费用，这就构成了赶工索赔，这种索赔是合同处理中的重点和难点。

赶工索赔，项目部一般采取三个步骤：一是分清责任，分清了责任也就分清了增加投资中双方应承担的比例，这需要对不同施工阶段、部位大量第一手资料的积累和分析，需要甲乙双方反复地谈判和博弈，也需要高超的合同管理经验和能力；二是确定赶工措施，由承包商提出的赶工措施，必须经多种方案比较，由监理工程师审核，并切实达到经济赶工的目的；三是研究确定赔偿办法，把赶工费用切实用在赶工措施上（如增加设备，增加人力或增加劳动工时），并保证这些资金的使用得到有效的监督。

在国际合同的管理实践中，项目部认识到，对于小浪底工程推迟工期将推迟发电、增加贷款利息和防洪风险、增加管理费用，使国家利益蒙受巨大损失。项目部既需要依据合同正视现实，调动外商的积极性，达到赶工的目的，也需要精打细算，做到少花钱、多办事，采取多种支付形式，在外商能够接受的条件下主动赶工。

第一是中间支付。对于索赔特别是较复杂的赶工索赔，往往需要长时间的谈判才能达成协议，但时间不允许僵持下去。在这种情况下项目部往往先支付部分资金，以暂付的形式将额度控制在初步计算须支付给外商的补偿金额以内，并尽量以人民币形式支付或限定外币返回的比例，既保证承包商尽早摆脱资金困境，又保证暂付资金绝大部分用在赶工措施上。

第二是提前支付。既将合同规定的在以后若干年才支付给承包商的款项提前支付，但业主保留在以后工程款中扣回及保留由于提前支付带来的利息损失的权利，帮助承包商渡过资金强度高峰，同时减少承包商后期支付的利润转移。

第三是其他形式支付。例如对外商提供借款或为其提供在国内、国际金融机构的贷款担保，对砂石原料、钢管制造等半成品进行临时支付，支持外商增加流动资金。因为工程的主动权在业主手中，只要经充分计算和评估，我方不会有任何风险，但可以促使外商实现赶工目标。

赶工索赔是在小浪底合同执行和管理中矛盾最多、处理最为棘手的问题。为保证九七截流，维护国家最大利益，项目部与外商尤其是小浪底工程Ⅱ标承包商边合作、边斗争，讲方式、讲方法，拼智慧、拼毅力，一方面坚持截流目标不动摇，积极组织赶工，另一方面正视合同纠纷，认真依据合同解决赶工索赔。通过清理外围突出重点，发挥世界银行、合同争议评审小组（DRB）的作用，采用一揽子解决问题的方式，历时4年多时间，终于达成合同纠纷处置协议，实现了工程建设和合同管理的双赢。

3. 实施业主对承包商索赔

鉴于小浪底工程特殊的"中—外—中"的管理体制，在合同管理中，一方面项目部支持分包商当发现外商管理不善、设备不足、工器具不够导致工期拖延或费用增加时，主动向外商提出索赔，促进外商实现承诺、增添设备，加强管理、减少窝工和人力浪费；另一方面，由于外商原因造成的工期迟误及以质量不合格形成的返工，也给业主造成损失，在有充分确凿的证据面前，业主也提出对承包商的索赔，项目部称之为"反索赔"，尽管这种反索赔难以直接形成资金回流，但它可以给外商增加压力，增加外商在延误工期中的责任，冲抵外商提出的索赔，同时通过工程监理及时的施工资料收集、严密的合同执行管理，提高了小浪底工程合同管理的水平，增强了中方人员在合同管理中的联系，共同维护国家利益。

4. 正确把握价差和后继法则调整

根据工程承包合同，凡涉及合同中确定的可调项目（如钢材、木材、水泥、燃油、火工材料及国内劳务费用等），遇物价上涨时，业主要承担由此而引起的价格上涨补偿，合同签订后国家及有关部门出台与工程建设相关的法律、法规导致合同条款、价款或费用的变更，也会引起承包商针对合同价差的索赔。

合同价差及后继法规处理看似简单，实际十分烦琐，外商总是试图从中获取最大的利益。在价差补偿中，外商总是千方百计多报材料消耗和劳务人员加班人数，并由此获得更多的价差补偿，对国家出台新的税种、税率、劳务法规，外商也总是坚持做出有利于自己的选择，在价差及后继法规形成索赔的兑付中，外商一方面希望及时足额地得到补偿，另一方面又千方百计把补偿资金用于流动资金或形成利润，不支付或少支付给中国劳务，因此在价差和后继法规调整中如何维护国家利益和国内分包商及中国工人的利益就显得尤为重要。

项目部的做法第一是严格控制材料消耗量，以合同中各项工程单价调查材料的定额数量为准，对超消耗部分分清原因，对因承包商原因引起的超定额消耗不予弥补。

第二是要求外商提交劳务增加人数和加班人数，由监理工程师严格审核，鉴于分包商多报多得的获利心理，在不同岗位的工程师甚至亲自清点上班的人数以及加班数量，区分不同工种及等级，致使此项工作十分繁杂。

第三是对于税种、税率的变化以及相互的穿插和替代，同一税种的变化或几种税种的合并以及外汇管理中费率的变化等，项目部一方面请财政、税务方面的专家进行指导，另一方面，认真细致分门别类地做出分析、归纳梳理，在实事求是的基础上做好深入细致的调研，在掌握充分证据的情况下以理服人、与承包商谈判。

第四是认真审核外商提出的索赔文件，严格按合同及赶工协议规定的劳务数量和实际变化进行补偿，并制定有关条款约束外商必须把足够的价差用于国内劳务补偿，如出现外商克扣分包商劳务价差，或违背主合同规定时，业主将实施干预，停止对外商劳务补偿或从对外商的劳务补偿中代扣。

严格的合同管理取得了良好的经济效益，同时它也赢得了外商的尊重，促进了小浪底工程的进展，在汇率调整、物价变化的情况下，小浪底工程不仅如期截流、提前发电，还节约概算投资40多亿元，同时为国际工程管理与合同管理培养了大批优秀人才。

1997年7月的一天早上，一条用英文写成的醒目标语悬挂在进水塔导流洞上沿："1997年11月30日就是这一天！"这是二标承包商学习中国的宣传方式、给业主作出的承诺，是他们看到截流的希望并握有较大把握的一种展示，更是经OTFF一年多的努力使他们下定决心的体现。为了这一天，项目部等了很久、付出了太多，但是这一天终于到来了。因为它经历了太多拒绝、对抗与博弈，经历了风雨同舟换来了理解、信任和团结，所以这一天来得特别珍贵，当看到这一天真的到来，项目部倍感欣慰。

1997年10月28日10时28分，在李鹏总理参加的小浪底工程大河截流的仪式上，巨大翻斗车倾泻的石料把最后一股急流切断——小浪底工程龙口合龙，国务院副总理姜春云宣布："黄河小浪底截流成功！"

截流后的小浪底工程就如穿过一座座高山峡谷进入平原的江河一般平静、舒展，滚滚黄河水经导流洞后流归黄河。

1999年10月25日，小浪底水利枢纽工程下闸蓄水。

2000年1月9日，小浪底工程首台机组并网发电。

2001年7月1日，小浪底工程建设管理局与德国旭普林公司为代表的Ⅱ标联营体合同争议全面解决协议签字。

……

是什么原因使小浪底工程峰回路转、走向坦途？

是党中央、国务院的关怀和水利部党组的坚强领导，是业主、监理、设计尤其是参与施工的OTFF及全体小浪底工程建设者胸怀祖国、勇于担当、无私奉献，是小浪底工程20万移民服从国家重点工程建设、舍小家为国家举家搬迁，是地方政府有关部门的支持帮助，是我们这个国家坚强意志和优越制度的体现。

在17个月的500多个日日夜夜赶工的日子里，项目部理顺了业主、监理、设计及外国承包商的关系，在实践中探索了具有中国特色的国际工程管理新路子；结合中国国情引进了成建制的水电建设队伍，形成了中国特色工程管理新模式和"三分三合"的行为机制；严格执行合同，主动维护国家利益，实事求是地处理甲乙双方合同争议；完善各项管理制度，规范工程及合同管理行为，形成责任层层分解、管理处处到人的责任体系；在小浪底工程赶工的日子里，项目部发扬干好小浪底工程为祖国争光、为人民造福的精神，它像一股无比强大的力量，支持着小浪底的建设者克服一个又一个困难、去夺取工程建设中的一个又一个胜利。

这些有形的、无形的财富为小浪底截流后的工程阔步前行奠定了基础。

结语

　　自1987年6月李鹏副总理在全国第一次施工工作会议上发出学习推广鲁布革经验加快工程建设管理体制改革的号召，至今已30多年。鲁布革电站、广州抽水蓄能电站、黄河小浪底工程三个工程在我国经济社会发展中不仅发挥了巨大的发电、防洪、供水、灌溉等效益，均以优秀的质量获得工程建设鲁班奖并成为全国百项经典工程，更是以它们在建设管理体制方面的改革享誉水利水电以及全国建筑行业，成为20世纪八九十年代建筑业建设管理体制改革的突破口和方向标。

　　水电建设管理体制的改革首先是从鲁布革工程开始，在广州抽水蓄能电站完善深化，甲方实行的工程项目管理、乙方推行的"项目法施工"在小浪底工程中经受考验并与国际工程管理接轨，形成了较为明显的改革路径。

　　鲁布革工程通过国际招标引进日本大成公司承担引水隧洞工程建设，在项目管理上引入了项目业主负责制、招标投标制和工程监理制。日本大成公司先进的管理理念和管理方式冲击着中国水电传统的管理模式、制度和方法，冲击着计划经济体制下盘根错节的权力及利益关系。鲁布革人也曾经以传统的施工方式及部分的学习改良与之抗争，其结果虽取得了工程一时的成果但付出巨大的代价，揭示了建设管理体制改革深层次的矛盾，就其结论认为"传统的建设管理体制已到了非改不可的时候！这方面的改革必须顶层设计、统筹兼顾，政府、市场、企业、项目相互结合、全面推动。"由此，引起了各方面的普遍关注和实践探索。

　　广州抽水蓄能工程给项目管理提供了新的契机，地处改革开放前沿、远离后方的客观条件给项目管理及"项目法施工"探索提供了条件。按股份组成的广州抽水蓄能联营公司、以优势互补组合的监理公司以及通过全国招标选取的施工承包商，相互之间关系明确、目标一致，责权利相统一，业主、监理对施工方既有严格的合同要求又有实事求是的帮助。而作为施工承包方则充分吸收鲁布革工程施工管理中的成功经验和失败教训，实行了一系列的改革。从项目班子的组建到施工队伍的组合，从工程计划的网络控制到生产资料的优化配置，从制定内部定额、层层落实责任到实行成本控制和季度考核，从注重与业主、监理建立良好的信任关系到探索"项目法施工"中的思想工作方法……广州抽水蓄能电站在国务院有关部门指导下，总结实践的"项目法施工"取得了良好的工程效益和社会效益，全国施工企业学习借鉴广蓄经验，形成了可推广、能复制的"项目法施工"管理新模式。

黄河小浪底工程，既是对业主项目管理水平的检验，又是对中国特色国际工程管理的探索，也是"项目法施工"在另一种环境下的实践，它在世界银行的监督下从世界范围招标选择施工承包商，采用更为严格的项目业主负责制、工程监理制。鉴于承包商的准备不足以及对中国国情的水土不服，开工不久工程出现重大挫折，为扭转被动局面实现工程建设目标，项目业主充分利用合同条款，既严格合同管理又结合中国国情，帮助承包商克服困难。我们一方面通过谈判引进成建制的施工队伍进行劳务分包和分包劳务管理，另一方面帮助施工队伍熟悉国际规则和合同要求；我们一方面要求承包商履行合同按时截流，另一方面激励劳务承包商发挥聪明才智和施工经验提出优化施工方案的建议加快工程进度；我们一方面主动帮助承包商加大资源配置、提高资源利用效益，另一方面开展合同纠纷的处理、着力避免国际仲裁；我们一方面注重全力以赴保截流，另一方面也注重建立完善制度保证后续工程顺利进行，培养国际工程管理人才，使中国国内的工程尽快与国际工程接轨。小浪底工程为广大水利水电建设队伍提供了国际工程的视野，熟悉了国际工程的管理模式，培养了一大批国际工程管理的人才，取得了建设一流工程、总结一流经验、培养一流队伍的丰硕成果。

工程项目管理的改革必然倒逼企业及政府层面管理体制的改革。

按照国务院要求进行的学习外国先进工程管理经验试点和鲁布革工程厂房的学习实践已明确显示了施工企业管理体制综合改革的方向，项目管理的要求倒逼建筑施工企业加大改革力度，以水电十四局为代表的部分试点企业率先进行了内部体制改革的尝试：改革企业内部治理结构，形成管理层与劳务层分离，管理机构精简高效、施工队伍综合精干的总体布局；促使企业打破行业界限，开拓施工市场；建立集生活、服务、培训为一体的后方基地，发展企业多种经营；改革生产资料管理方式，构建企业内部模拟市场，促进人才、设备、资金等生产要素合理流动；改革内部经营管理方式，以工程项目为中心，促进技术、科研、生活服务、收入分配向工程一线倾斜，鼓励广大技术人员、管理精英、生产骨干走上工程项目前沿，通过工程项目的优质、高效管理为企业争信誉、创效益……

20多年前建筑施工企业改革的蓝图现在早已成为现实，工程项目及施工企业的改革比预想得更加丰富多彩、迅捷深入，中国建筑施工的实力已经有了很大的增强，绝大多数企业集团已经走出国门、走向世界。高速铁路、跨海大桥、填海造港……中国水电已成为继中国高铁之后的又一张名片，占据国际市场的半壁江山，以长江三峡为代表的水电建设规模和科技水平已引领世界水电，其声誉和影响与日俱增。然而那场从计划经济刚刚走向市场经济的改革、那金戈铁马探索创新的年代就如昨天。今天施工企业改革已取得丰硕成果，但我们脚下还有很长的路要走，在改革开放的历史和中华民族的伟大复兴中，无论何时我们都不应忘记那些为今天的改革付出巨大代价的人们。新一代建筑行业的同志要发扬老一辈的光荣传统，不忘初心、矢志不渝，顺应时代、勇于改革，积极投入"一带一路"发展战略，着力提升科技及管理水平，为中华民族的伟大复兴作出更大的贡献！

续篇

实践与创新

绪言

　　鲁布革工程管理经验是基于水利水电工程的建设实践而形成的，但其工程项目管理原理和创新精神同样适用其他类型的建设工程。在我国工程建设领域，通常将建设工程类型划分为建筑工程、市政工程、机电工程、公路工程、铁路工程、民航机场工程、港口与航道工程、水利水电工程、矿业工程、电力工程、冶金工程、石化工程、通信与广电工程等。自从国务院号召"学习鲁布革经验、推广项目法施工"之后，各行各业掀起了工程项目管理改革、创新的热潮，学习、传承、发展、升华鲁布革工程管理经验成为建筑业企业层面和项目部层面改革发展的主流。

　　在本书的第二部分，我们精心选编了具有代表意义的不同类型的建设工程案例，包括宏盛建业投资集团有限公司的创建绿色数智化创新园案例、苏中建设集团有限公司的数字化建造与成本管理创新案例、中建五局的快速建造理论与实践案例、山西四建集团有限公司的山西马堡煤业封闭式储煤场创建鲁班奖工程案例、天一建设集团有限公司的医院工程项目管理案例、中亿丰建设集团股份有限公司的苏州现代传媒广场工程项目技术创新管理与实践案例、河南国基建设集团有限公司的让"中国建造"享誉海外案例、北京城建建设工程有限公司的工程项目治理案例，这些案例从不同角度反映了改革开放以来、特别是党的十八大以来，建筑业企业和项目经理部的管理工作者、工程技术人员和建筑产业工人以习近平新时代中国特色社会主义思想为指导，认真贯彻落实创新、协调、绿色、开放、共享的发展理念，在新的历史条件下弘扬鲁布革精神，积极变革工程建设组织实施模式，大力推进装配式建造、绿色建造、智能建造等新型建造方式，创造出精品名牌工程典范，成为全行业学习的榜样。

第5章

快速建造的理论与实践

5.1 概述

5.1.1 背景意义

建筑业作为国民经济的支柱型产业，一直以来在社会发展中都发挥着巨大的作用，然而建筑活动，特别是住宅建筑的营造，对于资源能源的过度消耗不得不引起我们的高度重视，人类赖以生存的生态环境已经遭到越来越严重的破坏；与此同时，伴随社会的进步，人类的生活方式正在发生着日新月异的变化，越来越多的人希望自己能够获得更好的居住品质，拥有舒适的居住环境。随着国内对于建筑实体质量、工期成本要求越来越高，原有粗放型的传统建筑生产已越来越不能满足国内的需求。无论是对于国家倡导的节能环保的集约式生产还是建筑本身品质的提升，建筑的设计与建造必须从观念和技术上予以革新。当下我国的建筑业已经到了转型与升级的关键与必要时期，工业化的建筑建造模式已然成为新的发展方向。新型的工业化建筑建造方式不仅是生产力与生产方式上的进步，也是人类所倡导的绿色营建技术的体现，更是建筑业实现可持续发展的重要手段。快速建造新体系在我国建筑业逐渐产业化的情况下应运而生，它以快速建造体系为躯干，新工艺、新材料大量引入成为快速建造体系的"血肉"。

本章从比较典型的快速建造应用的项目，即中建五局广东公司东莞分公司在大朗碧桂园项目中使用的包括附着式全钢智能爬架、铝模、全现浇混凝土外墙、预制墙板、薄抹灰等14项核心新工艺，为读者展现快速建造体系的魅力，也展示了快速建造如何优化工程质量、工期，节约成本和提高管理水平。

5.1.2 项目概况

广东省东莞市大朗碧桂园项目是典型的高层住宅类项目。总规划用地面积 11.21hm², 总建筑面积57万m², 地上建筑建筑面积43.5万m², 地下建筑面积13.5万m², 由商业综合体、室外商业街、住宅、写字楼组成。本期开发10万m², 共计6栋, 基础为预制管桩, 地下1层, 地上分别为: 1号、2号、3号、6号住宅楼30层, 建筑高度94.7m, 单层建筑面积470m²; 4号、5号住宅楼31层, 建筑高度97.7m, 单层建筑面积440m²。效果图如图5-1所示。

项目于2016年10月28日开工, 2017年11月11日竣工备案, 总历时376天。本章以该项目为载体, 对工程实施过程中运用的各项新技术措施进行归纳, 形成快速建造体系中的14项施工关键技术。

图5-1 碧桂园首座一期效果图

5.1.3　快速建造体系特点

快速建造体系基本特点如表5-1所示。

快速建造体系特点　　　　　　　　　　　　　　　　表5-1

序号	特点	描述
1	工期缩短	在传统的施工工艺上，快速建造体系合理调整分项工程开始时间，加快前一道工序工作面移交，使各项工序并联或提前串联施工，其充分利用了各工序的时间差、空间资源，强化了工序交接和成品保护，同时优化工序，缩短穿插时间；做好工序交接，减少工序拥堵，从而达到缩短工期的目的
2	成本节约	快速建造体系，是在传统的施工工艺上，通过改进施工工艺及施工材料、合理穿插施工工序，实现"人、材、机、料、法、环"各方面性价比最高，节省成本并快速制造效益的建造工法
3	节能环保	快速建造体系施工技术相比传统建造工艺工程具有质量更好、消耗材料更少、建造更节能环保的特点
4	标准化管理	制定各楼栋的快速建造体系标准管理方法，将主体分成主体、铝窗、栏杆、爆点关闭和清理吊洞、砌体、顶缝、预制墙板、水电开槽预埋、薄抹灰、卫生间蓄水、防水等多项关键工序，以及精装修多道工艺流程分解，关键线路工序同主体结构工期等同，标准化管理使得现场管理者更加高效管理项目
5	适用广泛	适用于标准层26层以上的高层以及超高层且精装交付的住宅和公寓单体建筑

5.1.4　快速建造体系重难点

快速建造体系由于施工周期短质量要求高，前期必须做好充分施工策划及准备，才能保证各工序有序进行，达到预期的质量、工期目标。快速建造施工体系重难点如表5-2所示。

快速建造体系重难点　　　　　　　　　　　　　　　　表5-2

序号	重难点	描述	对应解决措施
1	总承包管理	涉及专业分包多，如何做好对分包的管理是项目重点	所有分包纳入总包管理范围，由总包对其进度、质量和安全文明施工要求进行交底，做到管理无死角
2	场地合理布置	由于工序的穿插，避免因各工序同时施工造成拥堵窝工，合理的总平面布置是施工控制的重点，临时道路、材料堆放场地、机械设备布置，在材料、设备、场地的合理布置确保各工序顺利进行	使用BIM技术对于现场空间场地进行合理布置

续表

序号	重难点	描述	对应解决措施
3	工作面移交	为确保工序顺利进行,工作面移交是关键。提供可靠操作面是快速建造技术的保障	适应进度计划,制度工序移交单,严格执行移交单上的节点
4	楼层截水	采用全穿插施工,包括上部进行结构施工,中间层进行砌本、装修、机电安装等工序,作业面环境要求不一	采用楼层截水、干湿分离技术是确保中间工序能够顺利穿插施工
5	图纸深化时间短、多分包图纸杂乱	合理准确的深化设计确保主体结构的施工顺利进行,为其他工序的提前插入提供了前提条件。但在深化图纸过程中,既要考虑深化图纸与五大专业图纸(建筑、结构、水、电、暖)及精装修图纸定位是有机结合,还要考虑要在较短的时间内完成图纸深化合理性,要求后期无设计变更,各专业图纸设计要配套全穿插施工工艺。这无疑是一项重大的考验	对外墙、局部小墙项目前期必须做好各专业图纸审图工作,发现问题及时提出修正,在桩基施工完成前全套施工图得到确认,并使用BIM技术加以检查。在后续施工过程中避免因图纸问题造成返工延误等问题
6	结构免抹灰控制难度大	要达到结构免抹灰模板施工需达到垂3平3,混凝土结构需达到垂4平4阴阳角4,落实数据上墙制度,这对于结构面质量的控制难度很大	选择合理的铝合金模板加固技术、落实精细化管控措施
7	填充墙与主体结构交接处开裂	填充体系与主体结构体系受力体系不相同,在其交接处易产生裂纹	采用结构拉缝技术
8	打造施工过程中的安全、绿色、节能、环保、创新	国家提出节能环保政策,人民对于住宅品质的要求越来越高。安全、绿色、环保是施工中的重点也是难点	采用自爬式钢外架、PVC墙纸技术、PC构件技术、整体卫浴技术以及高压水枪拉毛技术

5.2 全穿插快速建造施工技术

为实现房屋快速建造施工,全穿插施工技术是主线,其是为项目加快工期、提高工作效率的主要施工方法。全穿插施工规范了施工管理流程、标准化了施工生产管理、改变了传统施工方法和评价体系。在该管理办法的过程中,将有2个提前、3个延长、1个缩短,即初装修提前、精装修提前,砌体施工时间延长、粗装修时间施工延长、精装修施工时间延长,总工期缩短。但过程中质量标准控制要求、现场落实执行力和项目管理思路必须强大和清晰。

5.2.1 外墙全穿插施工

1. 外墙全穿插的4大工序

外墙施工工序有：①铝合金门窗安装；②阳台栏杆安装；③外墙腻子施工；④外墙排水管道安装四大工序（图5-2）。

2. 实现外墙全穿插的4大必要工法

（1）铝合金模板施工工法（穿插效果：保证外墙腻子及寸插入，N层施工，其中N为施工作业层）

铝合金模板工厂化生产、操作简易、减少人力投入和对工人技术的依赖，质量提高，使混凝土结构表面垂平、阴阳角达到4mm免抹灰要求，可以直接在混凝土面上进行腻子涂料的施工，为爬架跟着主体进度进行爬升创造条件。另外可以大幅减少渗漏、空鼓、外墙掉砖等质量隐患（图5-3）。

（a）铝合金门窗

（b）阳台栏杆

（c）外墙腻子两道

（d）外墙排水管道

图5-2 外墙施工工序

（a）外墙免抹灰　　　　　　　　　　　　（b）内墙免抹灰

图5-3　内外墙免抹灰

（a）阳台预留企口　　　　　　　　　　　　（b）铝窗企口

图5-4　企口

铝合金门窗边预留20mm深小倒角企口，满足外窗直接安装；型材压企口8mm，预留12mm用专用工具挤浆塞缝、打胶（图5-4）。

（2）全现浇外墙及结构拉缝施工工法（穿插效果：确保外墙腻子及时插入）

1）全现浇混凝土外墙可以利用铝膜施工优势，实现外墙一次浇筑成型，从而减少交叉工序（砌筑、抹灰、贴砖等湿作业），为爬架跟着主体进度进行爬升创造条件，实现外墙穿插施工，达到节约工期、提高施工效率的目的。

2）全混凝土外墙可有效解决或减少外墙渗漏水质量通病。

3）由于外墙免抹灰，可直接在基层上施工外墙腻子及涂料，从而解决空鼓、开裂及外墙瓷砖脱落的风险。

4）结构拉缝为解决原外墙非承载砌体墙体改全现浇混凝土外墙体后，结构应力无法释放，导致该部位开裂、渗漏等隐患而设置，其可提高结构本身抗震等级，减小由于地震引起墙体开裂对结构的破坏（图5-5）。

图5-5　拉缝

图5-6　爬架

（3）全钢智能爬架施工工法（穿插效果：缩短外墙工序穿插时间）

附着式全钢智能爬架具有安全、节能环保等优点。铝模及全现浇结构外墙为爬架跟随楼栋主体进度爬升创造了条件，主体封顶后1个月解体拆架，为内外墙穿插施工提供条件，缩短内外墙施工周期（图5-6）。

（4）关于外墙截水系统施工工法（穿插效果：保护外墙穿插作业）

1）外墙截水作用：通过在外墙设置雨水槽来拦截上部主体施工对外墙已完工

图5-7　外墙截水

程的污染，实现外墙的穿插施工。雨水槽在爬架内部随主体进度向上移位。

2）外墙截水做法：购买成品U形截水槽沿外墙四周连续布置，按1%放坡，最低点处增加排水管，引流至最近集水点（图5-7）。

5.2.2　室内工程全穿插施工

1. 室内全穿插的八大工法

（1）高精度地面施工工法（穿插效果：减少工序，加快地砖铺贴）

在结构板浇筑时，控制楼面水平度达到5mm、平整度达到3mm，免除装修二次砂浆找平，大幅减少砂和水泥的使用，节能环保，木地板可以在结构面上直接安装（图5-8）。

（2）自愈合防水施工工法（穿插效果：防水提质增效）

在混凝土结构复合上特有的自愈合防水材料，使带缝隙工作的混凝土结构能在水的作用下生长晶体而变得密不透水，强化建筑防水性能（图5-9）。

（a）高精收面控制　　　　　　　　　　　　（b）薄贴工艺

图5-8　高精度地面

（a）干撒自愈合防水 （b）涂抹自愈合防水

图5-9 自愈合防水

（a）电梯井截水 （b）楼梯间截水 （c）泵管洞截水

（d）传料口封堵 （e）放线孔封堵 （f）烟道口封堵

图5-10 截水系统

（3）内部楼层截水系统施工工法——拦截、引流、封堵（穿插效果：为装修穿插提供作业面，N-3插入）

通过完善楼层截水系统，对施工用水和雨水进行有组织地拦截与引流，实现楼层干湿分区（楼梯间为湿区、其余部位为干区），为装修穿插施工提供条件。楼层布料机口、传料口、放线口、烟道口等及时在结构施工下3层进行封闭截水。没有封闭前做好引流，为穿插施工基本条件（图5-10）。

卫生间、阳台永久排水管道在结构施工层下3层完成安装，起到临时排水的作用（图5-11）。

（a）卫生间排水管　　　（b）卫生间排水管　　　（c）阳台、厨房排水管

图5-11　排水管道

图5-12　预制墙板施工

（4）预制墙板施工工法（高精度砌块）（穿插效果：加快工序移交）

预制墙板具有强度高、隔声、隔热、防火、防潮、抗震等优良性能；工厂化生产、现场干作业施工，功效高、工期短；因产品精度和安装精度高，可实现免抹灰，减少废水、建筑垃圾的产生，节能环保，减少空鼓、开裂等质量隐患（图5-12）。

（5）高压水枪拉毛施工工法（穿插效果：提高抹灰、贴砖质量）

利用水力切割技术，通过高压水在混凝土基面、内墙板上拉出粗糙面，实现表面快速拉毛，减少基层残余浮浆、脱模剂等产生空鼓的质量隐患，大幅提高墙砖粘结力和墙砖铺贴质量（图5-13）。

（a）高压水枪拉毛　　　　　　　　　　　（b）拉毛效果

图5-13　高压水枪拉毛

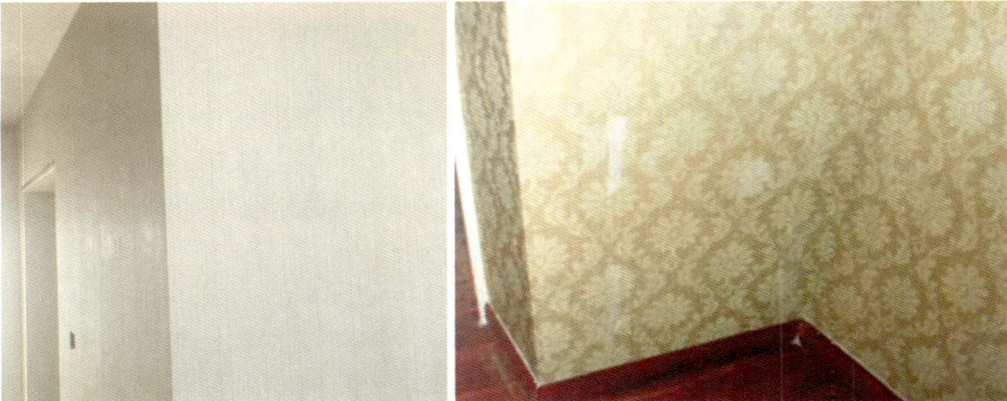

图5-14　PVC墙纸效果

（6）PVC墙纸施工工法（穿插效果：加快内墙作业施工）

PVC墙纸具有耐腐蚀、防霉变、防老化、不易褪色的性能，代替树木资源，更环保，施工简单，提高工效，提升装饰整体品质，减少南方地区天气潮湿导致墙体发霉问题（图5-14）。

（7）PC构件施工工法（穿插效果：单项工序提升功效，加快穿插）

预制PC构件分为承台模PC、屋面保温PC、预制楼梯PC。

1）PC构件可代替石材，用料环保，用于园建道路铺装、排水沟、景观部品。

2）屋面PC砖将隔热层及找平层合二为一，便于维修，缩短屋面施工工期。

图5-15　PC构件施工

图5-16　整体卫浴

3）承台模PC：拼装快捷、简单、整体吊装；安装后可以马上回填；整体结构性好，挡土效果好，避免施工塌方隐患（图5-15）。

（8）整体卫浴施工工法（穿插效果：提高卫生间工序质量，减少返工）

整体卫浴底盘一体成型，无渗漏，墙面可采用瓷砖、石材、玻璃等不同装饰材料。具备结构牢固、耐火、隔声、隔热、环保节能、安全舒适、经济耐用等特点。通过工厂化生产，现场可整体吊装或现场拼装（图5-16）。

5.2.3　室外工程全穿插施工

1．主体结构封顶后半个月屋面结构完成

（1）屋面结构完成后开始拆除爬架（15天）；

（2）爬架拆除完后开始拆塔式起重机（10天）；

（3）爬架拆除后外墙收尾开始（非塔式起重机拆除部位）；

（4）塔式起重机拆除完成后开始园林施工。

2．主体封顶后6个月达到交付条件

（1）主体结构封顶1.5个月后湿作业完成；

（2）主体结构封顶2个月开始拆除施工电梯（15天）；

（3）主体结构封顶后3个月外墙收尾完成达到莞深区域外墙联合验收条件；

（4）主体结构封顶后4个月园林施工完成；

（5）主体封顶后4个月竣工备案完成；

（6）主体封顶后6个月达到交付条件。

3．外墙150/120/90（以交付节点倒排进度计划）

（1）150：交付前150天吊篮安装，外墙腻子打磨修补；

（2）120：交付前120天面漆施工；

（3）90：交付前90天外墙联合验收（公司级验收）。

4．园林150/90/60

（1）150：交付前150天园林基层开始施工；

（2）90：交付前90天乔木种植完成，园建、绿化大面施工开始；

（3）60：交付前60天园建、绿化施工完成，养护开始。

5.2.4　机电装修工程全穿插施工

1．地下室180/90/45

（1）180：交付前180天地下室墙面腻子施工完成，配电房、发电机房开始安装；

（2）90：交付前90天地下室通水、通电、消防水电风系统安装调试完成；

（3）45：交付前45天固化地坪开始施工。

2．地下室使用功能180/90/60

（1）180：交付前180天配电房、发电机房开始安装（交付前165天电梯开始安装；交付前150天水泵房、消防泵房、消防中心、电系统开始安装；交付前120天智能化系统开始安装；交付前105天电梯安装调试完成、燃气管开始安装）；

（2）90：交付前90天通电、通水、消防水电风系统安装调试完成；

（3）60：交付前60天然气具备通气条件、智能化安装调试完成。

3．装修90/60/45/30

（1）90：交付前90天装修大面完成（含部品），物业功能大面完成，模拟验收完成；

（2）60：交付前60天到90天之间为模拟验收问题整改期；交付前60天模拟验收问题100%整改关闭，达到第一次联合验收条件；

（3）45：交付前45天到60天之间为第一次联合验收问题整改期；交付前45天第一次联合验收问题100%整改关闭，达到工地开放条件；

（4）30：交付前30天到45天之间为工地开放日业主提出问题整改期；交付前30天工地开放日业主提出问题100%整改关闭，达到第二次联合验收条件。

5.2.5 全穿插施工与总包管理

1. 全穿插重视对总包的管理

快速建造快速度、高品质、低成本的开发模式，对项目的推进要求非常高。在进度管理方面，相较传统项目，几乎呈碾压态势。快速建造的核心是过程有序穿插，而穿插实现的基础是各分包、材料供应商、设备商按照项目的节点要求、质量要求、安全要求、环保要求，如期进场，如期退场，按规施工，一步到位。如此，总承包需强势管理分包，雷厉风行，有序应对，保证节点。

2. 全穿插重视对质量的管理

全穿插施工要求项目各方严格把控施工质量，一次成优，降低返工，给全穿插提供坚实的基础。

3. 全穿插重视对材料的管理

采用新体系，将带来更多定制材料，出厂时间、订货尺寸应跟踪重视。

4. 全穿插重视对合同的管理

各分项工程及时插入是全穿插开展的必要条件，作业分包招定标时间需严格把控如表5-3及表5-4所示。

总包自行分包工程招标计划 表5-3

序号	总包自有分包	定标时间
1	砖胎模、垫层	开工前1个月
2	土方工程	开工前1个月
3	铝模板工程	3个月深化及生产
4	防水工程	正式开工前
5	脚手架工程	正式开工前
6	劳务工程	正式开工前

续表

序号	总包自有分包	定标时间
7	爬架工程	安装前1个月
8	涂料工程	爬架爬升前1个月
9	保温工程	初装插入前1个月
10	市政工程	结构封顶前1个月

业主单独分包工程招标时间建议　　　　　表5-4

序号	甲指分包	定标时间
1	机电分包	与结构同步深化
2	消防分包	与结构同步深化
3	人防分包	基础施工前
4	精装修分包	确定深化图纸
		确定施工单位
5	幕墙门窗分包	爬架爬升前开始
6	电梯分包	封顶前1个月
7	弱电分包	结构封顶前
8	景观绿化分包	结构封顶前
9	户内软装分包	精装收尾前2个月

5. 全穿插重视对移交节点的管理

全穿插施工的初衷是缩短业主建设开发和资金回收周期，故对建筑开发各个移交节点要保持高度关注，尤其重视业主售楼节点、样板房、展示区、看楼通道、业主开放日等，同时不得降低业主特殊要求。更应关注地下室与业主看楼通道关系，影响地下室交楼时间。

5.2.6 全穿插施工控制要点

（1）图纸、方案策划提前确定；

（2）工作面的移交；

（3）总包管理、工序之间的配合。

第6章

医院工程项目的规范化管理

6.1　工程概况

　　天津市环湖医院迁址新建工程总承包项目，位于天津津南区与河西区交界。由门诊急诊综合楼等四栋建筑组成，总建筑面积124 332m²。门急诊综合楼113 918m²，地下1层，地上主楼10层，裙房3层，框剪结构；科研综合楼9 306m²，地下1层、地上五层，框架结构；后勤附属用房898m²，地下1层、地上1层，框架结构；氧气站210m²，地上1层，框架剪力墙结构，为天津市重点建设工程，也是民心工程之一。天津天一集团秉承绿色发展和每建必优的理念，在开工伊始，就把质量目标定为绿色施工示范工程和鲁班奖工程。

　　本工程由于毗邻海河支流，地下室采用结构自防水和外贴防水卷材的施工工艺，防止地下室渗漏是本工程的重点；如果工程细部处理不当，施工操作不严，则底板、围护结构和顶板裂缝以及各种预留缝渗漏水在所难免。在施工方面，采取严格控制底板混凝土内外温度差、选用低水化热的矿渣水泥、严格控制砂石含泥量、混凝土采用分层浇筑的措施，每层厚度控制在300～500mm，插入式振捣器分层捣固，板面再用平板振动器振捣，排除泌水，进行二次收浆，及时、认真进行混凝土养护等措施。本工程作为新建医院，有防辐射、降噪吸声、洁净度高等特殊要求。工程质量目标要求高。装修工程采用的新工艺、新技术、新材料较多，工程作法及装修设计要求严格。然而装修材料，中档普通材料，尤其在规格、尺寸、颜色的一致性上比较难于控制。必须克服材料本身带来的施工难度，达到"粗粮细作"，保证观感和实测均达到预控目标。本工程是以脑系科专科为主的三级甲等医院。涉及专业多，分包单位多，协调工作量大面广，总承包管理任务重，施工统筹组织困难，为此要求总包单位必须拥有大型类似工程的总承包管理经验，推进工程总承包全过程管理。同时要求：项目经理班子有充沛的精力、旺盛的斗志、丰富的经验和富有强大指挥协调的能力，能以良好的工作作风和较高的职业道德水准同业主、设计、监理等相关单位充分合作，建立起融洽和谐的工作关系，从容应对本工程的各种挑战。

6.2　施工部署与总体策划

建筑施工是一个复杂的组织和实施过程，必须认真做好前期策划和组织协调的工作，使施工活动顺利进行，从而保证工程质量、加快施工进度和降低工程成本。

6.2.1　准备工作

1. 技术准备

图纸会审：由项目工程师组织工程技术人员认真审图，做好图纸会审的前期工作，针对有关施工技术和图纸上存在的疑点做好记录。工程开工前及时与业主、设计单位联系，做好设计交底及图纸会审工作。

进场后对施工现场和周围环境进行更详细的调查研究，掌握现场的实际情况和图纸情况，编制出更进一步切合实际的标后施工组织设计，根据施工进度安排编制各项施工方案。

高程引测与工程定位：测量人员根据建设单位提供的水准点和坐标点，做好工程控制网桩的测量定位，做好定位桩的闭合复测工作，并做好标识加以保护。

2. 现场准备

根据施工现场平面布置图，修建并硬化临时道路和堆场，修建办公、生活、生产临时设施，施工机械按计划进场安装、调试，按集团文明施工标准化标准设置围墙、大门、临时用房等现场布设。编制临时用水、用电设计方案，搞好施工现场临时用水用电管线的敷设工作，温暖季节对环境进行适当美化，做好邻近建筑物、道路等安全防护工作。

3. 物资准备

根据施工进度、施工方案和施工预算的安排，拟定施工材料、设备、构（配）件的需要量计划。根据各种物资的需要量计划，采用招标竞价的方式，组织货源，确定加工、供应地点和供应方式，签订物资供应合同。根据各种物资的需要量计划和合同，拟定运输计划和运输方案。按照施工总平面图的要求，组织物资按计划进场，在指定地点，按规定方式进行储存或堆放。

4. 施工队伍准备

公司针对工程计划配置各种专业施工队伍，满足本工程各专业施工的要求；同时为加强各项管理，提高工程质量，有效降低工程成本，我们将在企业内外选择有同类工程施工经验并有较强施工组织能力、工作效率高、机械设备先进，有良好信誉的队伍作为专业施工单位，并签订专业施工合同，在劳动力方面解决后顾之忧。

6.2.2 施工总平面设计和临时设施布置

施工平面布置是施工组织设计的主要组成部分，它是按照施工部署、施工方案和施工总进度的要求，将施工现场的道路交通、仓库、材料堆场、搅拌站、材料加工厂、临时房屋、临时水、电管线、生产和生活设施的合理布置，以图纸形式表现出来，从而正确处理施工期间所需临时设施和永久建筑、拟建建筑物之间的空间关系，以指导现场进行有组织、有计划的施工，是布置施工现场的依据。施工平面图设计的优劣直接影响到施工进度、生产效率和经济效益。

1. 施工总平面图的设计

施工平面图编制前应充分了解建筑总平面图和施工现场地形图，要踏勘施工现场，了解现有水源、电源、场地大小和可利用的房屋等情况，根据调查得来的资料进行施工组织设计的编制，经过精心的计算并遵照国家和地方的有关规定编制：按基础施工阶段、主体结构施工阶段、装饰施工阶段等三个阶段编制施工平面图。

在保证施工顺利进行的前提下，平面布置应紧凑，尽量少占土地、力求节约用地。在满足施工要求的条件下，最大限度地降低工地运输费，做到短运输少搬运、二次搬运减到最少。

施工总平面布置分为地下室、主体结构、装修三个施工阶段，各阶段在整体连续的基础上分别布置。

地下施工阶段：工地大门设在场地东南角，在施工出入口附近设置警卫值班室等临时用房。在大门进来右侧施工道路边设置现场临时办公室，包括项目部办公室、甲方、监理现场办公室、专业分承包单位办公室、劳务施工队办公室等。职工宿舍、食堂、厕浴间等生活设施，设在场地西侧空地；钢筋、模板等生产设施布置在塔式起重机附近。现场设一个仓库和一个机电设备制作场地。回填土的存放场地有三处，分别位于主楼的东、南、西三面。二次结构施工阶段的砌块可就近堆放在离龙门架及施工电梯较近的施工道路边上。在主楼东侧和西侧主干道边上设置4个预拌砂浆供应站。地下室施工阶段，在门急诊住院综合楼计划设4台塔式起重机。因本工程基坑采用大开挖形式，地下施工阶段，进驻现场后首要任务是结合各阶段现场情况，统筹安排修筑坚固便捷的施工通道，沿道路敷设临时水电管线和排水管线，保证现场内机械的畅通、高效运行。这样才能充分发挥机械施工优势，大幅度提高施工生产效率。

结构施工阶段：主要是大量的钢筋、模板、钢管等要在现场加工、组装及堆放，保证大宗材料进场、贮存、加工、搬运是该阶段施工现场布置的重点。塔式起重机有效合理的布置是该阶段现场布置的关键。同时该阶段要连续进行混凝土浇筑，所有工作面必须留出足够的空间，保证混凝土泵车和混凝土运输罐车的合理、有序、高效的布置和运转。同时各施工作业面还要保证场内运输机械翻斗车、叉车、汽车式起重机的运行和布置。

该阶段原有三块回填土存放场地，采用播种草籽，进行绿化。

装修阶段：建筑装修材料品种数量大大增多。设置受天气影响小材料仓库，设置危险品材料仓库。所有场外材料的贮存应尽量靠近垂直运输设备，利于搬运。室内材料的贮存应保证不影响施工作业面的大面积展开，组织好物资运输路线和存放地点。同时建立严格的管理措施，加强防火防盗工作，对于危爆物品应专门存放在室外库区。

2. 施工部署

根据本工程的重要性、工程特点、工程量和节点工期及竣工工期的要求，为实现工程建设工期、质量、安全管理等方面的目标，施工总承包将遵循"选用最佳项目经理及项目管理班子、选用最有战斗力的施工队伍，投入先进的机械设备，选用优质材料，应用最佳的施工技术，安排合理的施工工序，采用科学的组织管理方法，按照先地下、后地上，先结构、后围护，先主体、后装修，先土建、后机电设备专业的总体施工顺序原则进行施工总体部署。以保证达到优质、安全、按期竣工的目标"的指导思想进行施工总体部署。

一是严格按照施工合同要求的节点工期，考虑季节性对施工的影响。统筹兼顾，综合安排施工作业，冬、雨期尽量避开不利于施工的工序。考虑到主楼为高层建筑，将主楼地下室结顶时间适当提前以便将节余的时间给上部主体结构，达到劳动力基本均衡的目的。

二是考虑立体交叉施工，在施工过程中，根据工程特点及周边环境条件，综合考虑工程工期、质量、劳动力、周转材料、大型机械、临建设施等资源投入情况，组织分阶段分重点进行施工。施工期间，平面分区段，立体分流水、交叉作业。合理组织，保证施工的连续性、均衡性、节奏性，做好分阶段验收安排，适时插入二次结构、粗装修、机电管线安装的施工。尤其注重保障专业分包施工项目的工序穿插，在脚手架、垂直运输设备、施工场地、临时设施的使用方面，给予全方位的服务。

三是坚持阶段性、适用性、灵活性及可改造性兼顾的原则。科学合理布置施工临时设施、运输道路、临时用水、临时用电等，立足紧凑性和可移换性，以施工总进度计划为依据进行阶段性调整，为总承包及各专业分包提供服务场地，最大限度地减小临设占地对后期业主指定承包人施工绿化和室外道路工程的影响，做到投入最低、收效最大、经济适用。

加强施工总承包管理的原则：作为工程的总承包方，总承包项目部将采用有效的分包管理措施，加强对专业分包商的施工现场、施工技术、质量、进度、安全的管理，同时做好协调和照管工作。

6.2.3　确定工程目标

天津市环湖医院迁址新建工程项目是天津市重点工程，确保该工程在质量、安全、进度、文明、绿色施工，尤其是在工程质量管理水平上，达到天津市同类工程的先进水平。

（1）工期目标：满足合同工期要求。

（2）质量目标：确保创天津市"金奖海河杯"，争创国家建设工程"鲁班奖"。

（3）安全生产目标：坚持"安全第一，预防为主"的方针，保证一般事故频率小于0.15%，死亡事故为零，在施工期间杜绝一切重大安全、质量事故。

（4）绿色施工目标：强化施工现场科学管理，大力推进满足"四节一环保"要求，创建成市一流观摩工程和文明样板工地。

（5）服务目标：创业主满意工程。

6.3　施工进度管理

医院项目的进度受政策、环境、报批、设计、招标、施工等多因素影响，在制定总控进度计划时需要根据项目的特点综合考虑，总控计划作为进度控制基准，其合理性是进行进度控制的基础。

6.3.1　总进度规划

医院工程是较为复杂的民用建筑，有别于一般建筑工程，协调专业较多，后期投产前需要完成净化指标检验、医用气体指标检验、污水运标检验、室内环境检测、射线评估、气站检验；结构施工期间需考虑大型医疗设备如何进入设备安装位（如核磁、CT机、模拟机、加速器、SPECT、ECT），考虑通道通行能力；专业科室的深化细化，如核医学科图纸的深化细化、净化工程图纸的深化细化（手术室、ICU、骨髓移植仓、介入、CCU、EICU、NICU、生殖中心、血透析）、放射科的装饰装修及屏蔽（核磁、CT、CR、DR、钼钯、肠胃造影）、配液中心、供应室的装饰装修与净化。

施工过程在安排总进度计划过程中分专业、分区段、分科室相互穿插施工作业，每个专业都要在一个和谐的工作环境中保持对其他专业的理解支持，施工过程中优先保障其他专业的施工才能进行大面积施工；在进度安排过程中一定要充分理解各专业之间的关系。为避免返工，引入BIM技术，在施工前期需结合BIM施工图施工，能起到事半功倍的效果。

根据以上结合对项目的理解以结构–主体–装饰装修–验收为主线（暖通设备安装、消防设备安装、医疗设备安装、弱电设备安装及软件开发为辅线）排出合理的进度计划。

该工程在保证施工进度方面，主要采取以下措施：

（1）确定进度控制的工作内容和特点，控制方法和具体措施，进度目标实现的风险分析，以及还有哪些尚待解决的问题；

（2）编制施工组织总进度计划，对工程准备工作及各项任务做出时间上的安排，重点考虑以下内容：

1）动用的人力和施工设备是否能满足完成计划工程量的需要；

2）基本工作程序是否合理、实用；

3）施工设备是否配套，规模和技术状态是否良好；

4）如何规划垂直和水平运输通道；

5）施工人员的工作能力如何；

6）工作空间分析；

7）预留足够的清理现场时间，材料、劳动力的供应计划是否符合进度计划的要求；

8）专业分包工程计划；

9）临时工程计划；

10）竣工、验收计划；

11）可能影响进度的施工环境和技术问题。

6.3.2　分部分项进度管理

医院的进度计划有别于一般的民用工程进度计划，需要从以下几个方面对医院和相互关系了解以后，才能安排出切实可行的分部分项进度计划。

（1）综合性医院是由门诊部、医技部、住院部、医技科室、后勤保障系统、行政管理、院内生活、科研和教学设施等九个部分组成。其中前七项是综合医院建设的基本内容，这些项目建成后，一所医院就可以投入使用，正常运转。后两项则应根据承担科研和教学任务的具体情况确定。

（2）大型医疗设备。包括：CT、SPECT、ECT、磁共振、DR、直线加速器、核医学、C型臂、高压氧舱等大型医疗设备。对这些医疗设备需要建设专门的设备用房和防护设施。同时了解哪些医疗设备需要做下返，哪些设备需要预留、预埋以及装修后期的运输通道或吊装口。

（3）医院手术部、ICU、中心供应室等主要科室功能。手术部是医院运行的核心部分，由洁净手术室和辅助用房组成，手术部对各用房的具体技术指标、建筑环境、平面和装饰的原则、洁净度等有规范要求。手术部的洁净度分为四个等级，为百级、千级、万级、十万级。ICU（重症监护室）是集中各有关专业的知识和技术、先进的监测和治疗设备、对重症病例的生理功能进行严密监测和及时有效治疗的专门单位，常见的有ICU专科病房、烧伤重症监护病房（BICU）、新生儿重症监护病房（NICU）、冠心病重症监护治疗病房（CCU）、神经外科重症监护病房（NSICU）等，以及骨髓移植仓、生殖中心、血透析。中心供应室是医院无菌物品的供应基地，分为3个独立的作业区域，即污染区、清洁区、无菌区，3个区域之间有人流、物流、气流的要求。

（4）医院专项系统是实现医院功能的重要内容，也是实施过程中管理的重点。项目经理在进行项目管理构思、策划之前应该多了解医院项目的专项系统的特点。医院的常见专项系统有洁净工程、医用气体工程、放射防护工程、实验室工程、污水处理工程、中央纯水系统、物流传输系统、污物智能收集系统等，其中前五项是所有医院工程必备的，后三项由业主根据医院项目的定位、整个项目的投资等情况综合考虑。项目经理前期应对医院的专项系统有概念性的了解，在实施设计和招标时能根据项目特点统筹考虑。

医院各功能单元之间的流程。项目经理熟悉医院建设标准和规范，了解门急诊、医技、住院之间的关系，关注住院部、手术部、ICU之间以及手术部、中心供应室之间的关系。

根据总进度计划拆分分部分项计划，再编制各项招标计划、材料总量计划、劳动力计划、招标计划、材料考察计划、资金需求计划，这些计划是保证实现整体目标的分部分项计划。

6.4　施工安全生产管理

6.4.1　安全生产保障体系

为加强安全管理，保障工程施工安全，明确和规范安全管理的行为和职责，提高工程建设安全管理水平，集团自项目开工起成立了以项目经理为组长的项目安全生产小组，建立了安全生产管理保障体系，确保工程安全施工。

安全生产机构健全，体系完整，责任到人，项目经理是项目安全生产的第一责任人，在项目经理的领导下，项目部各个职能部门管理职责分工明确，管理工作覆盖到了施工的整个过程。

组织建立健全安全生产责任制和安全生产目标责任制，完善各项安全生产管理制度和操作规程，明确安全生产考核目标，严格组织考核落实。

定期组织安全生产小组会议，分析施工安全保障体系的运转情况，解决存在的重大问题，确保安全保障体系处于受控状态。定期和不定期组织施工安全生产大检查，促进安全管理工作的不断提升，严格奖惩制度，杜绝较大施工安全事故。

6.4.2　安全生产管理保障措施

为贯彻执行"安全第一，预防为主"的方针，加强施工现场安全施工生产管理，进一步提高现场安全生产管理水平，保证施工生产过程中的人身财产安全和健康，项目部建立了安全生产管理制度和保障措施。

1．技术措施

现场仓库、物料、机具的布置都要符合安全管理规定，并落实消防和卫生急救设施，设置安全防护棚。主体结构针对的结构、模板体系分别详细地在分项工程方案中专门编制安全技术交底。施工脚手架应编制专项的搭设和拆除的作业方案和安全使用管理规定。

2．施工机械安全

加强对机械设备的管理，做到常检、常修、常保养，保持良好的工作状态。并且聘请有资质的第三方大型设备检测机构进行季度检查。

3．安全用电

现场采用三相五线制，设专用接地线。总配电箱和分配电箱设防雨罩和设门锁，同时设相应漏电保护器。严格做到"一机一闸一漏电"保护装置，一切电气设备必须有良好的接地装置。并且电动机械必须定机定人专门管理，若要使用小型手持电动工具时均使用带漏电保护的闸箱。

4．防雨、防雷的措施

现场塔式起重机及外架必须有避雷措施，防雷接地可与工程的避雷预埋件临时焊接连通，接地电阻要按规定要求每月检测一次。并且禁止在暴雨等恶劣的气候条件下施工。

5．脚手架安全方面

现场施工采用落地式双排钢管脚手架，外侧采用全封闭密目式安全挂网张挂，脚手架按施工实际可能承受的最大荷载进行设计和计算。并且应在安全人员和技术人员的监督下由熟练工人负责搭设。脚手架的检查分验收检查、定期检查和特别检查。

6．安全标志和安全防护方面

安全标志的划分安全区域充分和正确使用安全标志，布置适当的安全标语和标志牌，各种施工机械均需挂设操作规程。安全防护中的安全防护棚要在四周及人员通道、机械设备、临近小区道路上方采用钢管搭设安全防护棚，压电线线路侧面和上方采用竹竿和模板搭设隔离墙和防护棚。现场人员坚持使用防护"三宝"。

7．安全生产培训

公司依照国家和省（市）、行业规定对从业人员进行安全生产教育培训，保证从业人员具备必要的安全生产知识，熟悉有关的安全生产规章制度和安全操作规程，掌握本岗位的安全操作技能，未经安全生产教育和培训合格的从业人员，不得上岗作业，坚持先培训、后上岗制度。

8. 安全生产检查

安全检查的内容应根据施工特点，制定检查项目和标准。主要查思想、制度、机械设备、安全设施、安全教育培训、操作行为、劳保用品使用、伤亡事故的处理和文明施工（防火、卫生及场容场貌）等。安全检查组的组成形式，应根据检查目的、内容而定，主要由部门组织，公司领导带队，会同综合管理部共同进行。安全检查的形式分为经常性、定期性、突出性、专业性和季节性等多种形式。

6.5 施工质量创优管理

策划包括工艺、标准、工法、施工技术、管线布置、装饰色彩、管线走向、材料颜色及规格选择、装饰细部以及现场施工的各种要素等。策划工作应贯穿于工程始终，通过统一的策划，保证各个分项工程内在质量和外部表现上的一致性和统一性。

6.5.1 质量创优实施要点实施

精品工程的创建是一项系统工作，是通过系列的策划方法和实施措施，打造结构安全、功能适用、艺术美观的建筑作品。工程建设开始必须明确质量目标，确定指导思想，制定严谨合理的策划方案，全过程实施控制，实现最终效果和功能。

（1）结构施工前，创优实施应用BIM技术初步确定装饰排板图和设备管线排布图，合理统筹门窗洞口位置，精确定位设备基础、管道孔、洞尺寸。装饰施工前，具体确定各种装饰排板图及综合管道布线，复杂的卫生间、大厅经过二次优化设计。设备安装应根据装饰图纸和土建的排板图，优化各种末端设备和设备基础，做到符合规范、居中对称，成排成线。尤其是细部微小处控制到位。主要做到以下几点："一条缝"，拼缝策划做到"一条缝到底、一条缝到边、整层交圈、整幢交圈"，避免错缝、乱缝和小半砖现象。"二居中"，地漏在地板砖中心；灯具、喷淋、烟感等在吊顶中心。"三成线"，横成行、竖成列、斜成线；墙砖、地砖、吊顶三同缝；三维对缝，把地砖拼缝模数与隔墙厚度、墙砖模数一致或对应起来。"四一致"，内外一致；上下一致；明暗一致；大面小面一致。六对齐，洗脸台板上口与墙砖对齐；台板立面挡板与墙砖对齐；镜子上下水平缝对齐，两侧对称，竖缝对齐；门上口和水平缝，立框和砖模数对齐；小便器、落地、上口、墙缝、两边和竖缝对齐；电器开关、插座，上口水平缝对齐。

设备专业施工的关键部位即是机电系统功能实现的核心部位，也是机电安装工程质量亮点集中体现之处，所以针对关键部位的策划及过程质量控制对于设备安装专业质量控制而言尤为重要。这些部位包括屋面、卫生间、管道集中的管廊、管井、各种大型设备机房、精装部位的吊顶区域等。

设备管线综合布置的原则：在充分理解原设计意图的基础上，依照各专业的设计、施工规范，满足集中布置、平行竖直、整齐美观，并应遵循管理原则进行。

（2）室内楼地面创优实施要点

排砖原则：分中对称、交圈合理、美观大方。走道地砖排板应由中间向两边对称排砖，当地砖与吊顶块材规格相同时，地砖与吊顶排板应一致。住宅门厅、住宅起居室等由应由房中间向四周排砖，门口处宜用整砖块，排砖时由门口向内排，施工时由内向外铺贴。排砖均不得出现小于1/2的条砖。公共建筑的大厅、工业与商业等有柱子的地面排砖，应以柱子居中排砖。

（3）楼梯间创优实施要点

楼梯扶手高度不低于0.9m。楼梯水平段栏杆长度大于0.5m时，其扶手高度不小于1.05m，并且距离消防门、检查孔同墙面整板（石材、瓷板等）布置。消防箱门开启角度不小于135°。

踏步板端部突出楼梯侧边做探檐处理，饰面砖3～5mm，石材10mm。石材端部应磨光；踏步板外露面的板材厚度应一致。齿角处踢脚板是整板，不得拼接。踏步板表面设防滑条，防滑条位置准确平直，排列均匀整齐。当埋设防滑条时，防滑条凸出板面高度一致，镶嵌牢固。

楼梯底边设置滴水檐，宽40～50mm，中间设滴水槽10mm，距两边各20mm，上下通顺，梁底交圈。

（4）外檐饰面创优实施要点

1）弹涂饰面创优做法：弹涂饰面喷点疏密、大小均匀，大面平整，厚度一致，分色清晰，无接槎和色差。在窗膀、璇脸面、阳台板底面、空调板底面、雨罩底面等进行平涂。分格缝两侧、阴阳角处、窗口处各甩20mm宽进行平涂过度。弹涂施工推荐做法：弹点前所有阴阳角部位都贴上美纹纸，保证阴阳角分界清晰，线脚顺直。

2）外檐砖墙创优做法：外檐砖墙首先进行优化排砖，整体协调、线条顺直、节点清晰、对称美观，根据窗间墙和窗洞口实际尺寸调整外檐面砖排砖方案，使大面均为整砖，洞口两侧对称，竖缝通顺、美观。阳角处采用定性阳角砖，有效地解决外墙渗漏难题。施工过程中水平双面通线砌筑，保证所有墙体上下通线、水平通线，确保整个墙面的平整、垂直。

3）外檐石材创优做法：干挂石材幕墙进行二次深化设计，并且保证排板合理，整体协调美观，密封胶应均已密实，干挂石材幕墙，窗口阴阳角压向正确、合理，窗楣设置滴水槽，打胶宽窄一致、顺直，转角圆顺。

4）外檐铝板创优做法：金属铝板幕墙进行排版优化，优先使用整板，保证节点清晰、线条顺直、整体协调美观。

（5）设备基础创优实施

1）冷却塔基础：应根据原设计文件、订货后冷却塔的设备参数，复核原设计中冷却塔基础的位置、高度是否合理。对冷却塔供回水主管的安装位置、安装标高进行综合排布，复核冷却塔基础高度是否符合回水管的标高要求、冷却塔四周是否留有足够的巡视和检修空间、基础形式是否与冷却塔接管相冲突。如变更冷却塔位置及基础形式，必须得到结构设计师、设备设计师的同意并办理设计变更文件。

2）风机基础：根据原设计图纸、订货选型后的设备参数、现场实际情况确定风机基础的位置、尺寸，并与土建专业进行交底。

3）排水透气管、雨水斗：根据原设计图纸提前策划排水透气管、雨水斗位置，有条件的工程宜保证透气管成排成线，与土建及装饰专业沟通，避免雨水斗位置与女儿墙等二次结构及装修的部位冲突。雨水斗安装前，应要求土建专业进行屋面做法的交底，避免雨水斗安装高度出现偏差。

4）管道支架：管道支架的形式应尽量采用圆形或方形立柱，或与土建专业沟通协调进行墩台的浇筑，避免增加防水收口难度，消除渗漏隐患。所有穿屋面的管道及支架安装必须在结构层施工完毕，保温层等未施工的期间完成安装，避免破坏土建专业成品。而且，管道支架高度考虑屋面做法，避免支管过高或过低，导致材料浪费或影响管道安装。

5）卫生间创优实施要点：卫生间施工前与精装修协调，进行卫生间器具的综合定位。定位反映在卫生间排砖图上，保证洁具安装居中对缝。

地漏布置在不经常走动的位置，精装地面向地漏找坡，避免地面积水。

控制线由精装修单位现场定位，方可进行给水排水支管的安装。

成排洁具及其配件排布整齐、美观；标高及间距一致，偏差不大于5mm。

蹲便器（冲洗阀）、坐便器、小便斗居隔断中心，洁具中心与砖缝对中。

洗手盆存水弯安装高度一致、朝向统一，管道穿墙、地面部位装饰盆与砖面接触紧密、无缝隙，全部遮挡饰面砖的开孔部分。

地漏居整块瓷砖中，瓷砖套割合理，整齐大方。地漏边缘与瓷砖之间要密实、光滑，周边无渗漏。地漏安装在便于排出地面积水的位置，带水封的地漏水封高度不小于50mm，并优先使用具有防臭功能的地漏，箅子安装牢固、美观。

6）地下室及车库：成排管道进行管线综合排布设计，安装在同一吊架上，吊架与吊架的间距满足最小管道的要求，吊架排列要整齐。

管道和金属支架油漆种类和涂刷遍数符合设计要求，附着良好，无脱皮、起泡和漏涂，漆膜厚度均匀，色泽一致，无流坠和污染现象。

保温层采用粘贴法施工时粘结牢固，无断裂现象；胶粘剂涂抹部位准确均匀，无漏涂现象，表面美观。采用金属保护层，保护层的外观无翻边、豁口、翘缝或明显凹坑，外表面整齐、美观。保护层的环向、纵向接缝必须上搭下，水平管道的环向接缝应顺水搭接。管道金属保护层的纵向接缝应与管道轴线保持平行、整齐、美观，位置在水平中心线下方的15°～45°处。当侧面或底部有障碍物时，移至管道水平中心线上方60°以内。

垂直管道宜标识在朝向通道侧管道轴线中心，成排管道以满足标识高度的直线段最短管道为基准，依次一致标识。

7）大型设备机房：设备机房根据设备选型进行主要大型设备排布，在保证规定检修空间的前提下将设备沿墙布置，同种设备分区布置，同型号设备布置成排、成线。

依据原设计图纸、根据初拟的设备布置情况进行管道、附件布置，管道布置成排布置，避免交叉。沿墙敷设的管道与墙体间距合理，排布时考虑墙体面层做法，管道、设备、阀部件不得出现半明半暗现象。

根据设备选型绘制设备基础图，标定设备基础的尺寸、形式、高度、定位等参数。水箱基础采用条形基础，其他设备基础尺寸与设备选型匹配，过大过小都会影响整个机房效果。空调机组基础高度考虑冷凝水排水反水弯的高度及冷凝水管排水坡度。

机房深化排布后重新布置机房排水沟或地漏位置，排水沟延伸至所有有排水要求或积水可能的区域，特别注意水泵基础四周设置排水槽。设备四周U-PVC排水槽，先冲筋埋设，再进行地面面层施工。U-PVC管预埋时，与混凝土接触面必须预先打磨，确保施工后不空鼓。空调机房故障泄水和冷凝水排放的地漏位置，与机组位置配合，避免冷凝水管沿地面敷设过长。

6.6 医疗专项工程管理

6.6.1 医院净化空调系统安装质量控制

（1）设备经开箱检查，其规格、型号、各项性能指标符合设计要求和相应空气洁净级别要求。产品合格证、技术资料、产品说明书齐全。

（2）对照随机设备清单和技术资料，核对设备本体、附件、备件及专用工具的规格、型号符合要求；附件、备件及专用工具齐全。

（3）净化空调系统的风阀、其活动件、固定件以及紧固件均采取镀锌或做其他防腐处理；阀体与外界相通的缝隙处，有可靠的密封措施。工作压力大于1 000Pa的调节风阀，生产厂家提供（在1.5倍工作压力下能自由开关）强度测试合格的证书（或试验报告）。

（4）金属风管的材料品牌、规格、性能与厚度等符合设计和现行国家产品标准的规定，当设计无规定时，按现行的国家相关施工质量验收规范执行。

（5）安装区域相关的建筑物、构筑物、吊杆预埋件的建筑工程质量，施工完成符合相关标准，建筑工程的屋面、楼板施工完毕，不得渗漏。

（6）清除材料油污。在放样下料前清除板料表面的油污，做到"一摸、二擦、三查看"，保证彻底清除板料表面油污。

（7）影响安装净化空调系统的建筑模板、施工设施及杂物应清理干净，无起尘源，安装净化空调系统设备基础完成强度达到70%以上。

（8）安装区域相关的建筑物、构筑物、吊杆预埋件的建筑工程质量，施工完成符合相关标准，建筑工程的屋面、楼板施工完毕，不得渗漏。

（9）风管一经开封立即与法兰连接，避免风管开启时间太长，灰尘侵入管内，暂不连接的一边不得开封，以保持管内洁净。

（10）制作完成的风管、配件及部件，进行第二次清洗，清洗完成经过检查，达到清洁要求后及时封口，可用塑料薄膜封闭，并用胶带粘牢四边，避免粉尘进入。

（11）现场保持清洁，存放时避免积尘和受潮。风管的咬口缝、折边和铆接等。

6.6.2 院医疗污水处理系统安装质量控制

（1）设备安装前组织有关施工技术管理人员认真熟悉设计施工图纸，技术规范，生产厂家的安装技术资料和产品说明书、装配图。对重点安装工程事先制定相应的符合现行有关安全技术标准和产品技术文件规定的安全技术措施及安装方案。

（2）设备安装前组织有关施工技术管理人员进行现场勘察，配合土建施工人员清出预埋管、预埋件，核测其位置高程并作详细记录。为组织施工做好准备。

（3）设备的开箱、清点和交接按有关协议，由承包方组织，建设单位、代理厂商和监理方等有关人员参加。在设备进厂后，根据设备装箱单逐箱及时进行数量清点，对设备的外观逐一进行检查拍照并做好登记记录，办好交接手续。

（4）按照生产厂商的书面说明规定，搬运和贮存设备及其零、部件和专用工具，并根据合同条件采取有效措施保护防止设备损伤和损坏。

（5）在安装前，制造厂为防止部件损坏而包装的防护粘贴，不得提前揭掉。

（6）按设计图纸对已完工交付设备进行验收，填写预验收记录。

（7）清除设备基础表面和地脚螺栓孔中的油污、碎石、泥土、积水，并找出预埋钢板的顶面，对于进行二次混凝土浇筑的接触面按设计和规范的要求进行凿毛。

6.6.3 医院医用气动物流传输系统安装质量控制

（1）专用阻燃PVC管、卡箍及其粘接胶所使用的主要材料，成品或半成品有出厂合格证或质量鉴定文件。

（2）气动物流传输系统的鼓风机开箱检查，电机的安装固定及地脚螺栓是否齐备，是否符合设计要求，有无缺损等情况。

（3）地脚螺栓灌注时，使用与混凝土基础同等级混凝土，决不能使用失效水泥灌注。

（4）交流电焊机、电锤、切割机、手动角磨机、手枪钻、吸尘器、噪声计、开孔器、割刀。

（5）预留孔洞套管及预埋预留的线缆已完成，经检验符合设计图纸要求。

（6）医用气动物流传输系统区域的二次抹灰及粉饰已完成。

（7）医用气动物流传输系统安装按照设计要求进行，并有施工员书面的质量、技术和安全交底。

6.6.4　医用气体供应系统安装质量控制

（1）不锈钢无缝钢管及紫铜管所使用的主要材料，成品或半成品有出厂合格证或质量鉴定文件。

（2）医用气体供应系统的无油旋齿式风冷空压机、冷冻式干燥器、水环式真空泵及储氧罐等设备开箱检查，设备的安装固定及地脚螺栓是否齐备，符合设计要求。有无缺损等情况。

（3）地脚螺栓灌注时，使用与混凝土基础同等级混凝土，决不能使用失效水泥灌注。

（4）压力管道与设备已经按有关要求报建。

（5）施工材料及现场水、电、土建设施配合准备齐全。

（6）产品合格证与设备编号一致；配套附件文件与装箱清单一致。

（7）设备完整，无机械损伤、碰伤，表面处理层完好无锈蚀，保护盖齐。

（8）焊接医用气体铜管及不锈钢管材时，均应在管材内部使用惰性气体保护。医用气体管材焊接使用氮气或氩气保护，不使用二氧化碳气体。

（9）在未焊接的管路端口内部供惰性气体，并保证未被加热的邻近管路不受热交换影响而氧化。

（10）施工现场保持空气流通，防止过量惰性气体对人造成危害。

（11）现场记录氮气瓶数量，防止与医用气体气瓶混淆。

6.6.5　医院医用热水换热站系统安装质量控制

（1）换热设备汽—水换热器、水—水换热器、循环水泵、分汽缸、分水缸、循环水箱、补给水泵、补给水箱、除污器、疏水阀等设备型号、规格、性能参数均符合设计要求，并按装箱单核对所到货设备的型号、尺寸、数量，按图纸核对管口方位。

（2）换热站工艺管道用管材及附属材料要符合设计要求，采用流体用管道的工作压力和强度应在材料许可范围内。

（3）医院医用热水换热站系统安装工程开工前应具备以下条件：

施工图纸及技术资料齐全，施工方案、大型设备运输吊装方案及技术保障方案已经总包、监理及甲方审核批准。

安装换热站的建筑物已完工，影响安装换热站系统的建筑模板、施工设施及杂物应清理干净，安装换热站系统设备基础完成其强度达到70%以上，土建施工预备的孔洞、沟槽及各类预埋铁件的位置、尺寸、数量符合设计图要求。

施工现场应具备满足施工用的水源、电源和照明，设备运输车辆进出的道路，材料及机具存放场地和仓库等，冬、雨期施工时应油防寒防雨措施及消防安全措施。

与医院医用热水换热站系统运行配套建设的排污降温池（井）已完工并具备投入使用条件；若医院医用热水换热位于地下室与之系统运行配套建设的提升排水系统和通风排烟系统已完工并具备投入使用条件。

换热站系统设备安装前应开箱检查并满足以下要求：产品合格证与设备编号应一致；配套附件文件与装箱清单应一致。

设备应完整，无机械损伤、碰伤，表面处理层完好无锈蚀，保护盖齐全。

6.7 人力资源与劳务队伍管理

6.7.1 项目管理组织与人员配置

项目经理部领导层由项目经理、生产副经理、项目总工程师、主管钢结构的副经理和主管设备安装的副经理以及主管质量、安全、文明施工的副经理组成。

1. 组建有特色的项目经理部

项目经理部的管理层由工程部、物资部、技术部、质量部、经营部和办公室组成，各职能部门配备相应的如施工员、质量员、安全员、核算员、资料员等专职人员。主管生产的常务副经理分管工程部和物资部，管安全和文明施工的副经理协助主管生产的常务副经理的工作；项目总工程师、主管钢结构的副经理和主管设备安装的副经理以及主管质量的副经理分管技术部和质量部；经营部和办公室由项目经理直接管理。

项目经理部的作业层由桩基、土建、设备安装、装修等施工队组成。为了工作上配合默契，项目经理手下的管理人员不做频繁的调动。

项目管理人员有从事高层建筑和大型文教、医疗设施总承包施工管理经验，文化层次高、业务能力强；主要管理人员都具有大专以上学历，并具有中高级职称，能与业主、监理及专业分包单位密切配合，协调整个项目的全过程管理。各级业务人员，均拥有行业资质证书及5年以上岗位工作经验。

2. 项目经理部发挥的作用

在项目经理领导下，作为项目管理的组织机构，对所施工的项目负责从项目开工到竣工全过程的生产经营管理。项目经理部是企业在工程项目上的管理层，同时对作业层负有管理和服务双重职能。作业层的工程质量与项目经理部的工作质量有关。

项目经理部要完成企业所赋予的全过程项目管理任务，就需要凝聚管理人员力量，充分调动其积极性，促进管理人员之间的关系，充分发挥每个人的岗位作用，为共同目标协同工作。要贯彻责任制，明确管理人员的职责，尽职尽责搞好项目管理。还要沟通项目经理部与作业层之间、与公司各职能部门之间、与外部各有关部门之间的关系，创造良好的环境，有利于项目管理。

项目经理部是代表企业履行工程承包合同的主体，要对最终产品负责，要以优质产品形成竞争优势，使项目经理部成为企业进行市场竞争的重要部分。

3. 项目部主要管理人员职责及职能部门设置

项目经理：负责全面而正确地履行工程承包合同；贯彻落实企业提出的质量、成本、工期、安全责任目标以及保证各生产要素在项目经理授权范围内做到最大限度的优化配置。

项目常务副经理：在主管安全和文明施工两位项目副经理配合下，协助项目经理指挥施工生产，负责工程项目的进度和安全控制，领导工程部和物资部，搞好计划调度和安全生产、文明施工和材料管理，与项目总工一起落实施工组织设计中的各项要求，制定具体实施方案，确保工程各项目标的实现，对工程质量负重要责任。

安全副项目经理：协助主管生产的常务副项目经理，负责项目的文明施工与安全管理工作。负责完善本项目种类安全生产制度、消防保卫工作制度，并有针对性地制定安全生产管理细则。完善本项目安全管理各种台账，强化安全管理工作，负责各种安全记录资料的填制，做好分部分项工程的安全技术交底工作，组织安全教育和安全检查，定期组织安全和文明施工考核。

项目总工程师：在项目经理领导下，抓好质量、技术管理的具体工作，实施施工组织设计中制定的各项技术质量措施，实现合同中承诺的工程质量目标，对工程质量负主要责任。负责过程施工的技术交底、质量检查、检验、试验、质量等级评定的组织及具体工作，保证过程施工始终处于受控状态。

设备安装副经理：在自己的专业范围内，配合主管生产的常务副经理，搞好生产调度和安全生产、文明施工；配合项目总工程师，做好专业范围内的技术、质量管理工作。

项目经理设"五部一室"，即工程部、技术部、质量部、器材部、经营部、办公室。

6.7.2 劳务队伍管理

按两层分开的原则：劳务派遣依据劳务分包合同管理，以企业为依托，公司适当留一部分与本专业密切相关的高级技术工种工人，其余劳动力由劳务公司向社会劳动力市场招募。劳务公司以项目劳动力计划为依据，按计划供应给项目经理部。

1. 优化配置

素质优化。以平等竞争、择优选用的原则，选择觉悟高、技术精、身体好的劳动者上岗。以双向选择、优化组合的原则组合生产班组；坚持上岗转岗前的培训教育制度，提高劳动者综合素质。

数量优化。依据项目规模和施工技术特点，按照合理的比例配备管理人员和各工种工人，保证施工过程中充分利用劳动力，避免劳务失衡、劳务与生产脱节。

组织形式优化。建立适应项目特点的精干高效的组织形式。

2. 动态管理

以进度计划和劳务合同为依据，以动态平衡和日常调度为手段，允许劳动力合理流动，以达到劳动力优化组合和充分调动作业人员劳动积极性为目的。

项目经理部向公司劳务管理部门申请需要的劳务人员的数量、工种、技术能力及进退场时间等要求，并签订劳务合同。项目经理部向参加施工的劳务人员下达施工任务单或承包任务书，并对其作业的质量和效率进行检查考核。项目经理部对参加施工的劳务人员进行教育培训。根据施工生产任务和施工条件的变化，对劳动力进行跟踪平衡、协调，进行劳动力补充或减员，及时解决劳动力配合中的矛盾。在项目施工的劳务平衡协调过程中，按合同与公司劳务部门保持信息沟通，人员使用和管理的协调。按合同支付劳务报酬，解除劳务合同后，将人员遣归公司内部劳务市场。

3. 劳动组织的管理措施

在劳务管理方面公司有独特的管理方法，年年被市建委评为劳务管理先进单位，我们所建立的对外施工人员的"五个一样"（思想上一样教育，施工上一样要求，生活上一样关心，报酬上一样合理，行政上一样管理）。对劳务人员像自己的职工一样看待，定期给民工进行文艺表演，丰富民工的文化生活。节日送去慰问品，得到广大进城务工人员兄弟的拥护和支持。

（1）管理程序

天津天一集团设有劳务公司，负责全集团所有劳务的招收、录用、管理和考核工作，建立劳务信息库，制定劳务管理办法。

（2）劳务队伍的组织

选用劳务队伍由集团劳务公司负责，进场前进行认真的考察，全面了解队伍的整体素质和管理能力等情况，做到公平、公正、公开，择优选用3家以上劳务队伍，报业主、监理进行进一步考察。

所使用的劳务队伍做到：管理人员、技术人员齐全，作业班组组成人员固定。每班组一般10～20人（均为持证上岗的熟练工人），设班组长1名，这些施工作业人员技术专业性强，组织纪律性高，能很快进入施工状态并能严格管理要求自己。

劳务公司负责对使用的劳务人员严格把并，做到对每个人底数清楚，"三证"齐全。

（3）劳务队伍的教育

选定劳务队伍，签订劳务分包合同后，即组织劳动力进场；由于进城务工人员的特殊性，进场的安全、质量、文明施工、消防等方面的教育非常重要。

天津天一集团对此有专门的要求，进场后即由集团相关部室，组织安全、质量、消防等人员对进场的劳务人员进行教育，在施工过程中结合工程特点，对相关人员（技术人员、技术骨干）进行有针对性的教育。

（4）对劳务队伍的施工管理

项目部设立专职民管员，做到持证上岗，负责本部位劳动力的管理、协调、内业资料整理。

按照天津市的有关规定，进场后及时签订《安全生产协议书》，办理《施工企业安全资格认可证》和《施工安全许可证》。

施工人员进场前，必须进行遵纪守法及工程安全保密的专项教育，进入现场后要定期进行遵纪守法教育。

对进场工人进行现场管理和安全、文明施工知识教育；现场每月进行3次综合检查，还有月评、季评、年评，有奖有罚。

开展"五个一样"管理，切实把外施队伍当作自己的职工一样对待。

使工人在劳动的同时自身水平、整体素质得以提高，提高工人的荣誉感、归属感。

现场管理人员、施工作业人员一律佩戴胸卡，统一着装，言行举止要文明礼貌。

6.7.3 劳务人员实名制管理

公司一直严格执行劳务实名制管理，并为每个工人办理个人工资卡，按月足额发放工资到每个工人的个人账户，杜绝拖欠工资，确保工人权益。

1. 进城务工人员工资管理规定

（1）分包单位必须依法与进城务工人员签订劳动合同，并将劳动合同复印件盖章交项目部备案。严格执行务工人员实名制管理规定。特殊工种必须持证上岗，人证相符，分包单位须在终止撤场或解除进城务工人员劳动合同前全额付清该进城务工人员的工资，禁止拖欠进城务工人员工资。

（2）公司主管部门对项目劳务分包的履约及进城务工人员工资支付进行检查，现场综合管理能力进行评估、指导、监督。

（3）项目部每月10日前上交主管部门的相关付款手续包括：

每月工程款支出明细内容（民工打卡记录确认单、承诺书、拨款申请单等）；

工资表（必须有每个人的签名，人数必须和项目部台账实名制相符，项目部民管员及项目经理签字）；

电子版支付明细表（与工资表内容相对应）；

各分包单位的有效票据；

分包授权总包代发的委托书及收条（劳务分包人签字并分包单位盖公章）。

2. 公司实名制管理规定

（1）务工人员进场时，分包人必须于当天安排专人负责务工人员入场的相关工作。工地现场保安人员负责组织进场人员在门口处等候，由项目部民管员及班组负责人到门口处核查工人信息，确保身份证真实无误后，认真填写《进出场登记表》《进城务工人员实名制档案表》，并录入实名盾系统。其中，本人签字一栏必须由工人本人填写，非本人签字的对分包人罚款100元/人，工人填写完毕后再由班组负责人签字确认，并为务工人员安排宿舍。

（2）认真执行务工人员建立实名制和考勤管理制度。

务工人员进场当日将工人身份证统一收集到项目部，由民管员负责复印身份证并保管，建立实名制台账，按班组、工种区分将新进场工人面部及指纹信息录入，劳实名制管理系统与建委对接，信息必须录入齐全，对于分包单位所属的施工队长、小班组长等重要人员，应重点记录其身份档案。

务工人员进场当日，分包单位根据民管员建立的务工人员身份档案，与所有在场务工人员签订劳动合同，按当地建设主管部门有关规定缴纳务工人员统筹保险。如因未能及时签订劳动合同或劳动合同未及时盖章确认，发生的各种纠纷，由分包班组负责。同一工人劳动合同、台账、床卡、身份证复印件、考勤、工资等编号应统一，项目部负责更新、存档，公司主管部门负责监督检查。

根据劳务管理信息平台实行刷脸打卡考勤记工管理，务工人员每天施工作业出、入施工现场必须走道闸处打卡，未打卡人员一律按缺勤记工，如有撤场班组或个人撤场需办理撤场手续和结算工作。

务工人员进场3天内，协助本项目工人及时办理相应银行的工资卡，必须落实一人一卡制。

（3）务工人员进场15日内落实务工人员业校场地及设施的配备，按照公司要求每月进行4次进城务工人员业校教育，项目部按照各省市协会及建设主管等有关部门发布的文件，积极申报"优秀进城务工人员业校""达标建筑业进城务工人员公寓"等相关奖项。

（4）民管员须每天核实分包人现场施工人数与打卡记录核对，并记录《周项目部劳动力统计报表》，不得班组人员代劳或随意编造，填写完毕后再由班组负责人、项目经理签字确认，每周五12点前向公司主管部门报送，公司主管部门负责监督检查，若有迟报、漏报、作假等现象，对项目经理罚款100元/次。

（5）认真执行当地建设主管部门关于务工人员薪酬发放的有关规定：

各项目部必须建立进城务工人员工资预储账户。

施工班组与民管员根据日常考勤统计、周劳动力统计等情况，编制月考勤表、工资表，应由务工人员本人签字确认并按手印，项目部应建立协调公示牌，将整理好的工资表、考勤表，复印后1天内贴于公示栏对外公示。务工人员工资必须发放到务工人员手里，不允许由项目经理或班组代领。

每月5日前分包负责人会同民管员须根据劳务实名制系统计算施工人员上月的出勤或完成的工程量，计算出每名工人的实际应得工资额，编制与考勤数据一致的工资表、考勤表，工资表，考勤表上人员必须与实名制台账上录入的人员相对应。

（6）项目部必须保存好实名制有关的所有原始资料及视频图片，并将所有资料备份及时交主管部门保存，项目完工后，将所有原始资料及视频图片上交主管部门存档。

（7）民管员有调岗、离职等情况，需先将本项目实名制管理等工作落实完毕，并交接到交接人手中后，项目经理才能允许原民管员调岗或离职，若因交接不当，产生工作漏洞或工资纠纷等情况，由项目经理承担相关责任及费用。

（8）项目部因未做好实名制管理工作，造成务工人员闹事或产生工资纠纷等情况，导致公司经济损失的，由项目部承担损失的80%，分包班组承担损失的20%，如经济损失分包班组无法扣除或追回由项目部承担。

6.8　绿色施工

公司建立《绿色施工管理制度》，制定绿色施工目标、指标，指导项目部，建立以项目经理为第一责任人的绿色施工管理体系，对施工作业区实行区域划分管理，将节材、节水、节能、节地、环境保护即"四节一环保"的指标落实到责任人。

6.8.1　绿色施工策划

按照《绿色施工导则》要求，对施工现场绿色施工进行优化布置，并单独编制绿色施工组织设计，在地基与基础工程、主体结构工程、装饰装修工程、保温和防水工程、机电安装工程、拆除工程编制专项绿色施工方案，并制定相应的管理制度。（包括环境保护管理制度、施工现场噪声管理制度、施工现场水污染管理制度、节能与能源利用管理制度、教育培训管理制度、检查评价制度、施工场地大气污染保护制度、节材与材料资源利用管理制度、节水与水资源利用管理制度、节地与土地资源保护管理制度、生活区管理制度、质量安全管理制度、图纸会审、技术交底管理制度、批次评价制度）

（1）在施工总平面设计时，针对施工场地、环境和条件等进行分析，制定具体实施方案。

（2）场地及周边现有和拟建建筑物、构筑物、道路和管线等进行合理利用。

（3）建立建筑材料数据库，优先采用材料运输距离短，节能降耗的建筑材料。

6.8.2 推进绿色施工的主要措施

（1）劳务公司签订分包合同时，就将绿色施工内容编入合同条款，从而作为绿色施工实施的保证，明确过程中的节水、节能、节材、节地及环境保护指标，对超出指标部分进行违约处罚，从而作为绿色施工实施的保证。根据绿色施工管理组织机构职能分工，强化分工执行力，各分项责任落实到人。

（2）施工前应调查清楚地下各种设施，做好保护计划，保证施工场地周边的各类管道、管线、建筑物、构筑物的安全运行。施工过程中一旦发现文物，立即停止施工，保护现场并通报文物部门并协助做好工作，并要避让、保护场区及周边的古树名木。

（3）施工现场围墙采用连续封闭的JRC围挡，减少了建筑垃圾，保护土地。现场生活区和办公区采用双层轻钢活动板房标准化装配式结构，经济、美观、占地面积小、对周边地貌环境影响较小，适合于施工平面布置动态调整，道路使用环形道路。

（4）优先使用国家、行业推荐的节能、高效、环保的施工设备和机具，选用变频技术的节能施工设备等。现场大型机械有变频塔式起重机。塔式起重机使用LED节能灯。

（5）建立施工机械设备管理制度，开展用电、用油计量，完善设备档案，及时做好维修保养工作，使机械设备保持低耗、高效的状态。

6.8.3 地基与基础绿色施工措施

（1）办公区、生活区及施工现场合理设置排水沟和集水井，收集雨水进行沉淀净化，用于冲洗车辆、清洁卫生、喷洒路面，节约使用传统水源。施工现场设置雨水收集井，收集施工现场的雨水。雨水井与三级沉淀池连通，经沉淀后进入蓄水井，经检测合格后可用于混凝土养护等施工用水。施工用水经过现场排水沟进入三级沉淀池，检测合格后进入集水井。集水井的水根据储水量情况，可用做消防、清洁和降尘等用水水源。大门口的集水井水源可用于绿化浇灌。

（2）土方开挖施工采取先进的技术措施，减少土方的开挖量，最大限度地减少对土地的扰动。

（3）基坑降水阶段设置水收集处理系统，降水井可根据结构施工阶段规划直接作为雨水收集井，要合理选择位置。降水水源收集处理后可用于消防、清洁和降尘等用水。

（4）基础开挖时土方要及时清运并苫盖，四级风以上不得进行土方作业。现场需存土时，采取苫盖、喷洒固化剂或种植植物等方法。

（5）出入施工现场的车辆必须在现场门口处冲洗车轮以防车轮带泥土上路。

（6）实行用水、用电计量管理，严格控制施工阶段的用水、用电量。生活区与施工区应分别计量，设置明显的节约用水、用电标识，同时施工现场建立运行维护和管理制度，分别及时收集用水、用电数据，建立用水、用电节电统计台账。施工现场分别设定生产、生活、办公和施工设备的用水、用电控制指标，定期进行计量、核算、对比分析，并有预防与纠正措施。

（7）生活区限时供电，宿舍安装节能空调，提高空调和供暖装置的运行效率。空调运行期间应关闭门窗。室外照明采用节能灯。

（8）夜间施工，要合理布置现场照明，应合理调整灯光照射方向，照明灯必须有定型灯罩，能有效控制灯光方向和范围并尽量选用节能型灯具。在保证施工现场施工作业面有足够光照的条件下，减少对周围居民生活的干扰。

（9）充分利用太阳能等可再生能源。生活区淋浴室设置太阳能热水器，利用太阳能进行水加热，减少能源消耗。

6.8.4　主体阶段绿色施工措施

（1）材料采购要遵循就近原则，优先选用距施工现场500km范围内的材料供货商供货。

（2）现场材料要根据施工现场总平面布置图的安排堆放有序。储存环境适宜，措施得当。保管制度健全，责任落实。建立材料台账并由专人负责。

（3）施工过程闲置不用的土地如：办公室旁健身场地、钢筋加工区旁进行绿化，防止水土流失。工程竣工后及时恢复原有植被。

（4）施工现场要制定清扫、洒水制度，配备设备，指定专人负责。现场垃圾在分拣后要日产日清。

（5）水泥、外加剂、白灰和其他易飞扬细颗粒材料必须入库存放。临时在库外存放时进行牢固的苫盖。现场存放的松散材料必须加以严密苫盖。运输和装卸细颗粒材料时应轻拿轻放并苫盖严密，防止遗撒、扬尘。

（6）木工加工房内的锯末随时装袋存放防止扬尘，钢筋加工的铁屑及时清理。

（7）清除建筑物内施工垃圾时必须采用袋装或容器吊运，严禁利用电梯井或从楼内向地面抛撒施工垃圾。

（8）施工现场的材料存放区、大范围存放区等场地必须平整坚实。并作一定的排水坡。

（9）使用商品混凝土和预拌砂浆，禁止现场自拌混凝土和自拌砂浆。

（10）回填土施工时，掺拌白灰时禁止抛撒，避免产生扬尘。及时清扫散落在地面上的回填土。

6.8.5 机电安装阶段绿色施工措施

（1）根据施工进度提前做好材料计划，合理安排材料的采购、进场时间和批次，减少库存，材料堆放整齐，一次到位，减少二次搬运。

（2）管道等预留、预埋与结构施工同步。

（3）对钢材等材料堆放搭设防护棚，防止雨水侵蚀。

（4）材料运输工具适宜，装卸方法得当，防止损坏和遗撒。根据现场平面布置情况就近卸载，避免和减少二次搬运。

（5）安全防护设施定型化、工具化、标准化，采用可拆迁、可回收材料。

（6）设备材料包装物及时回收。

（7）现场办公用纸分类摆放，纸张两面使用，废纸回收处理。

（8）制定了满足要求的机械保养制度、限额领料制度、建筑垃圾二次利用制度。

6.8.6 装饰装修阶段绿色施工措施

（1）建筑装饰装修工程进行二次深化设计，做好预留、预埋工作。对地面、墙面及吊顶等板块及预制装饰件提前进行总体排版策划。

（2）脚手架在拆除前，必须先将水平网内、脚手板上的垃圾清理干净，避免扬尘。

（3）对抹灰工程、涂料工程的基层处理、打磨工序等采取淋水降尘，饰面板、轻质隔墙等切割采取封闭措施，避免造成扬尘。

（4）装饰工程各类板材、支架等在工厂定制，施工现场纮装减少现场制作。

（5）在高处进行电焊作业时采取遮挡措施，避免电弧光外泄。

（6）施工现场进行机械剔凿作业时，作业面局部应遮挡、掩盖或采取水淋等降尘措施。

（7）建筑物内施工垃圾的清运，必须采用相应容器或管道运输，严禁凌空抛掷。装修工程每道工序完成后要及时清理现场，垃圾装袋清运。现场垃圾点用密目网覆盖。安装施工单位在墙上凿洞时，提前洒水润湿墙面，并在施工现场备水，有扬尘时及时洒水除尘。工程全部完工清理房间前应洒水后进行清扫。

（8）制定并实施施工场地废弃物管理计划。分类处理现场垃圾，根据可回收及不可回收建立垃圾房、分离可回收利用的施工废弃物，将其直接应用于工程。如将发废弃的混凝土经破碎、筛分、清洗后用于拌制新混凝土的骨料，不仅用于配筋混凝土，还可以用于加工各种轻型砌块和路面砖，也可直接用于房屋间建筑及道路的垫层或经筛分后作为道路的基层骨料。

（9）建筑余料合理使用：剩余混凝土穿插制作过梁、窗口预制块、沟盖板、可周转的道路。

（10）混凝土砌块、砂加气混凝土砌块、陶砾砌块、炉渣砌块等材料的碎渣用于制作幕墙埋件的预制块。

6.8.7　室外工程阶段绿色施工措施

（1）施工现场加工场区、材料堆场及消防通道均进行硬化处理。

（2）裸露的地面、集中堆放土方采取控制扬尘措施，采用临时绿化、覆盖、喷淋等措施。

（3）对易产生扬尘的堆放材料采取围挡、密网覆盖、封闭等措施，对粉末状等细颗粒材料进行封闭存放。

（4）现场设置标准化垃圾回收桶。

（5）现场危险设备、地段、有毒有害物品必须设置醒目的安全标志。

（6）厕所、卫生设施、排水沟等地带定期进行消毒。

（7）避免或减少施工过程中光污染，电焊作业采取遮挡措施，避免电焊弧光外泄。

6.9　BIM在施工阶段的应用

本项目从施工场地规划、施工深化设计、施工方案模拟、施工进度管理、材料与设备管理、质量与安全管理几方面运用BIM技术助力施工精细化管理全过程。

6.9.1 BIM实施目标

在工程施工阶段应用BIM技术，发挥BIM三维可视化、虚拟仿真、信息协同等功能，实施施工总承包BIM管理，加强项目策划能力，提高信息沟通效率，增强项目过程管控能力，提升项目精细化管理水平，实现实体工程和数字工程的同步验收，发挥BIM技术辅助施工全过程精细化管理，为项目创优创效（表6-1）。

BIM实施目标及内容 表6-1

序号	实施阶段	BIM实施目标	BIM实施内容
1	项目策划阶段	BIM管理体系	根据项目特点，制定BIM实施组织架构、工作计划、各方岗位职责与工作制度等
		BIM实施方案	梳理项目工作流程，制定BIM工作流程图，明确工作关系，编制落实实施方案
2	项目实施阶段	施工场地规划	绘制各阶段三维场地布置模型，结合施工组织设计，动态三维布置辅助判断现场平面布置合理性
		施工深化设计	全专业开展模型深化工作，达到指导现场施工需求
		施工方案模拟	基于BIM可视化特点，进行施工方案模拟仿真，及时发现问题，优化施工方案
		施工进度模拟	工序模拟，施工进度模拟检查计划合理性，与真实进度直观对比，及时纠偏
		设备和材料管理	基于二维码技术进行设备和材料的过程信息管理
		质量与安全管理	基于BIM5D平台进行质量安全数字化管理，实现问题可追溯

6.9.2 项目BIM实施流程

围绕BIM实施目标，本项目BIM应用管理及人员组织架构采用PDCA的形式执行，明确各职能部门分工以及项目实施流程。确保BIM技术应用的落地。以BIM技术应用为主线，围绕生产要素将集团各职能部门与项目部联系起来，进行PDCA模式下的循环管控，实现基于BIM技术的全专业深化、全过程管控。

根据项目具体应用点，完整策划项目各应用点实施流程，明确BIM中心、项目部、经营部、工程部、安装部以及质量安全部各方主要职能，保障BIM应用顺利实施。基于项目实施流程，项目团队能够据此顺利地将BIM融入项目管理工作中，全面落实BIM成果，实现基于BIM技术的信息化项目管理模式，为项目提质增效。

6.9.3 BIM的阶段中分别实施

针对地下室施工、主体结构施工和装饰装修不同阶段施工特点，规划不同阶段的场地布置。对场布模型进行模拟分析，以便于施工和保障安全为原则，校核场地布置的合理性、科学性，找出施工过程中的不利因素。模拟安拆时间，保证现场运输道路通畅，方便施工人员的管理。根据模拟分析发现的问题，对各施工方案及场地布置方案进行优化，包括道路规划、临水临电布置以及施工区、办公区、生活区布置等方案内容，及时调整施工场地布置方案，实现对施工场地布置的动态控制。确定最优方案后，完成场布平面图以及三位布置图出图。

1. 地下室施工阶段

地下室阶段，充分发挥机械施工优势，大幅度提高施工生产效率，统筹安排修筑坚固便捷的施工通道，沿道路敷设临时水电管线和排水管线，根据企业标准化临建构件库，合理布置办公区、生活区建筑以及施工场地钢筋、模板等生产设施、仓库、机电设备制作场地、主楼东侧和西侧主干道边上设置4个预拌砂浆供应站，最大限度保证现场内机械的畅通、高效运行。

根据施工区域范围以及塔式起重机作业安全距离的要求，根据实际工作面模拟布置塔式起重机，基于不断的模拟布置以及方案优化，最终选择在门急诊住院综合楼计划设4台塔式起重机（图6-1）。

2. 结构施工阶段

考虑施工需求，决定增设一个塔式起重机，模拟群塔之间协作工作情况，避免塔吊间冲突，最终确定在科研综合楼报告厅前增设塔式起重机；布置钢筋、模板、钢管等现场加工、组装及堆放场地，保证大宗材料进场、贮存、加工。充分考虑现场使用情况，减少二次搬运。

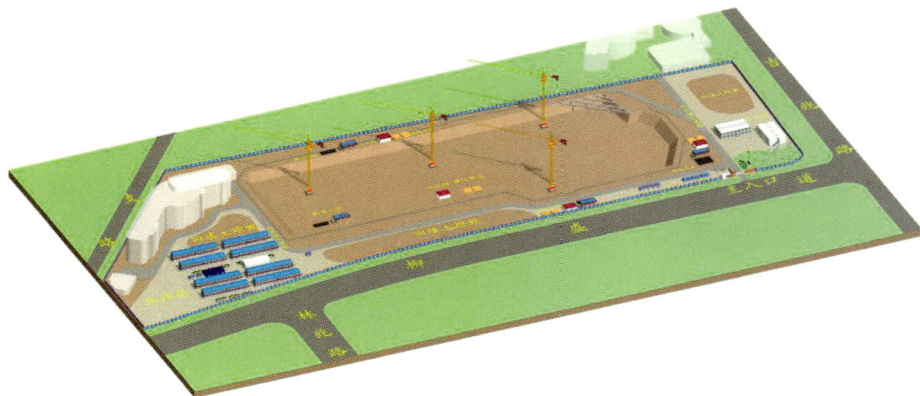

图6-1　地下室施工阶段场布

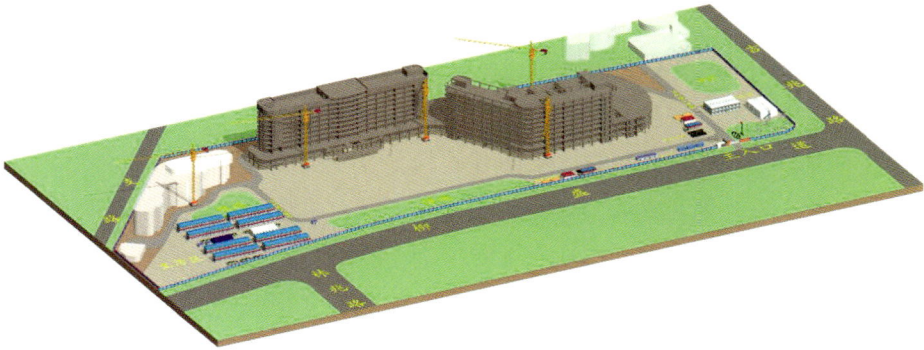

图6-2 结构施工阶段场布

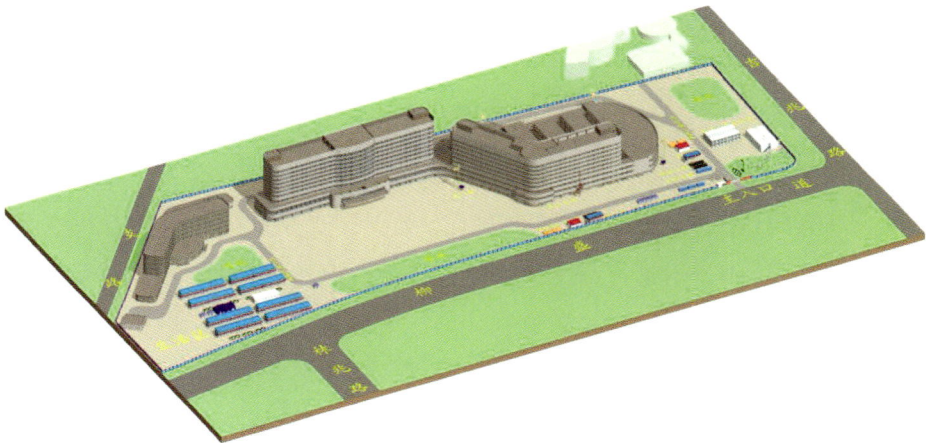

图6-3 装饰装修阶段

结构施工阶段需要连续进行混凝土浇筑，布置充分空间的工作界面，保证混凝土泵车和混凝土运输罐车的合理有序高效运转。同时，布置各施工作业面，保证场内运输机械翻斗车、叉车、汽车式起重机的正常运行。模拟结构施工，有效分析车辆运输路线的合理性，优化施工方案，提高施工效率（图6-2）。

3. 装修阶段

在装修阶段，建筑装修材料的品种数量大大增多，考虑方便运输，场外材料的贮存尽量靠近垂直运输设备。模拟物资运输路线和存放点，保证室内材料的贮存不影响施工作业面的大面积展开。在C区东南角处增设材料仓库，在C区东北角处增设危险品材料仓库（图6-3）。

基于BIM的三维场地布置，能有效地避免材料乱放、机械设备安装妨碍施工等情况的发生。其次，能够有效地控制现场施工效率，避免产生大量的二次搬运，在施工现场合理的布置并结合施工进度，进行合理的材料堆放，减少由于二次搬运而产生的施工时间浪费。依托BIM技术，设置施工车辆和机械的进场路径，进行车辆路线模拟，确保施工设备在进场过程中不出现任何问题。

在最大限度地满足各专业需求的同时，营造一个现场标识标准化、材料码放整齐化、安全设施规范化、生活设施整平化、施工行为文明化、工作生产秩序化的施工环境。做到统筹全局，精准把控，合理优化，确保施工过程效益最大化。

6.9.4 运用BIM进行深化工程设计

根据项目特点及现场实际施工需求，BIM共辅助完成了包括高支模深化、砌体深化、管线深化以及幕墙深化等深化工作，确保顺利、高效施工，提升工作效率，提升施工质量。

1. 高支模深化设计

门诊大厅高度达15.6m，长41.4m，宽19.4m，空间高，跨度大，混凝土结构支模架高，高支模区域施工安全控制难度大。为保证支撑系统的承载力和整体稳定性，本工程应用BIM技术进行高支模深化设计，根据相关材料创建BIM模型，依据模板支模架形式等相关参数的设置进行计算，生成受力计算书。进行方案模拟，统计模架工程量。

BIM技术为高支模深化设计提供了极大的便利条件，在具体的施工过程中，基于BIM模型，能够实现对各个部位的应力点进行科学控制，出具受力计算书，为项目提供基础数据支撑。同时，BIM技术能够实现对高支模施工全过程的模拟，发现施工设计方案中的不足并进行方案优化。基于模型出具工程量，导出明细表即可直接看到模架体系的工程材料用量（图6-4）。

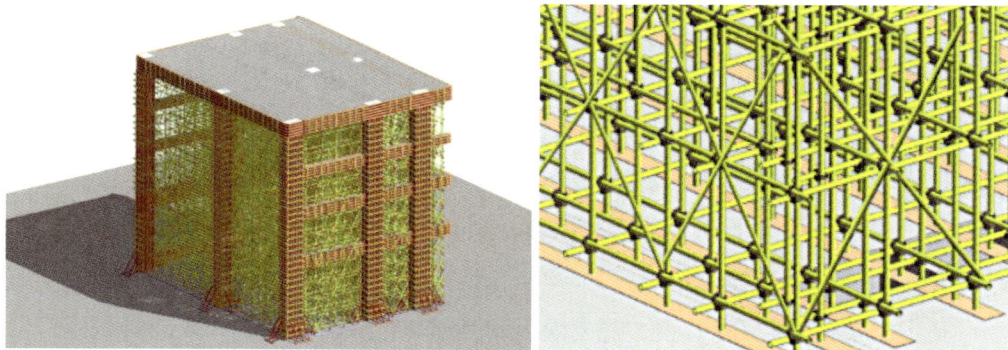

图6-4 高支模深化模型

通过利用BIM辅助高支模深化，基于BIM模型进行高支模梁、板的模板进行受力安全验算，检验设计参数，生成计算书，为编写高支模施工方案提供可靠技术数据支持。基于施工方案模拟，使方案编写人员及时详尽审查出方案缺陷；可以对其支撑体系进行优化，优化高支模施工整体结构，提高高支模的施工质量和安全性。

2. 砌体深化

按照规范要求及现场情况，对砌体工程的每面墙体进行模型创建以及构造柱的添加，完成砌体排布。深化后的模型与机电模型进行碰撞检查，实施模型校核、优化。根据优化后的模型完成工程量统计工作，生成砌体排版图，指导现场施工。

BIM辅助二次砌体排版时，按照规范要求及现场情况精确布置构造柱、圈梁、过梁等构件，核对机电专业预留洞位置；为便于施工且提高二程质量，优化局部构造柱施工工序为一次浇筑。最后导出砌体排布图并统计材料量单。

项目利用BIM技术辅助完成砌体排板深，节约技术人员大量时间和精力进行三维的砌块排布，降低砌体排板对技术人员自身的经验和空间想象能力的要求，提高对不同层次施工人员的交底质量，避免了二次开洞和错留预留洞的封堵造成的材料及工期的浪费。同时为限额领料提供精确的数据支撑，避免二次搬运。不仅提高施工效率和施工质量，也提高砌体工程施工的精细化管理水平（图6-5）。

图6-5 排板深化过程

3. 管综深化设计

本项目机电管线涉及专业系统众多，包含给水排水系统、消防系统、通风与空调系统、建筑电气，以及涵盖灯光智能控制系统、触摸屏控制系统、通信系统、病房叫号系统、综合布线系统在内的智慧建筑系统，包括气动物流系统、医疗氧气、压缩空气和真空吸引系统、净化手术室系统在内的医疗系统共计约50个子系统。

（1）施工前期阶段

项目管线复杂、交叉繁多，如果缺乏统一规划和空间合理分配，在现场施工中必定会造成预留孔洞不适用、管线布置方面的冲突，导致后期土建大量封堵预留孔和重新开孔、管线安装高度过低影响精装吊顶标高等问题。

应用BIM技术进行管线综合布置，通过软件碰撞检测功能找到机电专业之间以及与土建专业之间存在的碰撞点。提出优化建议，经各参建方协调统一后进行施工，减少因碰撞冲突造成返工，加快施工进度和流程。整体控制施工质量与安装效率（图6-6）。

（2）预留预埋阶段

管道经过综合排布深化后，确定管道坐标、标高及走向，依据设计规范、施工验收规范，运用三维模型校核图纸一次结构预留洞位置及标高，及时发现不合理之处，与设计进行有效沟通，进行管线优化并调整结构洞位置，确认无误后，运用相

图6-6 管综深化设计

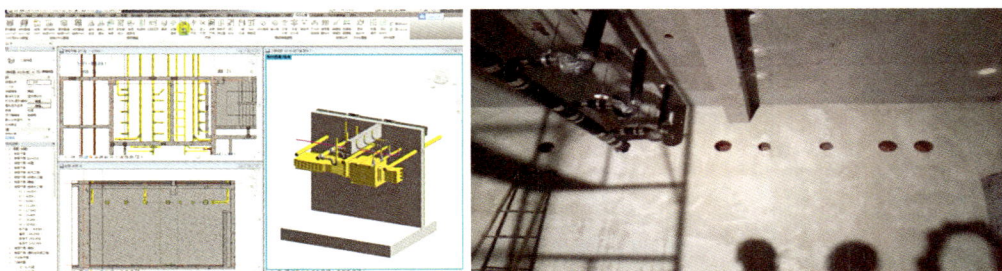

图6-7　结构预留洞

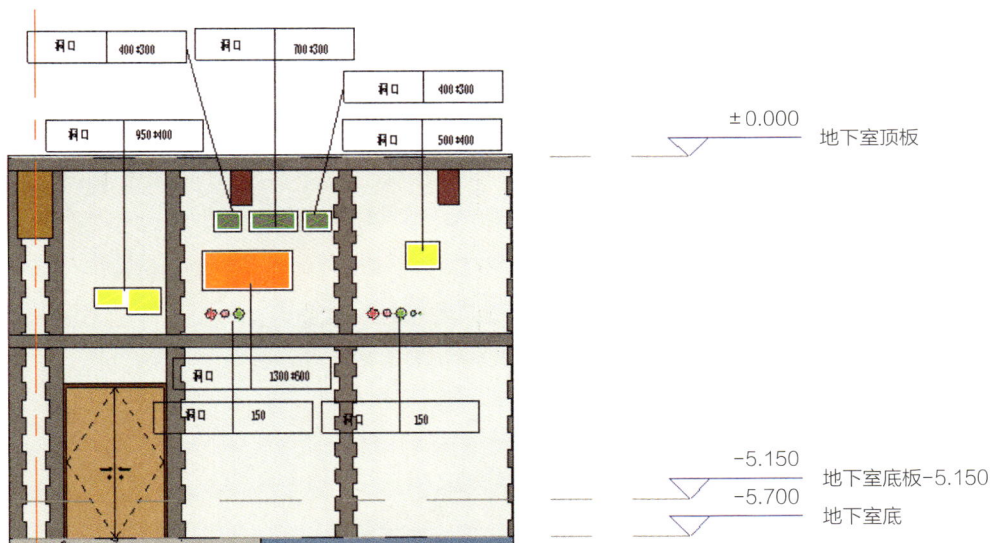

图6-8　二次结构预留洞

关工具在模型中开洞。剖面标注预留洞尺寸、标高、定位等信息，最终交付现场进行预留预埋工作（图6-7）。

确定最终净高后，结合现场实际情况对机电专业模型进行最终深化调整，并出具二次结构墙体预留洞图，土建专业根据图纸在二次结构砌筑过程中预留墙体洞口（图6-8）。

（3）管线设备安装阶段

基于BIM模型，辅助现场管线安装以及机房深化工作。本项目机电工程涵盖暖通、给水排水、电气、消防等专业。管综深化完成后，对模型进行精细化出图，应用到现场施工。本项目共计出图95张，包括平面图50张、剖面详图30张、节点三维图15张。

　　机房深化前安装及检修空间狭窄，排水沟分支较多，在主体结构施工前利用BIM技术对机房设备定位及集水坑位置进行优化，使得排水沟总长度减少6.7m，机房人行通道宽度较之前增加0.8m，满足了检修空间及安装空间的要求（图6-9）。

　　在机房深化阶段，调整阀门仪表安装间距，当公称尺寸大于或等于150mm时，直管段上两对接焊口中心面间的距离不小于150mm；水泵吸入口应做管顶上平偏心变径及水泵吸入口处有不小于2倍管径的直管段，吸入口不应直接安装弯头等方面进行深化调整，使其符合施工验收规范要求（图6-10）。

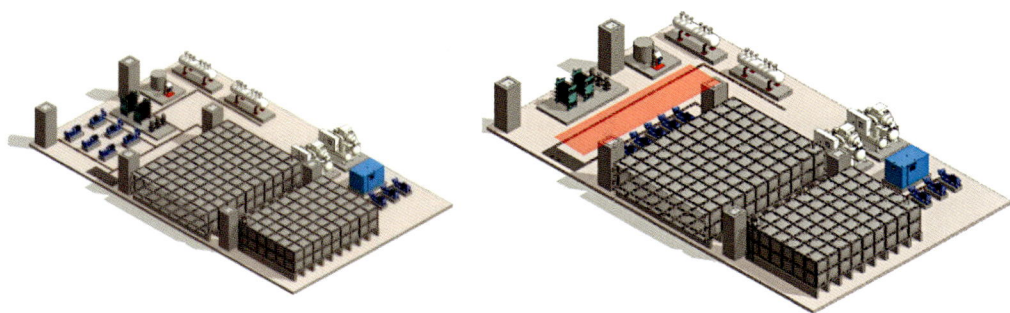

图6-9　深化前后设备位置

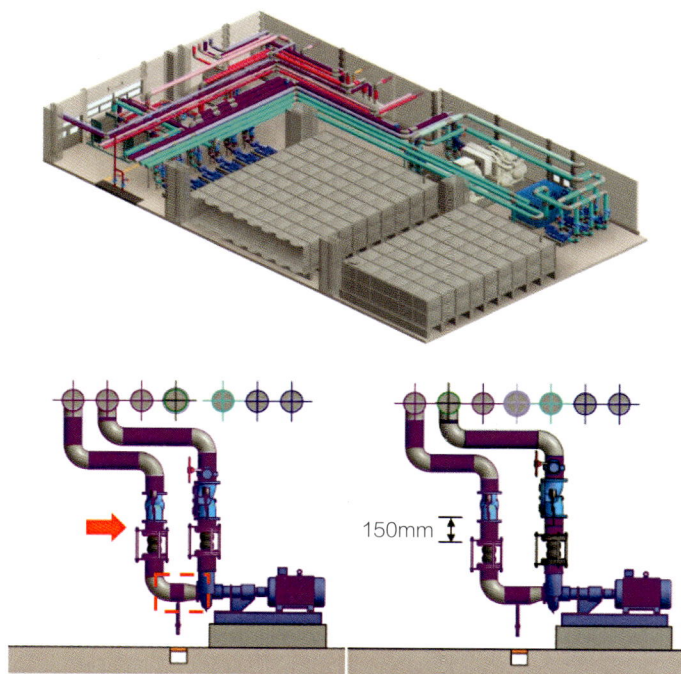

150mm

图6-10　深化前后设备位置

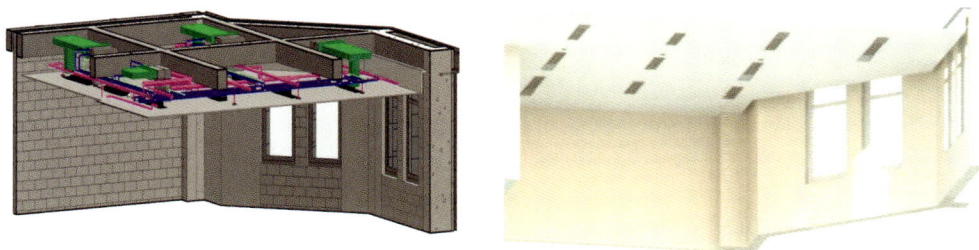

图6-11 精装点位优化

（4）装修配合阶段

将精装修BIM模型整合至项目整体模型中，对精装吊顶造型与机电管线安装空间进行校核，提出不利点进行可视论证，基于BIM模型进行风口、喷淋头、灯具、开关、插座、末端设备、附件等的安装定位。二层大会议室，原机电设计方案及初版精装吊顶布置方案无法满足施工要求。与机电、精装设计师协调，经BIM重新深化设计，优化设计方案实现功能与美观的兼顾（图6-11）。

传统施工中，除暖通，给水排水等主要专业外，其余专业整体统筹规划性极弱，各自为战，后续返工与修补情况常见，不仅造成极大浪费，同时也影响工程质量。通过BIM模型进行管线调整，整体考虑所有安装专业的管线排布，在满足施工强制性规范要求的前提下，保证项目的使用功能得以最大化实现，避免因管道排布不合理，导致达不到的设计效果或影响管线排布的美观性与艺术性。

（5）幕墙安装阶段深化

项目外檐由流线型铝板幕墙曲面玻璃幕墙层叠而成，玻璃幕墙造型复杂，施工难度高。建筑外檐幕墙呈流线型，多处存在曲面幕墙，正常排板、对缝难度较大，运用BIM技术对门诊主入口以及住院部转角部位大直径玻璃幕墙弧形面进行深化。深化后的模型进行排板优化及幕墙安装工艺模拟，保证幕墙安装质量。

进行幕墙安装工艺模拟，模拟幕墙安装包括插芯、主龙骨连接件安装、预埋件、竖向横向龙骨安装、防火隔热处理、衬板安装、玻璃面板安装以及泡沫棒填塞、打胶、安装纱窗等全过程施工顺序。控制要点，将重要工序、流程、细部节点做法等用直观的三维模型体现出来，制作成清晰明确的施工模拟动画，简化并加深了技术人员对相关安装过程的理解，保证了板材对缝、整体美观，保证异形幕墙的安装质量。

BIM技术辅助幕墙深化，极大程度保证施工质量。项目完成后62 000m²流线型铝板幕墙与玻璃幕墙环型流畅，平整洁净，铝板与玻璃分格一致。门诊主入口直

图6-12 幕墙深化实施过程

径108.3m圆形玻璃幕墙弧面过渡圆顺。住院部转角直径27.7m弧形幕墙曲面光滑圆顺，节点拼缝精美。BIM辅助幕墙深化，保证幕墙施工一次成优（图6–12）。

6.9.5 施工方案模拟

基于BIM可视化和模拟性特点，本项目着重从深基坑施工方案模拟，预制箍筋筒安装梁柱节点钢筋方案模拟，以及装饰装修方案比选三方面进行施工方案模拟。

1. 深基坑施工方案模拟

本工程基坑大致呈长方形，长328m，宽129m，基坑底面积约21 000m²，基坑最大开挖深度达7.6m，土方开挖量达24.6万m³，地质条件复杂，施工难度大。根据项目特点编制基坑支护方案，依照项目关键控制点，进行深基坑施工方案模拟。附以BIM三维扫描技术，加强基坑监测，确保基坑施工安全。

2. 预制箍筋筒安装梁柱节点钢筋方案模拟

在复杂节点处（如梁柱节点），除箍筋外最多可达50根直径为25mm的梁纵筋相互交错绑扎，既要满足钢筋在该节点处的锚固要求，符合图集规范，同时确保现场钢筋绑扎施工时的顺利进行。若在施工前期工序安排不合理、交底不到位会容易发生返工、材料浪费现象的发生。公司创新基于BIM的可视化原则，模拟预制钢筋筒安装梁柱节点施工过程，合理安排预制箍筋筒—临时固定箍筋筒—架空绑扎梁体钢

图6-13 预制箍筋筒安装柱梁节点钢筋方案模拟

筋—同步下落就位全过程施工工序，对现场施工班组进行可视化交底，交底清晰、明了，极大程度提高了梁柱节点核心区箍筋施工效率，提高施工质量（图6-13）。

3. 装饰装修方案模拟

结合设计装修方案，运用BIM技术模拟出装修效果，本项目共完成室内两版装修方案BIM模型创建，通过装修三维模型，更加直观反映装修设计效果，便于装修方案的调整与确定，提高工作效率，节约时间（图6-14）。

预先规划卫生间等部位的排板工作，以尽量使用整砖为原则，同时可通过微调墙体的位置、尺寸的方法，确保地砖、墙砖三维对缝；精确布置灯具、检修口及换气扇位置，保证完工后的美观性；排版工作完成并经审核后，导出卫生间施工排板图，发送项目部，作为施工人员的施工依据（图6-15）。

基于BIM的施工方案模拟不仅可以检查和比较不同施工方案、优化施工工序，还可以提高作业人员技术交底的效果。整个模拟过程还包括了施工工序、施工方法、设备调用、资源配置等。通过模拟，可发现不合理的施工程序、安全隐患以及施工作业空间不充分等问题，也可以及时更新施工方案，以解决相关问题。施工方案模拟过程，也是不断优化方案的过程，提前发现施工过程可能遇到的问题，降低不必要的返工成本，降低资源浪费和施工安全问题。同时，施工模拟为项目各参建方提供沟通协作的平台，提高工作效率，节省沟通成本。

除此以外，BIM技术在本工程项目形象进度，工程质量安全生产以及材料供给管理等方面得到大量的推广应用，为工程优质高速发挥了重大积极作用。

图6-14　装饰装修方案模拟

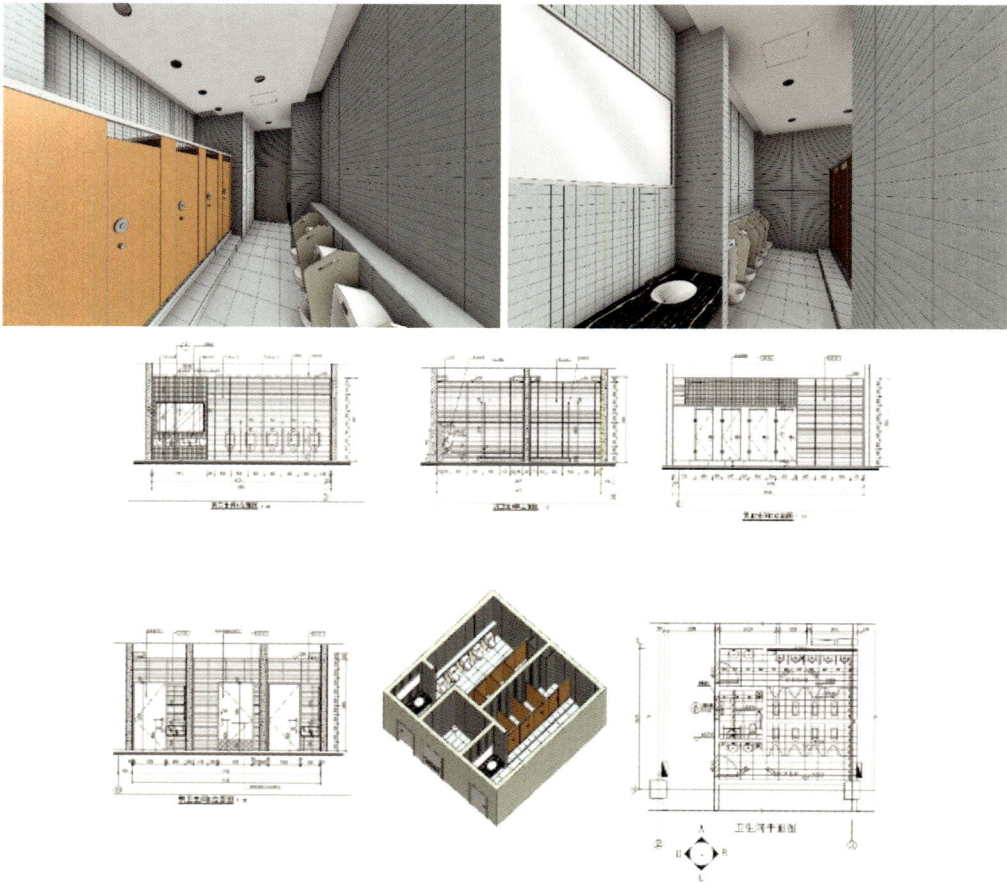

图6-15　装饰装修排砖方案模拟

第7章

绿色数智化示范建筑产业园的打造

改革开放40年，建筑业是中国发展最快的产业之一，从业人数占全国从业人数的7.01%，增加值占GDP的比重从40年前的3.8%，增长到2019年的7.16%，税收年均增速达23.2%。建筑业的发展，不仅改善了人民的居住条件，为农村剩余劳力提供了大量就业机会，增加了农民收入，也带动了整个建筑产业链的发展。上饶市建筑业从业人员在全省名列前茅，全市建筑施工类企业1 782家，其中特级企业2家、一级企业73家、二级企业434家、三级企业688家、不分等级（劳务等）585家。2019年，建筑业总产值过千亿元。还有广丰挖掘机、玉山家居、德兴窗帘的市场份额都在全国领先。然而，上饶建筑业由于整体发展模式粗放、工业化、信息化水平偏低，管理手段落后，科技创新能力薄弱，企业高素质复合型人才缺乏，导致"各自为战"普遍，"大而不强"明显。以民营性质为主的上饶建筑业，虽然机制较为灵活，但想跨越"市场的冰山、融资的高山、转型的火山"这三座大山，尤为艰难。在数字经济迅猛发展的今天，如何通过科技创新，促进传统建筑业的转型升级，逐步走上一条绿色施工、智慧建造的工业化发展道路，是建筑企业家们必须思考的问题。打造一个建筑产业绿色数智化创新园区，让建筑施工企业以及建筑产业链上下游企业集聚在一起，抱团取暖、信息共享、共同发展，使之成为未来的"建筑产业新引擎、大美上饶新动能"，成了上饶建筑科技产业园的使命担当。

7.1　打造创新平台，助推转型升级

上饶市位于闽浙赣皖四省交界区域中心，是目前全国唯一的十字骑跨式高铁枢纽地级城市，每日停靠列车305趟，从上饶出行，三小时可走遍大半个中国，交通

十分便捷。

在中共上饶市委、上饶市人民政府的鼎力支持下，由宏盛建业投资集团投资18亿元人民币倾情打造的中国（上饶）建筑科技产业园，位于上饶市凤凰大道与站前大道交会处的高铁经济试验区核心区内，又称"建业硅谷"。该项目占地220亩，建筑总面积45万m^2。项目由英国"杰典"和中国"瑞林"公司按照绿建标准联合设计，建成后，将是华东地区首屈一指的全智能覆盖、实行垂直绿化的空中花园。为了把上饶建筑科技产业园打造成中国首个建筑产业绿色数智化园区，引领建筑产业聚集与助推建筑产业转型升级，园区已建立了一套"一核两擎八服务"的服务体系。"一核"，即以产业园为核心。"两擎"，即依靠产业优化和智慧引领两大引擎。"八服务"，即前瞻资讯、政府支持、会展经济、供给资源配置、产业工人培训、综合金融、智慧数字和全球推介。园区分三期建设，一期总部经济园，建筑面积15万m^2，内有两栋97m高的标志性双子楼，16个企业独栋；二期数字科技园，建筑面积17万m^2，内有人才公寓、企业独栋、科研基地等业态；三期商贸服务园，建筑面积12.8万m^2，内有会展中心、建材和建筑设备展销、酒店等配套设施。目前，正在建设的一期总部经济园，2019年10月已封顶，2020年底完成外装饰和全部景观绿化并投入使用。

根据规划，该项目仅智慧园区建设一项一期投入就超过5 000万元。建成后，以新一代信息技术和智慧应用为支撑，在信息全面感知和互联的基础上，整合各种资源，实现人、物、园区功能、系统之间无缝链接与协同联动，从而对公共安全、环保、商务保障、物业管理等需求做出智能响应，形成具有安全、便捷、高效、绿色的园区形态，使园区管理服务高效便捷化、基础设施网络化、开发管理信息化、功能服务精细化和产业发展智能化。在智慧管理和产业运营方面，园区还将整合智能设备、物联网、BIM、云计算、人工智能算法等先进技术，通过4+1即"四平台一中心"，打造一个融合市场、研究、金融、科技数字化为一体的建筑产业链生态圈。

7.2 坚持"绿色"，运用"智慧"，树立施工标杆

传统建筑业耗能高、污染重，建筑垃圾严重影响了环境卫生质量，威胁着人民群众的身体健康，浪费了大量资源。建筑工地的扬尘污染、噪声污染，也经常导致

扰民索赔事件不断。据有关资料显示，我国每年垃圾堆放占地82万亩，其中建筑垃圾数量占城市垃圾总量的30%~40%。坚持绿色施工、智慧建造，建设一个高标准的建筑科技产业园，不仅在建筑施工方面能起到示范作用，更有利于促进建筑业的转型升级，提升建筑业科技水平和管理水平，提高建筑业从业人员的素质，推进节能减排和生态环境保护，促进建筑业的可持续发展。

产业园项目施工目标定位是"确保省优，力创鲁班奖"。该项目开工前，宏盛建业投资集团公司和上饶建筑科技产业园项目部专门成立了绿色施工和质量攻坚领导小组，依据"四节一环保"要求和争创目标，对各阶段的施工要求进行了精心的策划，编制了《绿色施工策划方案》与《企业绿色施工标准》，从成本控制、工程质量、施工安全、环境保护等方面都制定了周密得力的措施，责任细分到人。在施工过程中，项目管理团队通过请进来培训、走出去学习的办法，不断提高施工技能与管理水平，并阶段性组织工人进行培训。通过技术及管理创新，确保项目绿色施工和质量安全创优目标。在项目前期策划过程中，整个场地利用BIM技术进行整体布置，以达到节地及场地整体功能性要求，并随着施工进度进行阶段性优化调整。

项目结合市场需求，集团还专门拨款自行研发一套垃圾垂直运输体系，以控制楼层垃圾清运产生的扬尘。为了有效节约项目市政用水，还设置了雨水回收及中水利用系统。为控制进出车辆扬尘及场地内泥土带出施工现场的发生，在项目进出大门设置了车辆冲洗装置。项目围墙及塔式起重机上，设置了喷淋系统与场地内扬尘监控仪进行联动，以控制场地内扬尘。为达到节材目标，项目所有临时办公、生活区均采用可周转活动板房，所有室内照明设备均采用LED节能灯，室外公共照明均采用太阳能、风能路灯。其中《一种用于施工过程的安全环保限尘系统》和《一种用于施工现场收集建筑垃圾的装置》均获得国家发明专利（专利号分别是：ZL.2018 2 0734089.8 和 ZL.2018 2 0733789.5）。2020年1月《建筑垃圾垂直输送系统的施工工法》获批为江西省省级工法。

为减少地下室基础开挖方量，保证地下室净空高度，采月空心楼板设计，有效减少整体基础开挖深度50cm。为有效控制主材及周转材料的使用量，项目梁、柱主筋采用直螺纹连接技术，有效保证钢筋连接的可靠性，节约了搭接材料。剩余余料根据使用部位不同采用闪光对焊及利用多余余料制作钢筋马凳、定位箍及水沟盖板零星预制构件等。该项目还利用BIM技术对楼层模板和楼层砌体进行整体排布，计算楼层砌体总量及裁砖尺寸，并下发裁板图到班组，避免了现场模板随意拼接及裁剪造成的浪费，有效节省了周转材料的使用量。该项目将BIM技术应用于高大复杂施工外架的搭设并取得成功的做法，也为全国首创。更让人赞叹的是，该项目自2017年5月1日开始施工以来，除了开挖地下室余土外运，整个工地的建筑垃圾全部内部消化处理，没有一车外运。他们还计划新购置一台建筑垃圾回收再利用设备，所有的建筑垃圾通过粉碎挤压成再生环保透水砖重新利用。

铸精品工程，创美好生活，是宏盛人的核心价值观。在上级建设主管部门的精心指导下，产业园区坚决贯彻执行国家法律、法规及行业主管部门相关规定和强制性标准，遵守《建设工程质量管理条例》，在严格按图施工、"四节一环保"和确保工程质量方面做出了突出成绩，深受业内好评，被评为"江西省安全生产标准化示范工地"。2018年9月28日，全省建筑工程质量安全提升暨智慧工地现场推进会在此举行。2019年4月17—19日，中国建筑业协会在此举办了"全国绿色施工现场观摩会"。

7.3 数智化园区建设，力争全国创新示范

依托江西省雄厚的产业基础，智慧城市建设、政府治理能力提升为契机，产业园区以大数据技术为手段，促进建筑业企业经济转型升级和提质增效，培育建筑业新兴产业和新业态，通过建设并整合"设备网""业务网""安全网"数据资源，实现具有交互共享、便民惠企、融合聚集功能的江西上饶建筑业综合大数据平台。

产业园区建设措施分为三个部分：楼宇智能化及园区楼外公共场所智能平台建设；物业管理等园区内部协同信息化建设；产业园区对内、对外（"八服务"等需求）提供的SaaS（软件即服务）层应用、服务建设。

楼宇智能化及园区楼外公共场所智能平台建设：主要是通过对整个园区布设的各种传感器/传感网、视频监控器、门禁管理系统、智能移动终端、停车管理系统、楼宇自动控制系统、能源监测系统、能源管理系统、污水监测处理系统、大气环境监测系统等信息设备系统建设，完成对整个园区生产场地、建筑物、道路、车辆、公共场所、市政基础设施、环境等信息的数据采集，为园区管理及智慧应用提供广泛而坚实的数据基础。目前该平台及系统硬件部分正在紧张的施工建设中，施工建设方主要为浙江邮电工程建设有限公司及霍尼韦尔（天津）有限公司。

物业管理等园区内部协同信息化建设：以集约化、可视化的园区物业管理平台为载体，采用 3D 游戏引擎开发，建立 1∶1 高仿真建筑模型，同时导入各机电系

统、智能化弱电系统的设备模型、位置信息、运行状态、故障信息、报警信息等多项数据，无缝集成对接园区的视频监控、水电传感、环境监测、管网监测、设备远程监测、消防人防感应监测、物品射频扫描等设备终端，对园区的设备自动化数据、环境数据、管网运作数据、人流数据、安全数据、视频通信数据等进行全方位、实时可视化管理，对园区的安全、环保、能源、物流、地理信息以及公共服务等做出准确、高效的智能响应，从而提高园区管理效率，降低园区运营成本。

产业园区对内、对外（"八服务"等需求）提供的SaaS（软件即服务）层应用、服务建设：对内，主要以基于云计算的园区综合服务平台为载体，有效集成和管理园区各类服务资源，统一接入园区各个智能化服务系统，实现跨部门、多专业、综合性的系统集成、协作的关联应用，同时支持对园区管理者、园区企业、个人、园区供应商及其他园区发展相关人士等园区服务主体的功能和接口开放，并结合园区App、微信公众号等移动端，提供"一站式"智能化应用服务，全面营造便捷化、移动化的园区互动服务环境，提升园区整体信息化服务水平与质量。其中，园区管理者依托平台可实现物业服务、招商租赁及其他日常管理、服务功能；园区企业依托平台，可获取数据资源、日常管理、生产经营等多层面、全方位的服务，具体包括政企对接服务、企业资源发布服务、人才服务以及其他企业深度服务。

对外，围绕园区建设的"八服务"等服务体系需求，通过互联网打破信息孤岛，实现数据的互联互通，采用云计算实现各种信息数据库（地理信息库、企业信息库，集采平台信息库等）和园区的主题信息库（如交通数据库，市政数据库、能源数据库等）部署在云计算数据中心，并在云平台上构建目录服务、数据交换等服务，借助SOA（面向服务的架构）技术，实现快速、安全的数据共享，为企业提供政务服务（行政审批、政务咨询、信息发布等）和市政管理服务（交通监控、能源监控、环境监控等）。目前园区和上饶城投集团、上饶市"12+3"区县、市政府将共同筹建上饶建筑集采履约电商平台，建立预选供应商库、建材检测中心、行业服务商库、周转材料物流库等；同时，还将延伸法律服务、财税服务、建材生产、仓储物流、供应链、金融服务及平台垂直相关业务等。由B2B平台逐渐延伸到B2B2C乃至C2C，实现覆盖全端的建筑行业综合电商平台。

争创全国绿色数智化创新示范园区，将有助于建筑科技产业转型与升级；利用物联网、云计算、大数据等先进技术，帮助产业园区打造基础设施高端、运输管理高效、公共服务便捷、可成长、可扩充、面向未来持续发展的智慧化园区平台，构筑园区建设、运营、服务多层次生态链，助力于城市智慧化的发展。

7.4 建设招商两不误，好巢引得凤凰来

上饶建筑科技产业园的高定位、高品质已赢得社会的广泛关注，他们坚持边建设、边招商，截至2020年3月底，签约企业241家，累计创造税收逾4亿元，税收贡献名列上饶高铁经济试验区第一名。2018年10月，省委常委、副省长刘强在上饶市委书记马承祖和市长谢来发的陪同下，亲临上饶建筑科技产业园调研，对把上饶建筑科技产业园建设成为国内首个建筑产业绿色数智化创新园区的定位表示赞赏。2018年12月，江西省第五届世界绿色发展投资贸易博览会上饶分会场在此设立。2019年9月，住房和城乡建设部调研市容环境提升，产业园项目施工现场获得赞赏。2020年7月，中国建设银行江西省分行与产业园区达成深化银企战略合作关系。

千淘万漉虽辛苦，吹尽狂沙始到金。在中共上饶市委、上饶市人民政府和省市直各有关单位的大力支持下，中国（上饶）建筑科技产业园一定能够成为名副其实的"建筑产业新引擎、大美上饶新动能"，实现国内建筑产业绿色数智化创新园区的目标。

第8章

数字化建造与成本管理

随着当下高速发展的社会环境，传统的企业管理模式渐渐不能满足企业管理者的需求，近年来，苏中集团积极探索、主动实践，以数字建造为驱动，与成本管理相结合，打造出数字化管理系统，涵盖了包括基础平台在内的5个母系统、34个子系统、165个子模块，数字化建造用于成本管理成果显著（图8-1）。

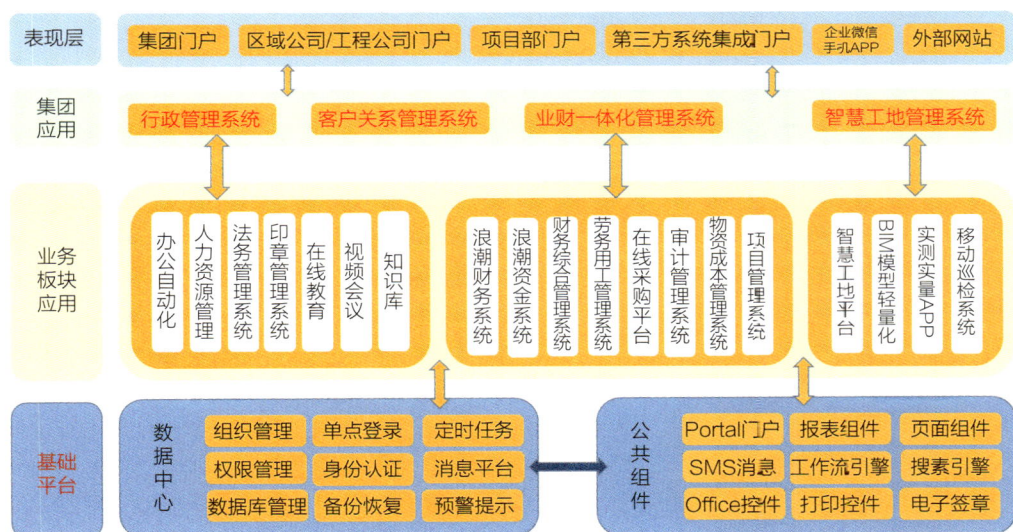

图8-1 数字化管理系统

8.1 数字化建造

为全面推广应用BIM技术，苏中建设打出"组合拳"。由总部职统筹集团BIM

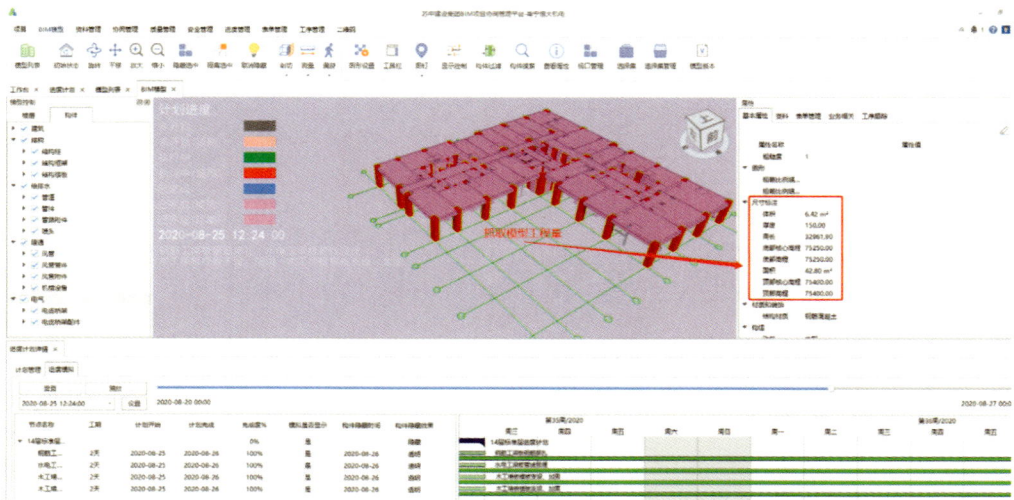

图8-2　BIM技术

技术发展规划、制定标准；设立区域公司BIM专员，从事推广应用，在项目部上具体实施。

通过数字建造与苏中建设自身核心技术的集成应用，我们拥有了地下连续墙、逆做法、滑模、动臂式塔吊安拆、高装配率建筑施工等复杂技术的数字资产。这些数字资产促进了苏中建设技术能力的不断提升，实现了超高层施工技术的跨越式发展。并在海澜财富中心258m、南宁恒大国际中心305m，深圳南门墩超高层群体项目得到应用。

在超高层项目实施过程中，苏中建设凭借BIM轻量化协同管理平台、虚拟建造、三维放线机器人、无人机测量、三维扫描仪等30多项数字建造技术，培养了一批超高层建筑施工管理人才和专业施工队伍（图8-2）。到目前为止，苏中建设已承建超高层项目110多项，总建筑面积约1 600万㎡，其中200m以上超高层项目30多项。

8.2　数字化项目管理

在项目管理数字化方面，苏中建设坚持"外部引进+自主开发"两条腿走路方针，一方面，积极调研、学习、引进各类先进的数字管理技术系统，另一方面，培育自己的数字化研发团队，不断开发适合苏中管理模式的数字化项目管理系统。经过3次重塑和若干次升级，逐步形成了自己的数据中心，涵盖技术质量、安全文明、绿色环保、生产进度、成本财务、现场标化等多维度项目管理数字化系统。

在推广应用中，苏中建设以解决现场实际需求为导向，关注一线实操者的诉求，同一数据绝不两次录入，同时，持续打磨优化软件的易用性、实用性、兼容性，不贪大求快，做到"开发一项—试点一项—优化一项—推广一项—兼容一项"环环相扣，实现技术同根、数据同源、一源多用。

就生产现场而言，从总部到区域公司再到项目部，各层级管理人员都能实时掌握当前在建项目进场人数、在场人数、各工种组成比例、年龄结构、籍贯归属，遇到抢工时，能够实现资源重组和调配。另外，苏中建设自主研发了智慧工地平台，这一平台涵盖了智能会议、AI视频监控、大型机械设备监测、各类重大危险源预警、智慧物料等系统。

8.3 业务财务一体化

2019年，苏中建设全面推行业务财务一体化，将财务账面成本数据与项目成本管理系统数据打通。并将项目CRM信息与目标成本策划相关联，保证项目信息和成本之间的相互联动，拆除隔墙就能发现项目成本是否及时入账以及项目成本节超等情况，当账面成本大于项目实际成本时，财务系统会发出风险提示和预警，物资系统中结算单能自动生成财务凭证；当物资系统中量和价大于目标成本策划的量和价时，系统也会发出预警，要求分析原因或修正目标成本，同时督促相关职能部门和工作人员及时与甲方沟通，调整工程造价（图8-3）。

成本管理借助平台系统大数据的采集和分析，实现企业内部定额指导价数字系统，脱离数据化表格，实现指导价信息化。生成公司内部的企业定额指导价，指导成本策划的目的，特别是投标、结算、签订分供方合同等得到广泛的应用。

业财一体化数据平台从信息建档→成本策划→过程管控→结算管理，实现全过程管控，形成完整闭合的数据链；将物资成本系统与财务系统相关联，实现产值、目标成本、实际成本三大数据分析对比，可形成电子化报表，保证录制数据的真实性及后期扎口数据的准确性。

可以这样说，构建业务财务一体化系统，运用数字技术，实现互联互通，有效控制项目成本，化解风险，确保项目健康运行。

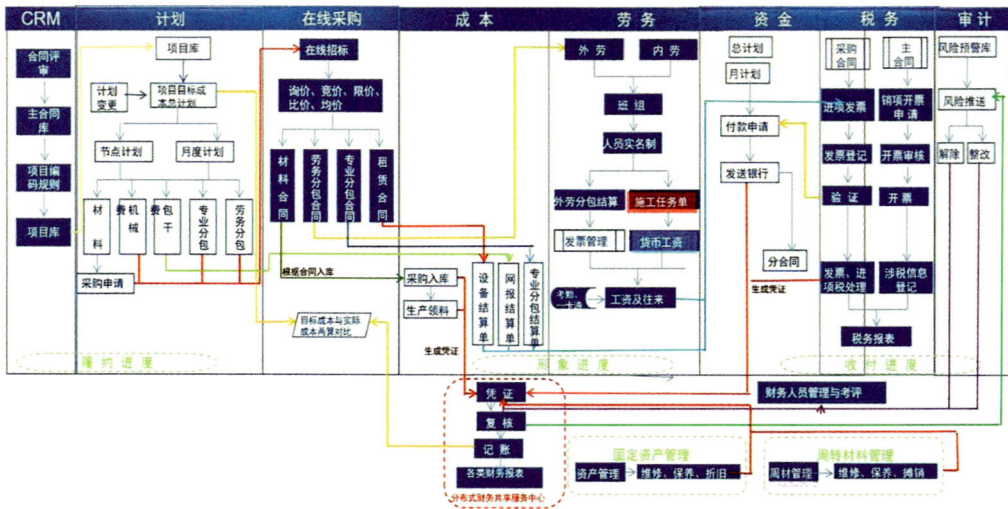

图8-3　业务财务一体化

8.4　数字化物资管控

建筑企业物资品类繁多，为能够有效解决物资管理，公司从过去的电算化到如今通过数字化管理，有效解决了物资管理的物资管控管理与成本数据化关联，主要从六个子系统实现物资成本模块化（图8-4、图8-5）。

（1）采购申请。关联总成本策划及月底计划，通过目标计划将成本控制在范围内，实现限额采购。

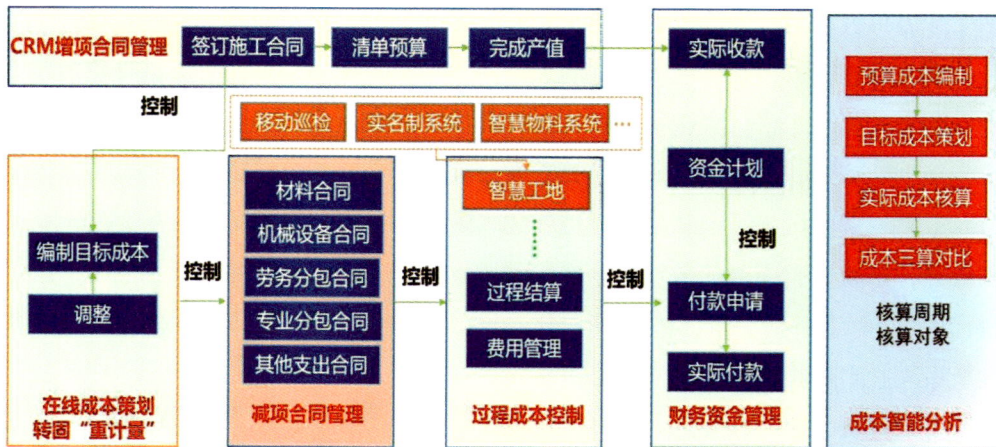

图8-4　物资成本模块化

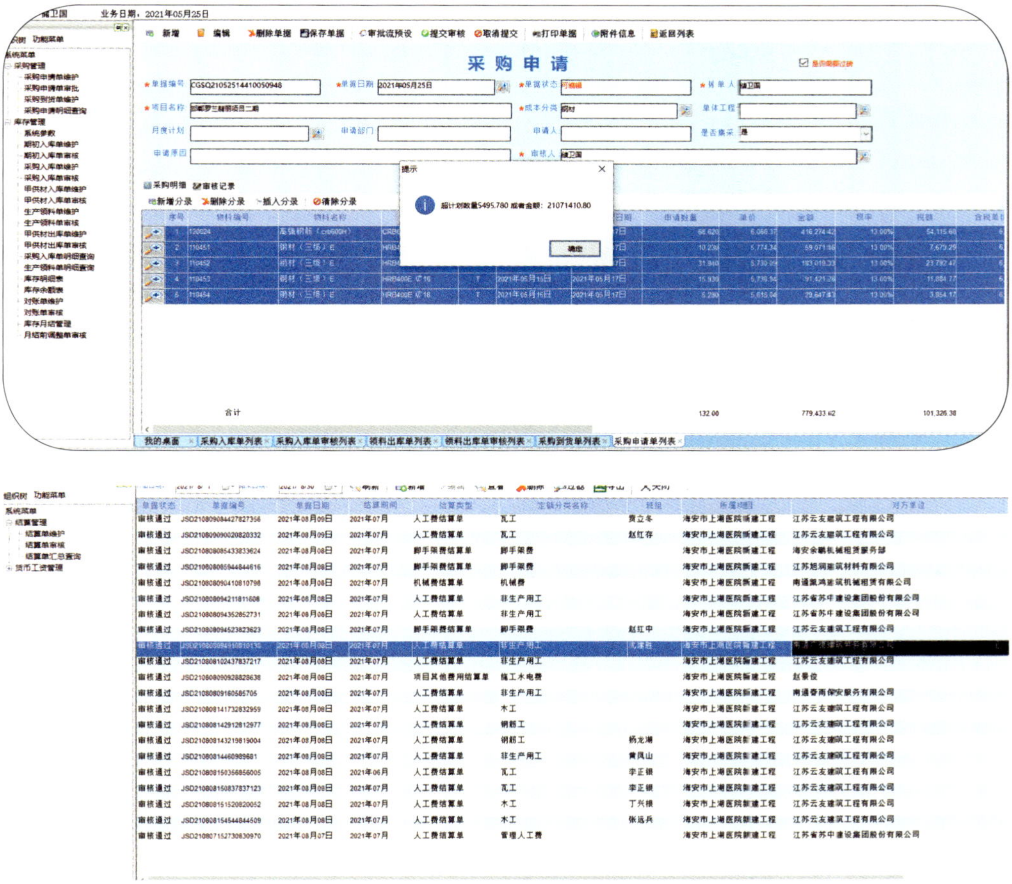

图8-5 数字化物资管控

（2）采购到货。2020年集团新增过磅到货系统自主生成采购到货单，过磅数据自行直接上传系统，作为入库依据。

（3）采购入库。通过关联采购申请和采购到货生成各自供应商的采购入库凭证，入库数量不得超过采购限额；生成凭证推送财务系统，作为结算依据。

（4）生产领料。依据系统实际的入库数量，在根据每次的实际使用情况，编辑生产领料信息，该数据关联月度计划实际成本。

（5）库存余额及月结。根据入库及出库的实际情况生成库存余额，直接反映项目现场整体材料的实际情况，可作为预算、财务考核实际数字化的依据；月结管理信息做到当月账当月清，保证月结完成的数据准确性。

（6）结算单维护。除固定成本其他费用均可以实施结算单数字化维护，结算金额关联总成本策划系统，总成本做到限额。

8.5　供应链金融降成本

积极探索利用供应链金融，实施材料集采，实现降本增效。2016年苏中公司搭建企业级在线采购平台，推进公开化、透明化采购；2021年企业加国企，实现本地人行系统依托苏中建设的"供应链金融"平台，成立南通贸融科技公司，推进数字化采购平台建设。平台的特色和优势有以下三个方面：

（1）技术新。平台实现了信息流、物流、资金流的"三流合一"，是覆盖了数字化采购、数字化增信和数字化监管的全数字化平台。从合同到订单，应用"区块链"技术，建立生态。精心打造与银行对接的"易融达通"接口，以往，一个接口要3个月至6个月的时间，现在，所有接口加起来只要两三天，效率大幅提升。

（2）生态好。平台能为施工企业提供大量优秀供应商和优秀金融机构，同时，通过"易融达通"一个接口，金融机构直接能对接大量优质客户。目前，已有几家金融机构入驻平台，有金融机构借助平台，推出了首创的金融产品，先票后贷变成先贷后票，放款时间从t+10到t+0，甚至衍生出订单融资t−1的预付方式，大幅降低了采购成本。

（3）政策佳。政府拿出专项财政性资金，出台专门扶持政策，为上链企业、金融机构，提供财政存款、政府采购、税收奖励、利率优惠、企业信用加分、政府工程激励等，提供全方位、立体式支持，赋能平台高质量建设。

未来平台将朝着指标全周期、产业全覆盖、产业链全贯通、三流合一全数字化等方向不断迈进，实现审批、采购、供应链支付、监管等各个环节的全数字化覆盖目标。

第9章

封闭式储煤场工程创优经验

9.1 工程背景

山西马堡煤业封闭式储煤场工程，位于武乡县是山西省贯彻国家节能减排战略、防霾治污的绿色环保示范工程。工程利用原储煤场地，以绿色建造为设计理念，根据地形条件，依山傍河，跨铁路专线而建（图9-1）。

图9-1　工程总体图

9.2 工程概况

山西马堡煤业封闭式储煤场工程，设计总储煤量30万t，日储、运煤能力1万t；内设煤炭提升、输送及运输系统，总投资1.1亿元，是党中央与山西省贯彻国家节能减排战略、防霾治污的绿色环保示范工程。工程需要根据现有场地和地形条件，在原有堆场上依山傍河、跨铁路专线而建。建筑面积31 648m²，高度37.572m，长418m，跨度88～40m，钢筋混凝土框排架、钢网壳结构，是国内规模最大的超长、大跨度、变截面、变曲率钢网壳结构封闭式储煤场。

9.3 设计理念

（1）基于绿色建造的设计理念：本工程是山西省改善老区环境，贯彻国家节能减排战略、防霾治污的绿色环保示范工程。

（2）以适应环境，绿色建造为设计理念，采用装配化的网壳结构。加大了使用空间，节约不可再生资源，减少施工污染物排放，并可回收再利用。

（3）封闭式储煤场采用自然通风，外墙上部设防水百叶窗作为自然进风口，屋顶采用无动力通风器进行通风换气。

（4）屋面51条采光带实现煤场内部自然采光，安装防爆灯具满足夜间生产。

（5）新建储煤场利用原有场地依山傍河，跨铁路专线而建，节约土地资源。

（6）工程采用全封闭结构，设置3套远程喷雾降尘装置（功率70kW，射程80m），有效抑制煤粉尘无组织排放，排放指标符合《煤炭工业污染物排放标准》要求，保护了周边环境，实现了项目建设目的。

9.4 管理模式

（1）工程开工即确定了"创建鲁班奖工程"目标，建立了完善的质量保证体系，组建了创优经验丰富、团结协作、精干高效的项目团队。

（2）制定了项目《创优策划》，提出了高于国家标准的控制指标，从严控制各分项质量目标，为工程创优奠定了基础。

（3）制定了切实可行的《施工组织设计》和《专项施工方案》，对分项工程认真交底，确保了施工质量。

（4）建立了完善的岗位责任制、三检制、样板引路制、每周例会制，使工程质量始终处于受控状态。

（5）"六个零极限的目标"的追求：

零距离沟通，平台、工作包；

零安全事故，过程控制；

零质量缺陷，工作包结算、操作与验收标准；

零进度障碍，LPS、从应该做到能够做；

零交接窝工，工作包交接、结算、支付；

零现场堆放，深化设计、企业定额、材料配送。

（6）质量管理，将更多的精力放在防止错误和缺陷的出现，也就是质量控制点（识别）的检查和措施（制度）落实上。

（7）技术管理，是知识与经验高度的集中运用。不断完善公司的标准化附件的可视化内容（包含可视化交底，公司标准做法等）。

9.5 精益建造

9.5.1 施工难度、亮点

（1）工程依据原有地势新建，西侧距河道仅4m；东侧位于墨左铁路复线和马堡铁路专用线之间，基槽边距马堡铁路最近1.5m，与墨左铁路高差7.5m。场地内拉煤车较多，且经常有运煤火车进入；施工的同时要满足储煤场内每天1万t煤的产储运销正常运转；施工组织、穿插和安全控制是施工规划和技术控制亘难点。

（2）网壳纵向分为四个区域，各区域之间网壳结构相互独立，但变形缝两侧网壳结构变形量必须协调一致。三、四区变截面区域不同弧度衔接、变形控制要求高，网壳沿长度方向跨度从88m到40m，拱高逐渐变小，杆件布置复杂，节点形式多样，螺栓球角度繁多。三四区杆件共计2 815种，螺栓球2 195个，形式各异，无一相同。

（3）工程地势起伏，纵向全长418m，232个网壳支座预埋件安装精度要求高。

（4）245根 高11.6m异形混凝土柱（柱脚3.2m×0.7m，柱顶1.3m×0.7m），500mm厚、418m长混凝土墙，施工难度大。

（5）44 465m²彩钢板屋面随钢网壳结构变化，规格多样，1 263种异型屋面板制作安装难度大。

9.5.2 总体技术路线

（1）精细的市场调研，结合大量的模拟试验，多方案对比，制定最优施工方案。

2013年7月进场，对国内各大类似项目考察，并对钢结构加工市场进行调研，对各种施工方法进行对比分析，确定用条块提升结合高空散装施工方法。该方法不仅可以解决施工现场条件复杂、截面异型的问题，同时有助于加快施工进度、降低工程造价。为满足本工程对屋面网壳使用要求的特点，结合大量的模拟试验研究，最终做出"利用网壳一端的支座作为基准单元的固定铰，采取多台吊车旋转法分次旋转、提升、拼接，保证了网壳结构的顺利安装和质量精度的要求，后续单元采用高空散装法"的方案。同时优选生产加工厂家，分别对国内钢结构加工厂进行技术实力的考察和对比，确定本工程合作方。

（2）根据工程特点，制定详细的施工方案。

通过对不同施工方案进行模拟分析及技术经济指标对比，选取最优施工方案，充分利用条块提升和高空散装施工方法的优势，增加安装作业面，确定基准单元网架的位置及条块的划分，确保大跨度变截面网壳的顺利安装。

（3）严格的施工过程控制，从每一个环节的精确控制确保整个工程的精准施工。

施工中通过采用BIM技术，利用有限元分析软件MIDAS Gen与ABAQUS，对该施工方法进行了各种工况下的结构构件的应力分析，对安装及拼装的整个过程中结构构件内力进行验算，确认符合要求。严格控制施工各阶段，如材料进场质量控制、过程质量控制等，各工序开始前均应进行详细的现场技术交底，实施过程跟踪检查到位，施工中遇到的诸多难题逐一克服，确保施工质量。

首次将"条块提升结合高空散装施工方法"运用于现场条件复杂、工期紧的大跨度、大面积、异型螺栓球节点网壳结构的施工过程中，拓宽了其应用领域，探索出其在工程中的工艺做法，且获得成功应用。解决了跨度大、截面复杂的螺栓球网壳结构施工过程难的问题，对网壳工程安装有极大贡献。

（4）及时跟踪检查施工质量，确保网壳工程的质量要求。

钢结构工程安装完工后全面进行了定位轴线、支座中心偏差、支座最大高差、挠度值等的检查。各分区固定选取9个螺栓球节点，测得网壳就位后测点的最大挠度值为16mm，屋面板安装完成后最大挠度值为31mm，小于设计允许最大挠度值

（15mm、28mm）的1.15倍。纵向、横向长度偏差分别为23mm、16mm，支座中心偏移最大8mm，支座最大高差12mm，全部符合规范要求。

9.5.3 加强宣传

"精益建造"在我国建筑业的实践还处于起步阶段，实际工作者对其的概念、理念、理论、技术、方法等方面的认识还比较模糊，还需要加大宣传教育力度，普及理念、传播知识。

9.6 施工过程

（1）基于BIM应用的设计优化的创新：采用3D3S软件创建三维BIM模型，生成钢结构详图，对钢网壳结构进行二次优化设计。确认模型正确后生成施工详图，以供加工和安装使用（图9-2）。

（2）施工创新

1）钢网壳条块提升结合高空散装施工成套技术：

①通过提前选择安装基准单元，以基准单元为施工平台高空悬挑散装后续单元，直至整体网壳安装完毕。其中利用网壳一端的支座作为基准单元的固定铰，采取多台吊车旋转法，分次旋转、提升、拼接，实现基准单元的顺利安装。整套工艺充分利用条块提升和高空散装两种工艺的优势，取消了施工平台的搭拆，对施工现

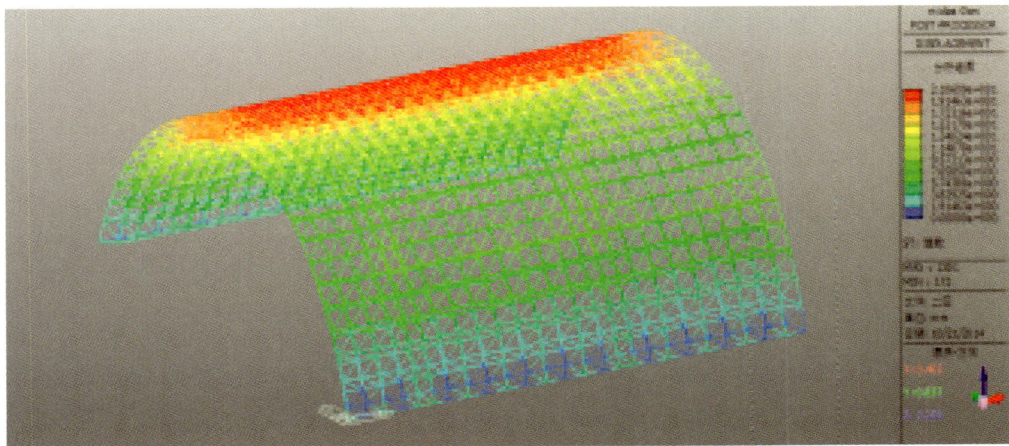

图9-2 钢网壳结构二次优化设计

场条件无特殊要求，立体空间范围内可以同步平行施工，有助于加快进度，降低成本，经济社会效益显著。

②为保证储煤场正常运营的前提下，实现大跨度、大高度、变跨度、变高度、变曲率螺栓球网壳结构的安装，控制了以下要点：各个安装工况下计算软件的模拟分析、合理确定基准单元、多吊车旋转法安装基准单元、分段接长基准单元、旋转支座的构成、吊点的选择、下弦用加固钢丝绳的设置原则、加固钢丝绳系结处螺栓球的防护措施、基准单元安装后其余部位采用高空散装法施工的安全注意事项、安装过程的应力应变健康监测（图9-3～图9-8）。

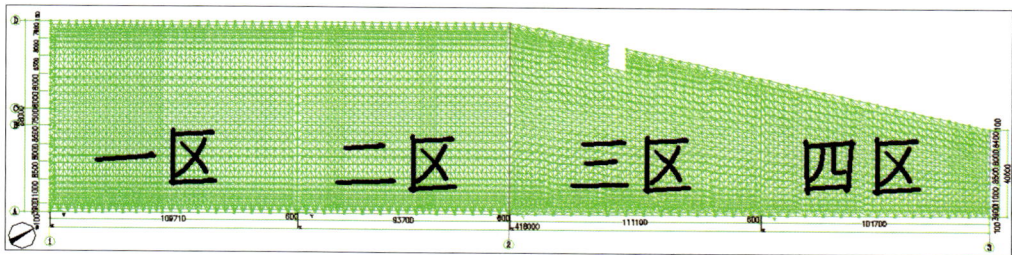

图9-3　平面布置图

图9-4　起步网格散装图

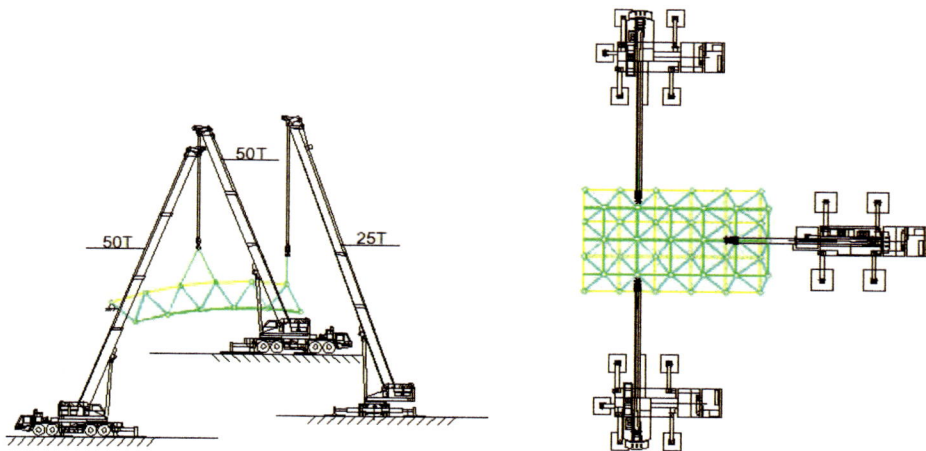

图9-5　起步网格吊装图

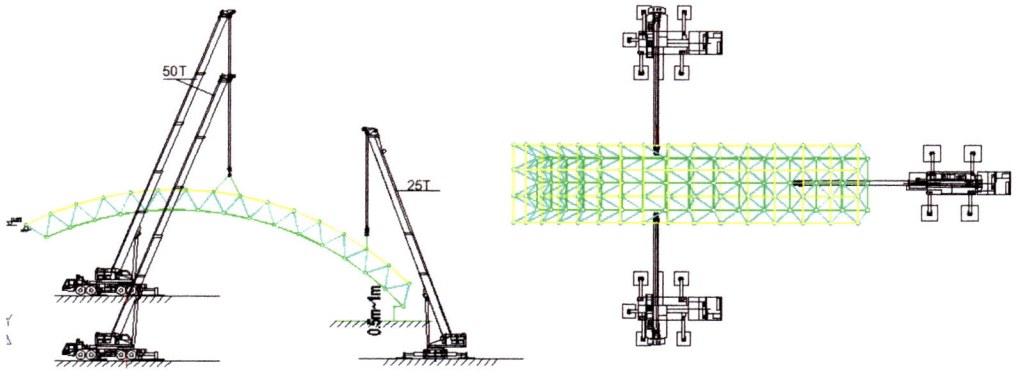

图9-6　第三阶段网格安装图

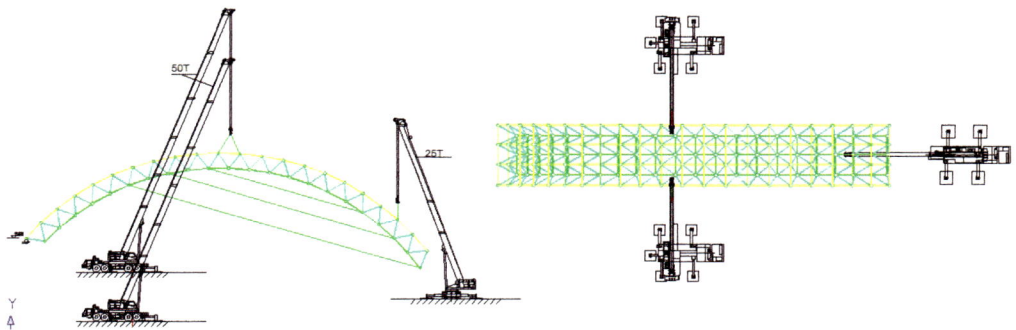

图9-7　水平拉接钢丝绳图

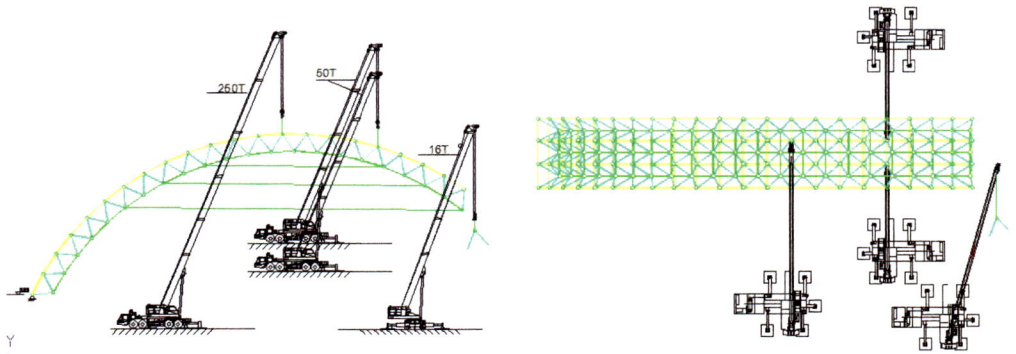

图9-8　第四阶段网格安装图

③施工前，与太原理工大学开展产学研合作，采用有限元分析软件MIDAS Gen与ABAQUS，对该施工方法进行了各种工况下的结构构件应力分析，确认其能满足国家现行规范条文，为方案的选择及实施提供了理论支撑（图9-9）。

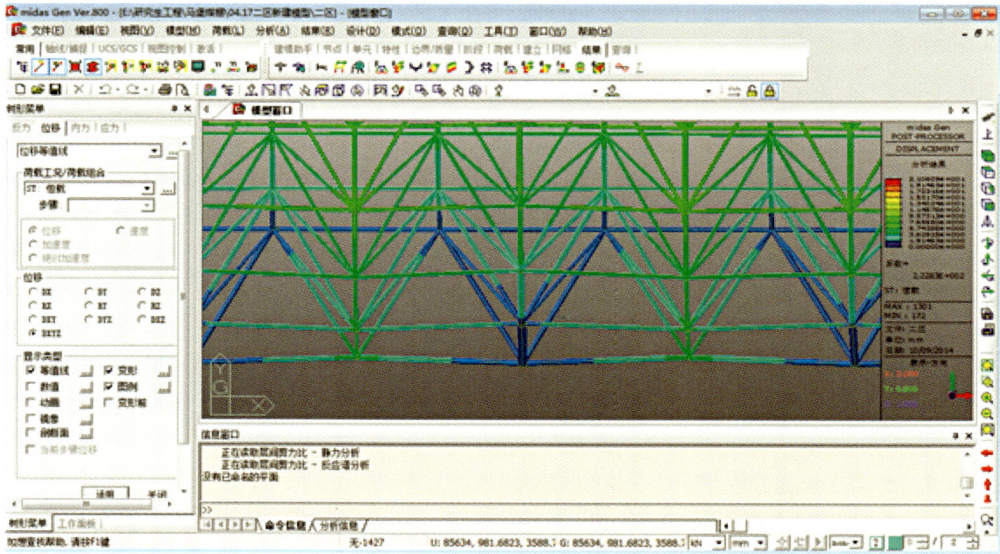

图9-9　应力分析

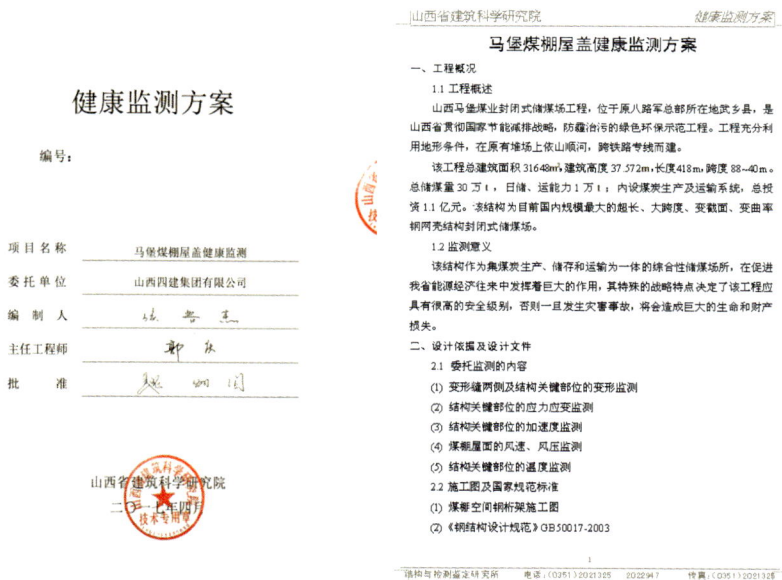

图9-10　健康监测方案

④通过委托山西省建筑科学研究院对结构的应力、位移、温度及风力等进行健康监测，建立了结构基准有限元模型及网壳使用期间的参数数据库，历时四年，分析评价结构的适时安全性，实现结构安全预警；分析归纳不同季节下结构的反应规律与特征，确保了施工及使用阶段结构的安全（图9-10）。

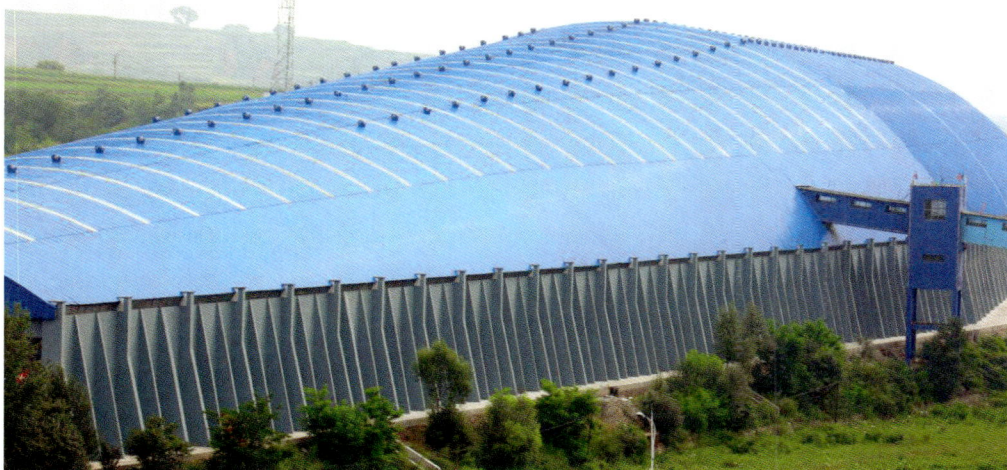

图9-11 屋面全景

⑤依托该项技术申报了国家自然科学基金资助项目与山西省企业技术创新项目；该项技术经山西省科技厅组织的科技成果鉴定，达到"国际先进"水平；依托该项技术完成的《大跨度变截面螺栓球节点网壳施工关键技术研究》获得中国施工企业管理协会科技创新成果二等奖；以《大跨度螺栓球网壳安装新工艺研究》为课题的QC成果荣获2014年全国工程建设优秀质量管理小组一等奖；《大跨度变截面螺栓球网壳条块提升结合高空散装施工工法》获得山西省省级工法；《大跨度变截面螺栓球节点网壳安装方法》授权发明专利。

2）大面积异型金属屋面板施工技术：屋面采用0.6厚天蓝色隐蔽式900型彩钢压型板，结构高度16.62～37.572m，弧长54～108m，1 263种异型屋面板，屋面展开总面积44 465m²，采用TEKLA进行排版设计，通过对弧长修正、预弯，完成了大弧度下异型金属屋面板安装；对施工及使用阶段风荷载进行验算，确保在异常天气状况下的金属屋面的使用安全。经成果鉴定达到"国内领先"水平，获得山西省省级工法（图9-11）。

3）小型基坑槽钢支护架体施工技术：工程东侧（A轴）位于墨左铁路复线和马堡铁路专用线之间，基槽边距马堡铁路最近1.5m，与墨左铁路高差7.5m，基坑开挖深度A轴2.67m，D轴3.07m。采用小型基坑槽钢支护架体制作方法，依据基坑尺寸提前进行加工，待基坑开挖后及时将支护架体吊入基坑，有效防止基坑周边的土体坍塌，待基础施工完毕后，采用吊车将架体吊出基坑，周转下一个基础的施工，

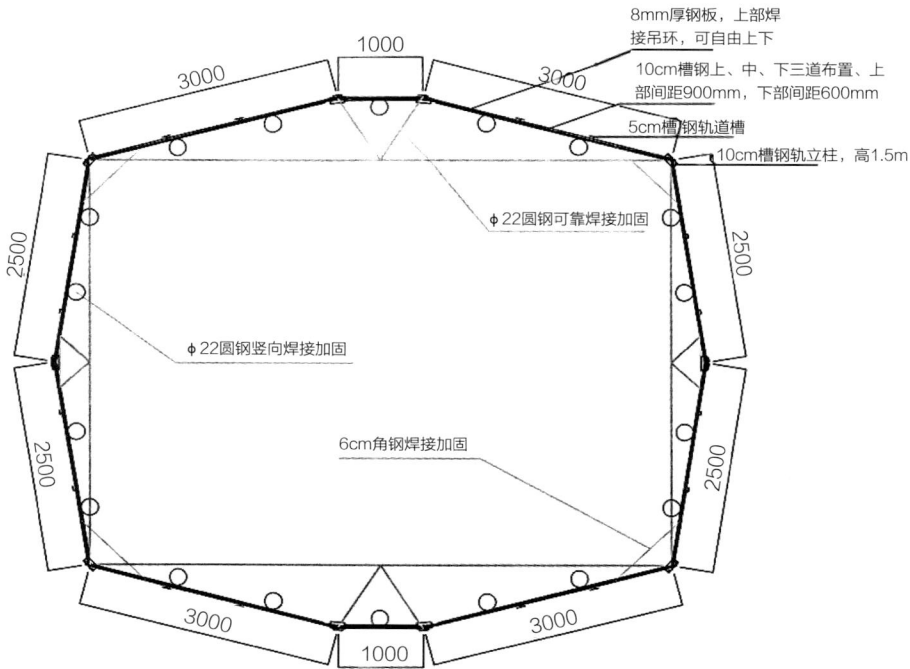

图9-12 基坑槽钢、钢板架体支护

全部施工完毕，可以将槽钢和钢板拆除，回收利用（图9-12）。《小型基坑槽钢支护架体支护施工方法》授权发明专利。

4）抗浮式地埋箱泵一体化施工技术：室外消防水池容积500m³，鉴于绿色施工需求，采用金属结构一体化箱泵。取消水箱底板，利用箱体侧板与钢筋混凝土整板基础连接，箱体底部采用专用连接结构与预埋件进行焊接固定。采用螺栓和密封圈对工厂模压的板块进行密封连接，最后形成封闭的结构。水箱和设备安装完毕后在水箱外侧涂刷3mm厚环氧煤沥青进行防腐处理。板缝之间采用中性硅酮密封胶处理。消除了浮力对箱体的作用，而且箱体底板无泄漏点，形成抗浮式地埋箱泵一体化施工技术；该工艺安装方便、工程周期短，节约人力物力，节地节能效果显著，经成果鉴定达到"国内领先"水平，获得山西省省级工法（图9-13）。

5）大空间网架结构防爆灯具安装方法：将防爆接线盒通过防爆活接头与镀锌钢导管连接起来，使用连接片、管卡、螺母将电气镀锌钢导管固定于网架下弦杆上，将防爆灯具通过防爆活接头固定于镀锌钢导管上，延长镀锌钢导管并固定，最后将电缆或电线经镀锌钢导管、防爆接线盒、镀锌钢导管引入防爆灯具。解决了网架结构易燃易爆场所灯具安装难题，申请发明专利已受理（图9-14）。

图9-13 一体化箱泵全景

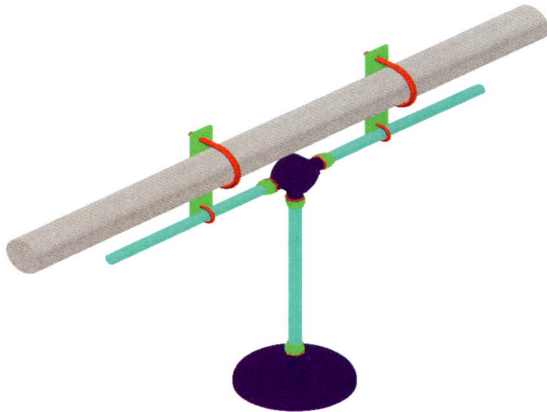

图9-14 防爆灯具固定后效果图

6）储煤场降尘监测控制技术：

①项目场地原设一个末煤储煤场，设置挡风抑尘墙以减少对周围环境的影响，但效果有限。随着国家对环境保护越来越重视，对环境保护标准要求越来越高，故建设单位规划改露天储煤场为封闭式储煤场。改造后的储煤场采用全封闭储煤棚，为绿色环保型的储煤方式，卸煤、储煤、装汽车外运、装火车外运全部作业环节均在封闭式储煤场内完成，达到保护周围环境的目的（图9-15、图9-16）。

图9-15　原露天储煤场

图9-16　改造后的封闭式储煤场

②本工程独创瓦斯监控与屋顶无动力通风系统，由1台瓦斯监控分站、17个红外线甲烷传感器、1个不间断电源箱和1 000m矿用信号电缆组成。不间断电源箱AC380/220V电源引自封闭储煤场外附近电源点；瓦斯监控分站挂接在选煤厂安全生产监测监控系统的干线电缆上，电源引自不间断电源箱；监控分站及不间断电源箱安装高度为底边距地1.4m。红外线甲烷传感器垂挂安装，距顶板不大于300mm，间距不大于50m，通过矿用信号电缆连接至瓦斯监控分站。控制场内瓦斯含量（图9-17、图9-18）。

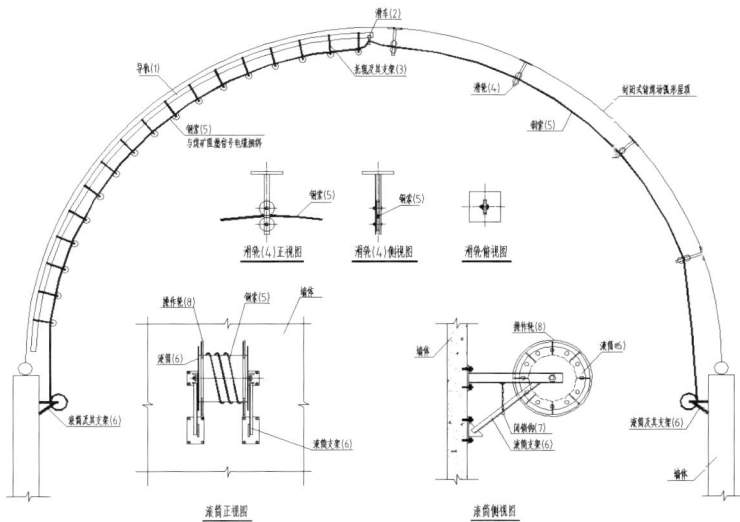

图9-17 瓦斯监控系统图

图9-18 甲烷传感器

图9-19　移动式远程射雾器

图9-20　防水百叶窗

图9-21　无动力通风器

③降尘设计采用移动式远程射雾器3台，单台最大射程80m，最大覆盖面积17 000m²，可及时补水，有效降低了储煤场的扬尘，抑制粉尘外泄（图9-19）。

④在外墙上部设防水百叶窗作为自然进风口，屋面设置136台无动力通风器进行通风换气（图9-20、图9-21）。

⑤经武乡县环境保护局环评验收合格；经襄垣县环境监测站污染源监测，煤粉尘排放监测结果0.543mg/m³，小于《煤炭工业污染物排放标准》GB 20426—2006规定的限值1.0mg/m³，满足国家标准要求（图9-22）。

武乡县环境保护局

武环验【2014】13号

武乡县环境保护局
关于山西马堡封闭式储煤场建设项目竣工
环境保护验收意见

山西马堡煤业有限公司：

你公司报送的山西马堡煤业封闭式储煤场建设项目竣工环境保护验收请示，长治市襄垣县环境监测站编制的《山西马堡煤业储煤场建设项目竣工环境保护验收监测报告》（襄环监字Z（2014）第030号）及其他有关资料收悉。按照建设项目环境保护管理有关规定，2014年8月27日我局组织有关人员对项目环保措施落实情况进行了现场检查。经2014年8月29日局环保行政审批事项集体讨论会审查同意，提出验收意见如下：

一、项目建设地址位于武乡县马俊村，2011年11月28日武乡县发展和改革局对项目申请备案（武发改工交字【2011】212号），2012年3月21日我局批复了项目环境影响报告书（武环函【2012】11号）。

二、项目按环境影响报告书及审批要求基本落实了环保措施，襄垣县环境监测站提交的《检测报告》表明，主要污染物达到了环保要求，通过项目竣工环境保护验收。

三、设立企业环境管理机构，做好各项环保措施的日常维护和管理，确保污染物长期稳定达标排放，加强环境风险防范，不断完善应急预案，避免发生环境污染事故。

2014年12月24日

监测报告

2013040189U

襄垣县环境监测站

襄环监字Z（2014）第030号

委托单位：山西马堡煤业有限公司

第三章 结论

根据现场检查情况和监测结果，得出如下结论：

山西马堡煤业有限公司封闭式储煤场工程项目环保设施完好，投运率达到90%以上，无组织做到了达标排放。

图9-22 环境保护验收意见及煤粉尘监测报告

7）高精度测量及安全监测控制技术：

①工程东侧（A轴）位于墨左铁路复线和马堡铁路专用线之间，基槽边距马堡铁路1.5m，与墨左铁路高差7.5m。施工全过程对铁路沿线及河道边坡进行变形监测，随时掌握加荷情况，确保施工及铁路运行安全（图9-23）。

②工程纵向全长418m，现场地势高低起伏，采用虚拟演示，配合RTK进行定位放线，实现异型超长挡煤墙，232个网壳支座埋件准确定位（图9-24~图9-26）。

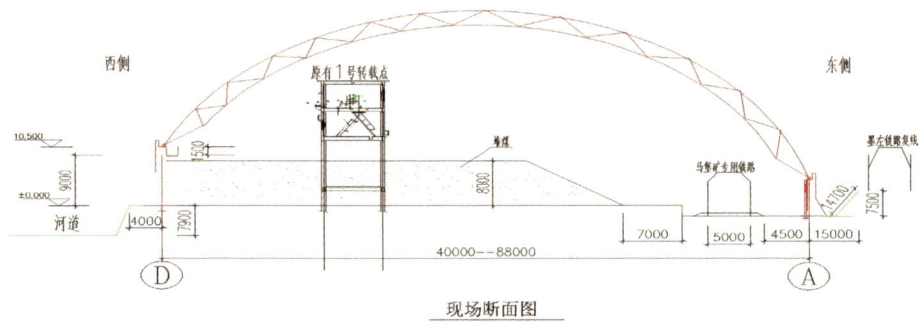

图9-23 现场断面图

图9-24 超长异型挡煤墙

图9-25　屋面钢网壳

图9-26　网壳支座

　　③网壳安装时，根据空间坐标，利用全站仪对网壳节点及支座偏差进行空间定位，确保安装精度；对跨中及1/4跨处节点位置进行挠度监测（表9-1）。

储煤场施工过程挠度监测　　　　　　　　　　　　　　　　　　　　表9-1

分区	观测点号	节点编号	设计允许挠度（mm）		实测挠度（mm）	
			网壳结构安装	屋面板安装	网壳结构安装完成 2013年11月25日	屋面板安装完成 2014年4月10日
分区一	1	273X	10	17	9	18
	2	497X	10	18	11	16
	3	665X	11	20	11	18
	4	267X	15	28	13	24
	5	491X	15	28	16	31
	6	659X	14	26	15	21
	7	261X	8	12	5	11
	8	485X	7	10	6	8
	9	653X	6	8	4	5

续表

分区	观测点号	节点编号	设计允许挠度（mm）		实测挠度（mm）	
			网壳结构安装	屋面板安装	网壳结构安装完成 2014年3月28日	屋面板安装完成 2014年4月20日
分区二	1	177X	10	18	8	13
	2	183X	12	24	10	21
	3	189X	9	18	8	13
	4	345X	11	20	10	22
	5	351X	12	25	13	27
	6	357X	12	20	11	22
	7	513X	10	18	8	17
	8	519X	12	25	10	19
	9	525X	10	18	8	14

分区	观测点号	节点编号	设计允许挠度（mm）		实测挠度（mm）	
			网壳结构安装	屋面板安装	网壳结构安装完成 2013年10月10日	屋面板安装完成 2013年11月10日
分区三	1	184X	8	14	6	13
	2	352X	6	10	5	8
	3	512X	4	6	2	4
	4	178X	12	21	11	23
	5	346X	11	20	9	22
	6	506X	9	16	7	17
	7	172X	6	9	4	8
	8	340X	7	11	6	9
	9	500X	8	12	5	10

分区	观测点号	节点编号	设计允许挠度（mm）		实测挠度（mm）	
			网壳结构安装	屋面板安装	网壳结构安装完成 2013年11月1日	屋面板安装完成 2013年11月25日
分区四	1	117X	6	11	4	8
	2	211X	4	7	4	5
	3	296X	2	4	1	2
	4	113X	8	14	7	15
	5	207X	8	14	6	13
	6	292X	7	13	5	13
	7	110X	5	8	4	6
	8	203X	5	8	3	7
	9	288X	7	11	4	9

④对结构的关键部位的应力进行监测，掌握结构的应力变化状态，分析结构应力与荷载及使用状态的相关性；对结构关键支座的位移进行监测，掌握该部位在不利工况下的位移情况；对屋面的风速、风压、风向进行监测，掌握建筑所处的风场环境；对结构关键部位的温度进行监测，掌握结构所处的温度环境，为分析温度对结构的影响提供原始数据；综合运用多项监测指标，分析评价结构的适时安全性，实现结构安全预警；综合运用多项长期监测指标，分析归纳不同季节下结构的反应规律与特征，建立结构健康档案（图9-27）。

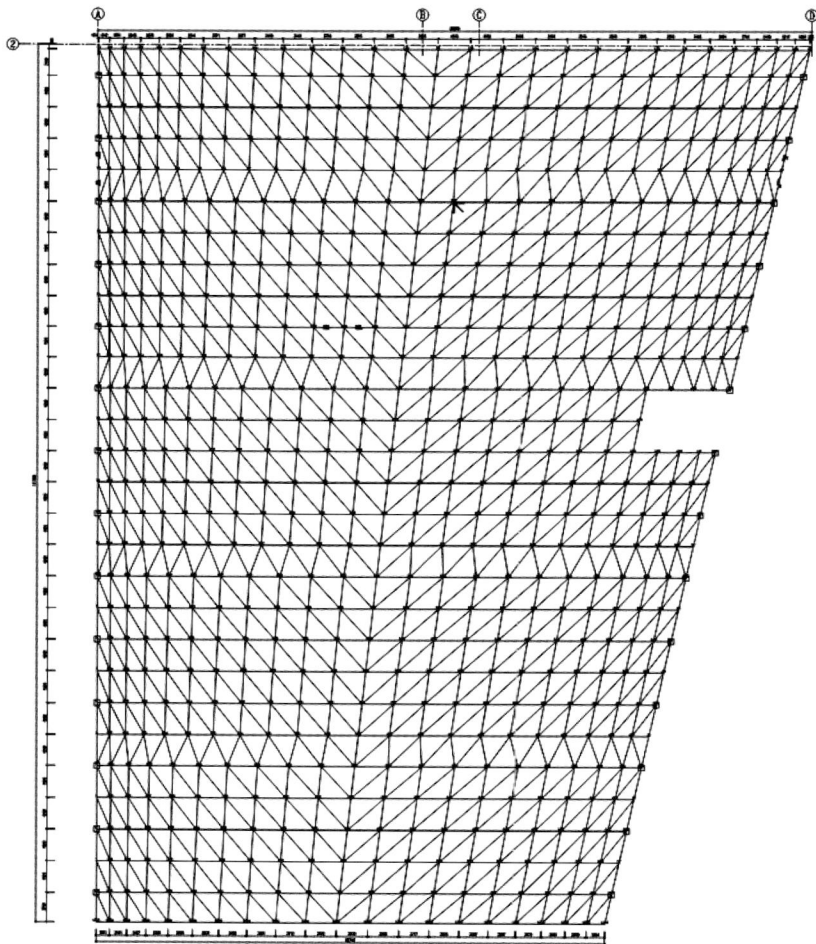

（a）应力应变计布置位置图

图9-27　关键部位监测走线图

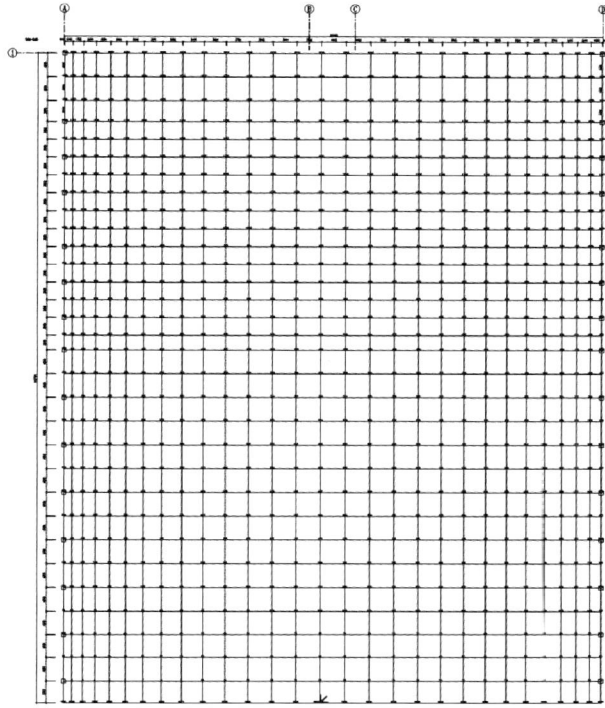

（b）温度计布置位置图

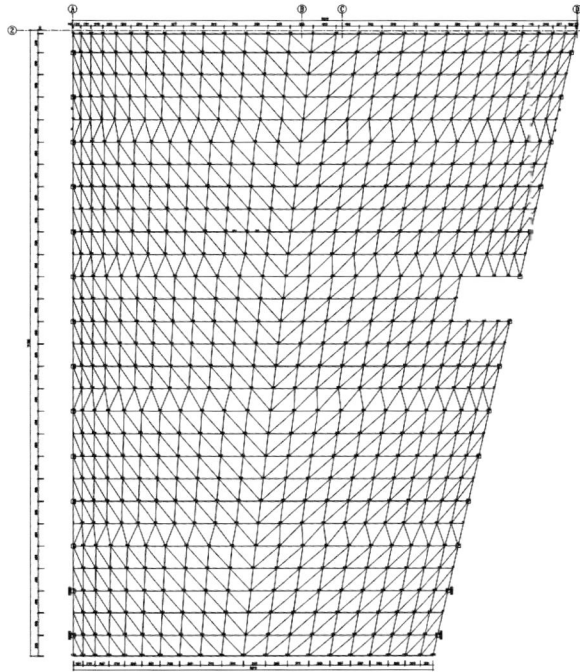

（c）支座位移计布置位置图

图9-27　关键部位监测走线图（续）

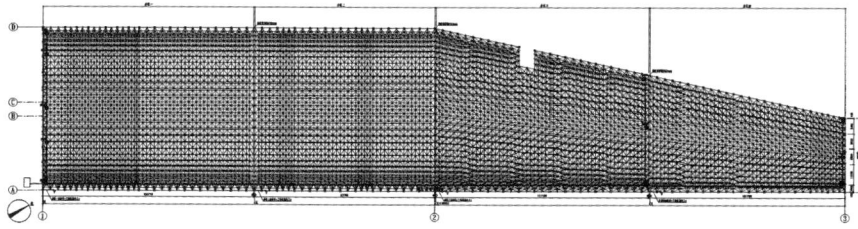

（d）风压计走线示意图

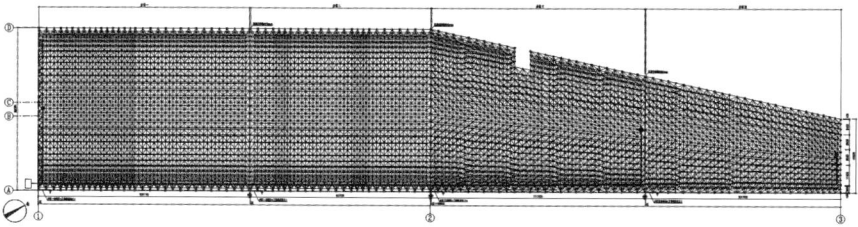

（e）风速、风向仪走线示意图

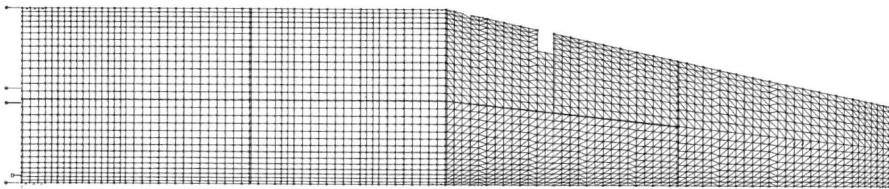

（f）上弦温度计走线示意图

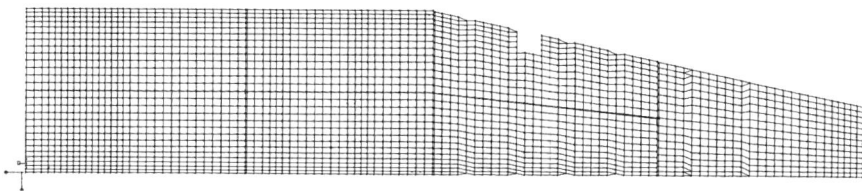

（g）下弦温度计走线示意图

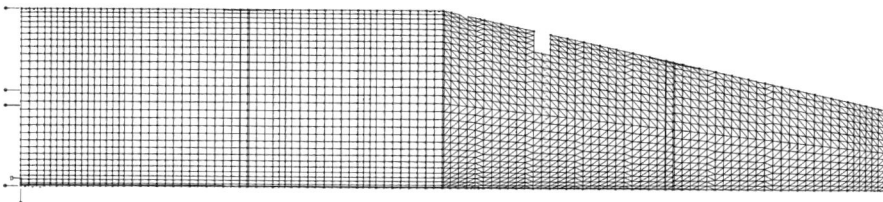

（h）支座位移计走线示意图

图9-27　关键部位监测走线图（续）

8）超长混凝土结构裂缝防治技术：挡煤墙全长418m，跨度88～40m，根据"抗放并用"的理念，采用"裂缝综合防治法"，在基础、挡煤墙、柱混凝土掺加WG-CMA膨胀抗裂剂与粉煤灰，合理设置温度筋、后浇带与变形缝，涂刷混凝土养护液，最大限度防止了混凝土变形造成的裂缝，使混凝土达到无有害裂缝的技术要求。解决了超长挡煤墙混凝土结构施工质量难题，对提高本工程的结构耐久性起到了决定性作用，从而保证了混凝土结构的使用寿命（图9-28、图9-29）。

山西建筑职业技术学院建设工程质量检测中心
混凝土配合比通知单

委托单位：山西四建集团有限公司　　　　报告编号：常—2013—011—90803
建设单位：山西马堡煤业有限公司　　　　收样日期：2013.07.02
施工单位：山西四建集团有限公司　　　　报告日期：2013.07.09

工程名称	山西马堡煤业封闭式储煤场	设计强度等级		C30	
坍落度要求	180±30mm	施工配制强度		38.0MPa	
振捣方法	机械	搅拌方法		机械	
使用部位	主体±0m 以上	取样人及证书编号		李琳 晋取 1100718	
见证单位	山西安宇建设监理有限公司	见证员及证书编号		王振宇 JZ1000224	
水 泥 厂 别	潞城市卓越水泥有限公司	品种及标号	P.O42.5	验验编号	00795
砂子产地及品种	河北中粗砂	细度模数 2.8	含泥量（%） 2.3	验验编号	00801
石子产地及品种	武乡县石子	粒径（mm）16~31.5	含泥量（%） 0.6	验验编号	00800
外 加 剂 厂 别	山西运城正元建材有限公司	名称	ZYPCA 聚羧酸高性能减水剂	掺量（%）	2.3%
	江西武冠新材料股份有限公司	名称	WGCMA 三膨胀源抗裂剂	掺量（%）	8%
掺 合 料 厂 别	-----	名称	-----	掺量（%）	-----
	-----	名称	-----	掺量（%）	-----

序号	强度等级（C）	水胶比	砂率（%）	单方混凝土用量（kg）							
				水 泥	水	砂 子	石 子	外加剂 1	外加剂 2	掺合料 1	掺合料 2
1	30	0.49	48.0	379	185	892	964	3.7	30.2	-----	-----

序号	强度等级（C）	重			量		比	
		水 泥	水	砂 子	石 子	外加剂 1	外加剂 2	
1	30	1	0.49	2.36	2.56	0.023	0.08	

备 注	砂石以干料计，施工搅拌时应根据砂、石的含水量及砂的含石量，调整用水量及材料用量，严格控制坍落度。

检验：张春昊　　审核：霍世全　　负责人：陈云说

检验单位：山西建筑职业技术学院建设工程质量检测中心（章）

单位地址：山西省太原市学府街50号　　　　联系电话：0351-7433104

图9-28 混凝土配合比

图9-29 挡煤墙成型效果

9.7 科技创新

（1）国内首次采用条块提升结合高空散装成套技术完成高空网壳安装，解决了复杂环境条件下大跨度、变截面、变曲率螺栓球网壳安装难题。通过BIM模拟和施工顺序规划，确保施工同时场内每天1万t煤的产储运销，为同类超长、大跨、异型、特殊环境下的网壳安装提供新技术。该成果获省级工法和发明专利，经科技成果鉴定达到"国际先进"水平。

（2）研究形成大面积异型金属屋面板施工技术，确保复杂环境下金属屋面安装质量和异常天气状况下金属屋面使用安全。该成果获省级工法，经鉴定达到"国内领先"水平。

（3）工程周边环境非常复杂，东侧紧邻墨左铁路复线、跨越马堡铁路专用线，西侧距河道仅4m，发明小型基坑槽钢支护架体技术，确保铁路正常运输条件下的施工穿插与结构安全，获发明专利。

（4）创新应用抗浮式地埋箱泵一体化技术，节地节能效果显著。该成果获省级工法，经鉴定达到"国内领先"水平。

（5）自主提出大空间网架结构防爆灯具安装方法，解决网架结构易燃易爆场所灯具安装难题，发明专利已受理。

（6）国内首次采用储煤场降尘监测控制技术，设置粉尘监测与远程喷雾降尘装置，有效抑制粉尘外泄。安装瓦斯监控与屋顶无动力通风系统，控制场内瓦斯含量。

（7）综合应用高精度测量及安全监测控制技术，实现异型超长挡煤墙准确定位。网壳安装过程进行节点定位和挠度监测。对周边复杂环境进行变形监测，运营期间进行健康监测。确保结构及边坡安全。

（8）采用裂缝综合防治法，解决418m超长挡煤墙混凝土结构施工质量难题。

（9）工程设计先进，获山西省优秀建筑设计奖。

9.8 创优管理

9.8.1 工程管理创新

项目开工即树立"科技引领"的创新目标，鉴于储煤场工程的特殊性和重要性，集团公司领导对本工程提出了明确的科技创新与质量创优目标。为不辜负集团公司领导重托，圆满完成工程建设任务，项目团队精心组织、科学管理，全方位建立BIM工程管理模式，运用现代化管理方法和信息技术，实现目标管控。面对结构复杂、技术含量高的项目，重点提升项目管理和履约能力，加强责任制的落实。项目开工即签订了项目管理目标责任书，制定项目管理实施大纲。引入BIM综合管理技术，做到创建信息、管理信息、共享信息，实现工程建造过程的深度策划，让各参与方在同一个多维建筑信息模型的基础上，做到数据共享，从而更好地协同工作，规范管理。

在总结以往项目管理经验的基础上，我们以集团文化及理念为源，对工作精益求精，以工作质量保证工程质量。提出了指导项目日常管理的文化和理念，秉承"开工必优，一个标准，两个代表，三种精神"，进一步达到目标、思想、行动三协调、三统一，从而实现各项管理目标，雕塑时代精品。荣获中建协2014年度全国建设工程优秀项目管理成果二等奖，总结出的《山西马堡煤业封闭式储煤场工程项目BIM技术应用》获得中建协首届中国建设工程BIM大赛二等奖（图9-30、图9-31）。

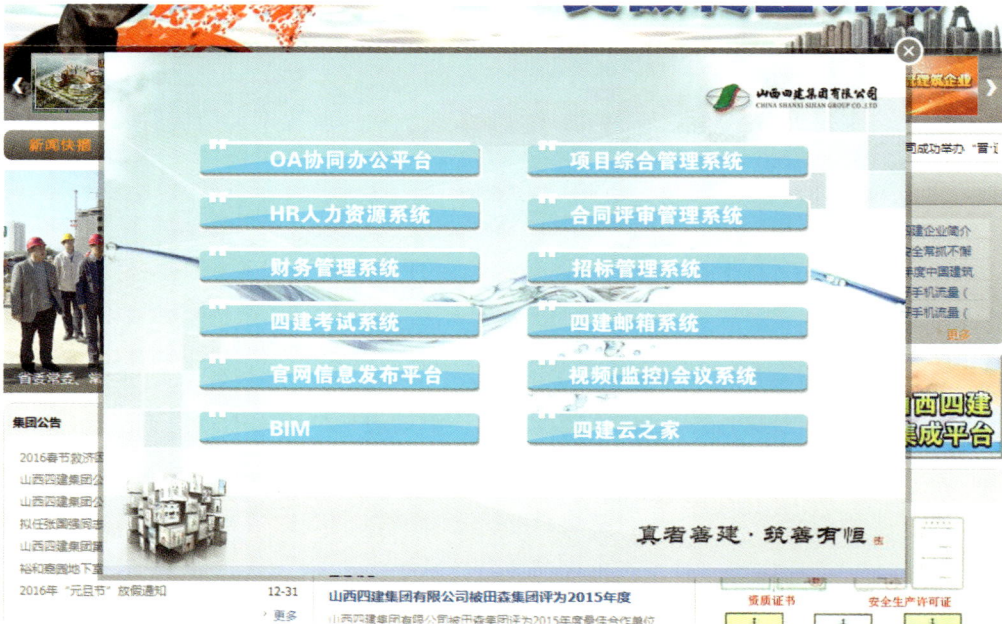

图9-30 协同平台管理

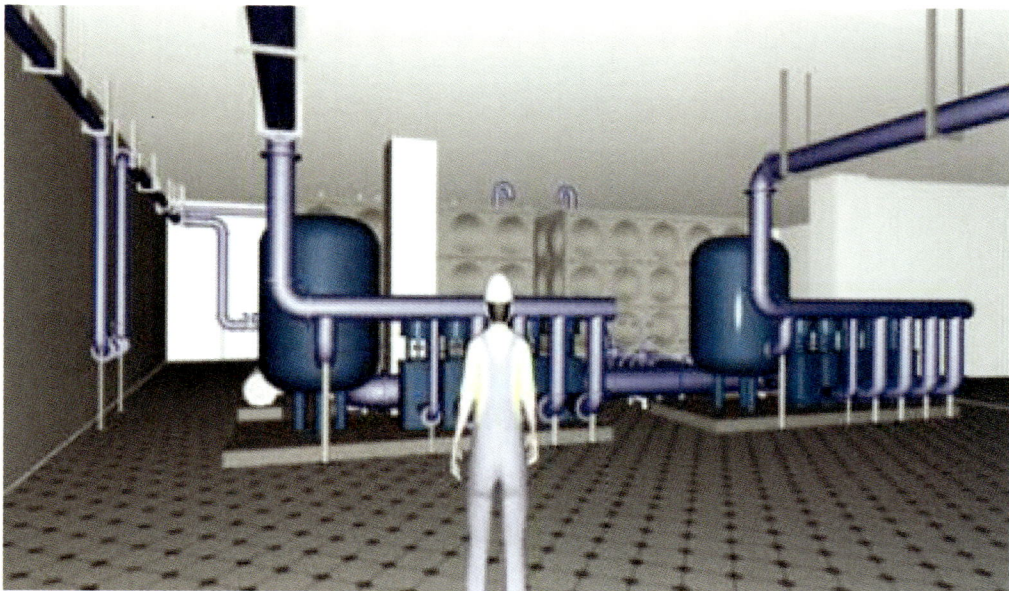

图9-31 BIM漫游

9.8.2 科研与监测

本项目为国家自然科学基金资助项目与山西省企业技术创新项目。为确保施工安全，保证基准单元在分块吊装前提下的几何不变体系，施工前，由太原理工大学负责对整体施工过程进行模拟应力分析，采用有限元分析软件MIDAS Gen与ABAQUS，对条块提升结合高空散装工艺进行了各种工况下的结构构件的应力分析；采用ABAQUS有限元软件对网壳不同直径螺栓进行建模节点应力集中分析；采用系统远程控制软件和数据远程监测软件对网壳施工中及工程完工至今进行结构健康监测（图9-32、表9-2）。

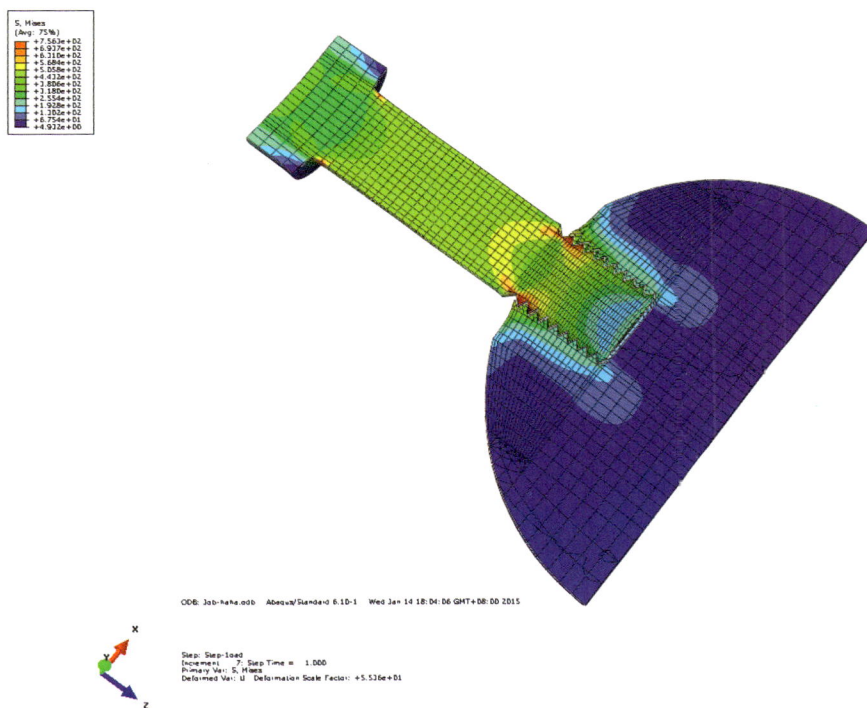

图9-32 螺栓球与螺栓的断面mises应力云图

不同直径螺栓螺纹根部应力集中系数汇总 表9-2

规格	螺距P（mm）	dr/d	缺口处平均应力σ_0（N/mm²）	缺口处max应力（N/mm²）	栓杆处平均应力σ_0（N/mm²）	理论应力集中系数K_t	缺口应力集中系数K_f	疲劳缺口敏感系数q
M14	2	0.810	118.3	514.8	77.6	6 63	4.35	0.60
M20	2.5	0.833	109.7	495.3	76.2	6 50	4.52	0.64

续表

规格	螺距P（mm）	dr/d	缺口处平均应力σ_0（N/mm²）	缺口处max应力（N/mm²）	栓杆处平均应力σ_0（N/mm²）	理论应力集中系数K_t	缺口应力集中系数K_f	疲劳缺口敏感系数q
M24	3	0.865	113.7	569.6	85.0	6.70	5.01	0.70
M27	3	0.880	111.9	539.4	86.6	6.23	4.82	0.73
M30	3.5	0.874	125.5	623.2	95.8	6.51	4.97	0.72
M33	3.5	0.859	125.0	593.5	92.3	6.43	4.80	0.70
M36	4	0.880	122.4	580.8	94.7	6.13	4.75	0.73
M39	4	0.889	128.1	594.8	101.2	5.88	4.64	0.75
M42	4.5	0.884	135.1	657.8	105.6	6.23	4.86	0.74
M45	4.5	0.892	132.4	621.6	105.3	5.90	4.69	0.75
M48	5	0.887	133.5	718.2	105.1	6.83	5.38	0.75
M52	5	0.896	125.7	637.0	100.9	6.31	5.07	0.77

高强度螺栓的疲劳试验：螺栓球节点网架在偶然超载及风荷载作用的情况下有疲劳破坏的可能性，为此，专项开展疲劳试验研究。试验设备及加载装置如图9-33所示，试验结果见表9-3。

图9-33　试验设备及加载装置

高强螺栓常幅疲劳试验数据   表9-3

规格	应力（MPa）		应力幅（MPa）		循环次数		应力比ρ
	σ_{max}	σ_{min}	$\Delta\sigma$	Lg（$\Delta\sigma$）	N（×10^4）	Lg（N）	
M14	789.30	79.03	710.27	2.851	0.641	3.807	0.100
	429.20	43.00	386.20	2.587	1.790	4.253	0.100
	354.10	35.00	319.10	2.504	1.135	4.055	0.099
	385.10	39.00	346.10	2.539	2.835	4.453	0.101
M20	432.17	133.67	298.5	2.475	6.15	4.789	0.309
	432.17	133.67	298.5	2.475	7.26	4.861	0.309
	189.25	60.65	128.6	2.109	8.29	4.919	0.320
	170.85	55.15	115.7	2.063	5.35	4.728	0.323
M33	362.30	24.16	338.14	2.529	1.160	4.064	0.067
	241.53	16.93	224.60	2.351	1.600	4.204	0.070
	239.35	15.96	223.39	2.349	4.300	4.633	0.067
	159.57	11.16	148.41	2.171	12.400	5.093	0.070
	167.55	15.96	151.59	2.181	6.800	4.833	0.095

9.9 绿色施工管理

施工中积极采用绿色施工技术，推行"四节一环保"，为山西省绿色施工示范工程（表9-4）。

表9-4

序号	"四节一环保"	名称
1	环境保护	现场绿化降尘技术
		现场喷洒降尘技术
2	节材与材料资源利用	清水混凝土施工技术
		新型支撑架和脚手架技术
		优化钢材下料技术
		钢构件工厂化制作技术
		复杂空间钢结构仿真施工技术
3	节水与水资源利用	施工过程水回收利用技术
		现场雨水收集利用技术

序号	"四节一环保"	名称
4	节能与能源利用	建筑垃圾分类收集与再生利用技术
		临时设施节能选材
		LED灯节能技术
5	节地与土地资源利用	施工现场临时设施标准化技术
		施工现场临时设施合理布置技术

9.10 社会与经济作用

（1）储煤场的建成为山西省煤矿企业抑制煤尘排放、绿色生产、保护环境起到了引领示范标杆作用。通过科技引领和项目建设，防霾治污达到国内同行业领先水平，得到环保部门和老区人民高度评价。

（2）工程设计、施工中通过技术创新，获得多项高水平技术成果，使项目实施安全可控，同时采用新技术带来可观经济效益。

（3）工程获得鲁班奖、钢结构金奖、中施企协科技创新成果、山西省优秀建筑设计奖、山西省太行杯土木工程大奖、山西省新技术应用示范工程，以及发明专利等29个奖项和成果，部分成果通过专家鉴定达到"国际先进"水平。本项目创新技术成果的应用确保了在长大跨、高大空间复杂环境、施工难度大的情况下，实现工程优质、安全、快速建造的目的，开创了全封闭网壳结构先例，为大型工业建筑提供了技术储备，积累了宝贵经验，开创了新的思路，对促进行业技术水平、提升企业技术实力和社会信誉意义重大。

第10章

以技术创新提升项目管理水平

10.1　企业简介

中亿丰建设集团股份有限公司是江苏省首家获得建筑工程和市政公用施工总承包特级资质及市政行业甲级、建筑设计甲级、岩土工程（勘察、设计）甲级的"双特三甲"民营企业。

中亿丰建设始终坚持服务国家发展战略，牢固树立"信为本、诚为基、德为源"的核心价值观，传承和弘扬诚信意识和工匠精神，大力实施全球化发展、全产业协同联动、打造建筑全生命周期服务商的发展战略，经营业绩持续保持两位数增长的稳健态势。2019年新签合同额近300亿元、营业收入超过200亿元。连续多年跻身中国民营企业500强，被评为全国优秀施工企业、全国建筑业竞争力百强企业、ENR中国承包商80强，荣获住房和城乡建设部"创鲁班奖特别荣誉企业"称号，江苏省政府科技进步奖、江苏省质量管理优秀奖等省部级以上荣誉30余项，获得鲁班奖13项、詹天佑奖2项、国家优质工程12项、华夏建设科学技术奖2项以及各类省市级工程类奖数百项。2019年，董事长宫长义入榜"全国民族团结进步模范"。

中亿丰建设积极贯彻"全国布局、服务全国、海外发展"的战略部署，经营业务覆盖全国25个省、市、自治区，积极开拓越南、加拿大等"一带一路"沿线国家建筑市场。具备为客户提供从投资、建设到勘察、设计、建造、运维、更新等一体的建筑全生命周期服务能力。建筑施工、设计咨询、房产开发、城建投资、建材工业五大业务板块蓬勃发展。

中亿丰建设把科技创新放在发展大局的核心位置，拥有院士工作站、省级企业研究生工作站、省级工程技术中心、博士后工作站和重点实验室"五位一体"的研发平台。

中亿丰建设把企业文化作为驱动战略实现的引擎。以习近平新时代中国特色社会主义思想为指导，以"红色砼心圆"为企业党建文化工作理念，牢筑党建"根"与"魂"；以"和合"为企业文化核心理念，倡导"以人为本、以和为贵、合作制胜"的经营理念，加强党建引领铸魂，持续推进企业从"快速增长"到"持续、稳健、有质量的快速增长"的战略升级。

10.2　工程概况

苏州现代传媒广场工程项目位于园区金鸡湖东，现代大道南侧，南施街与苏州大道东交界处，紧邻轨道交通一号线出口。占地面积37 749m²，总建筑面积为330 718m²，容积率5.76，建筑密度56.2%。整个项目由两栋L形塔楼组成，中间以M形户外顶棚相连。办公楼高214.8m，共43层，为苏州市广电总台总部及国际甲级写字楼，采用核心筒钢框架结构体系；其裙楼演播楼部分为广电总台技术用房，采用重型全钢结构，设有十多个大小不一各类演播室。酒店楼高164.9m，共38层，采用核心筒—外框架劲性结构，为希尔顿管理集团统一管理的五星级酒店及公寓；其裙楼商业楼部分采用框架结构，为商业配套设施，包括文化娱乐、餐饮、健身、商业、休闲等业态。地下一层为中型超市和设备用房，地下二层、三层为大型机动车停车场（图10-1）。

苏州传媒广场为传媒类复杂钢结构综合体建筑，由苏州市广播电视总台投资建设，设计方案出自世界顶级建筑设计大师，运用玻璃、金属、石材等现代元素演绎粉墙、黛瓦、窗棂、编织、丝绸的古城印象，体现了"传统与创造"的有机融合；基于"绿色新建造"理念，结构设计重点围绕本工程演播、办公、市民活动等不同功能特征需要，按"适用、经济、绿色"理念，协调运用"核心筒—钢框架、全钢结构、框架劲性结构、预应力结构"等多种适用结构体系；系统性集成运用"外遮阳、热回收、光伏玻璃、呼吸式幕墙、风向诱导、雨水回用"等节能技术，实现建筑绿色高效运营。

苏州传媒广场项目由中亿丰建设集团股份有限公司总承包，建造面临工程体量大，基坑北侧紧邻地铁（最近距离11m），钢结构总用钢量达4.5万t，结构复杂，其中跨沉降缝两端刚接多层钢桁架凌空连廊（跨度34.50~37.60m、长度61.20m、高度23.80m）、大高差悬链线状钢屋盖（上下端高差53.350m、跨度41.80m、弧长70.2m）、上方下圆多曲面空间网壳（下端安装底标高为+196.80m、

图10-1 苏州现代传媒广场全景图

平面呈长向32.380m短向26.500m近似椭圆，上端安装顶标高为+214.80m、平面为48.60m×45.30m矩形）、空间M形预应力钢结构天幕（长度109.20m、跨距33.60m）、大跨度无立柱预应力交叉张悬钢楼梯（跨度21.3m、高度7.0m、宽度6.0m、恒荷载$5kN/m^2$，活荷载为$3.5kN/m^2$）等大量异型钢结构设计、施工难度高，工程建设需克服诸多技术难题。

10.3 技术创新管理

10.3.1 科技创新

1. 设计创新

（1）地基基础设计创新

在苏州现代传媒广场地下室结构基础设计中，采用变刚度调平方法，对塔楼和裙房基础进行优化设计，调整差异沉降；对塔楼桩基采用后注浆技术，提高单桩承载力，保证在有限的塔楼核心筒范围内布置合适的桩数，充分挖掘桩基承载的潜力。地下室外墙采用两墙合一技术，极大节约了土建成本，缩短了施工工期，取得良好的经济效益；局部紧邻地铁沿线处考虑双墙结构，避免引起地铁沿线的水土扰动，保证安全运行。

（2）城市规划、设计的整体协调创新

苏州现代传媒广场项目总承包工程位于苏州古城东侧的苏州工业园区，是中国最有影响力的工业中心之一。本项目充分借鉴了苏州工业园参考新加坡新城（new town）建设的经验，走出了一条科学规划、有序建设的典范之路。在规划之初就重点强调城市整体美的理念。广电地块位于苏州市东西向的中轴线上，苏州未来的市域CBD商贸区就位于这条轴线上，该轴线也是园区的中轴线（图10-2）。

（3）建筑方案设计创新

苏州现代传媒广场是以苏州电视台为中心的文化传播据点，在设计上尝试用现代的手法演绎了传统文化中的材料、理念，体现了"传统与创造"的有机结合，在稀薄的脉络中重新解读"苏州"这一历史与文化的文脉，将传统文化以现代的方式呈现，而不是在无休止的"差异化"竞争的旋涡中考虑建筑（图10-3）。

两栋相对的L字形塔楼形成首尾相连的配置，配上塔楼之间如丝织物般的玻璃雨棚，构成了本建筑优美的轮廓线。为了创造一个中国风、引导人流聚集的大型场所，将两栋塔楼以点对称的方式排布，中间设置了开放的广场。为了使空间达到俯瞰美观大气，近看又能以细腻丰富的光影制造美感的效果，外装的编织式图案随着距离的远近大小不一，通过玻璃的反射及投影达到万花筒一般的效果（图10-4）。

图10-2　苏州工业园区全景图

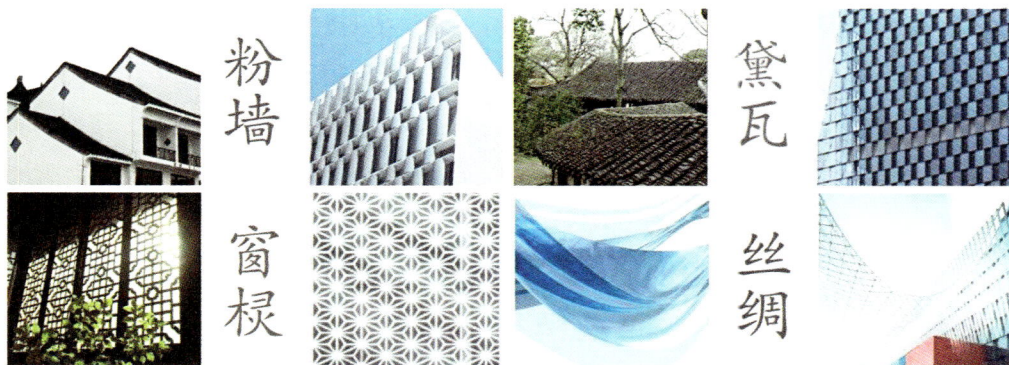

图10-3 建筑外观设计理念图

图10-4 室外透风雨幕图

充满光影效果的外装是本建筑最大的特色，另外，"在大气的建筑构成中融入细腻的巧思"也契合了中国传统建筑的普遍主题。

电视台总部办公大楼使用现代化的玻璃幕墙，将其做成凹凸错落的形状，从而形成尺度感以及光影效果，表现了苏州文化的细腻与传统窗户的美感。酒店大楼的外表皮采用黑色的曲面铝板交错放置，给人以舒适柔和的意句，同时也让人想起苏州的青砖黛瓦。

两栋塔楼之间的开放广场，被曲面状玻璃雨棚温柔地覆盖着，雨棚的两端被轻柔地挑起，仿佛是苏州的传统丝织物，在景观设计上也设置了象征着水都苏州的水路以及水池。回廊的雨棚端部折起，采用了现代化的手法展现了中国传统的屋檐形式。

在整体的设计过程中，时时注意将传统的材料及主题用现代的方式表达，体现了"传统与创造"这一主旨。

（4）结构选型及设计创新

基于"绿色新建筑"理念，结构设计重点围绕本工程演播、办公、市民活动等不同功能特征需要，创新性地综合运用了"核心筒—钢框架结构、重型全钢结构、预应力张弦钢结构"等多种适用结构体系满足使用功能需求。研创的"带开洞钢板的组合桁架新型结构体系、交叉张弦钢楼梯新结构体系",成功解决了建筑使用功能上的难题;研创的"带隔震铅芯支座预应力钢结构天幕结构体系",通过柔性结构与铅芯橡胶隔震支座的组合来吸收和适应不同单体间变形并减小地震作用,解决了结构设计上的难题。

2. 施工创新

施工过程中针对苏州现代传媒广场工程项目技术难点,与设计院、高校联合共同展开了一系列的科研攻关,形成了多项施工创新技术,整体达到国际先进水平,两项技术达到国际领先水平。

(1)首次研发了"跨沉降缝钢桁架附加应力消除安装法",成功解决了巨型桁架结构两端不均匀沉降引起的附加变形施工难题,获省级工法1项、国家专利2项,达到国际领先水平。

(2)首次研发了"悬链状钢屋盖超大高差轨道(40.75m)累积滑移安装法",成功解决了超大弧长柔性悬链状钢屋盖安装难题,获国家级工法1项、国家专利3项,达到国际领先水平。

(3)研发形成了"高空曲面网壳全过程数字建造技术",有效解决了网壳单元制作、安装过程误差累积等技术难题,获省级工法1项,达到国内领先水平。

(4)研创了"空间M形预应力钢结构天幕建造技术",成功实现了钢结构天幕高空无支架单元式拼装及张拉,获省级工法1项、国家专利5项。

(5)研创了"弧形鱼鳞铝板外遮阳系统安装技术",有效的解决了酒店、商业楼南北立面铝板遮阳系统的安装,获得了2015年度建筑装饰行业科技创新成果奖。

(6)综合运用了2 000m²演播厅(大空间)空气采样及雨淋消防系统施工安装技术、暖通设计与消声技术、舞台系统、灯光吊挂系统设计与应用等多项技术,演播厅达到国际先进水平。

(7)研发了国内外首例"预应力交叉张弦钢楼梯建造技术",成功解决了下沉式广场部位主干道公共楼梯大跨度、重荷载的要求。获授权发明专利1项、授权实用新型专利2项。

10.3.2 管理创新

1. 基于BIM的复杂钢结构综合体项目管理技术

(1)通过BIM软件将钢结构模型与土建模型拼接到一起能够精细地分辨出钢结

构与土建专业构件的对应关系，在模型中能一目了然地看出不同专业之间的构件关系，避免出现标高错误构件重叠等影响施工的问题，两个不同专业的人员也可以通过BIM软件更直观地了解到对方专业与我方在施工过程中会出现的问题，及时解决问题提前预防避免出现协调不及时影响工期等问题。

（2）通过地下室主体结构模型与深基坑围护结构模型之间的碰撞情况，在施工前期即可与设计院协调，调整设计，减少施工过程中的变更和返工。

（3）通过BIM将土建和安装的模型导入到Luban BIM Works中，形成一个由土建主体结构及安装综合管线构成的三维的虚拟空间，利用计算机自动检测各构件之间的位置关系，从而确定发生碰撞情况的构件。由于设计单位一般对安装各专业之间都采用单独深化，不考虑专业间的位置关系，再加上与土建建筑、结构之间的矛盾，往往存在较多的构件碰撞情况，若在施工前不能及时预知，则可能造成工期及材料的损失。特别是在预留洞口方面，待结构已经浇筑完毕后才发现没有留洞，造成的损失是相当大的。利用BIM碰撞检查，能够在施工前对上述问题做到心中有底，进一步提升项目管理的能力。

（4）本工程大型能源中心拥有苏州市目前民用建筑中采用集中供冷的最大冷量的制冷站房，总制冷量约9 000冷t；系统涉及全面，采用材料设备涉及国内外多种品牌，最大管径为DN700，且需安装于近6m的高位。施工依托BIM深化设计，设备、管线综合布局，分区控制，支吊架、减振设备优化选型，科学组织大型管道及设备运输、吊装。并提供了基于BIM技术的全寿命周期维护的设计、施工、运维一体化全过程解决方案。

2. 基于BIM的施工管理技术

（1）BIM资料数据库

1）由于项目结构复杂，项目部技术人员可依据已建好的模型通过BE（包含上传工程、系统登录、项目查询、BIM查询和资料管理）查看工程的重点、难点以及每一层单个构件（梁、板、柱）的参数及相对位置，在交底会议中利用大屏幕进行三维交底，加强施工人员的理解。

2）由于工程规模较大，施工工期长，施工资料的整理也是工程的一大重点，依附于BIM技术，我们随着施工进度的推进，将各分部分项对应的工程资料（主要包括原材复试报告、工序报验等）相继传到系统中，可以通过三维模型实时查阅相关资料，非常直观，为竣工资料的归档奠定基础。

（2）施工方案的可视化比选

BIM技术在施工中一大优势为可视化功能强大，相比原有的二维技术，对施工方案的优化和比选起到一定的监控作用。如本工程中隔墙的拆除、地铁连通口的施工具有一定的安全隐患。在讨论施工方案时，项目部利用BIM模型与图纸与现场实际情况做对比，合理安排机械设备进场路线及停靠位置，避免遗漏死角。

（3）移动客户端安全质量管理系统

在项目上开展iBan移动应用，通过iBan移动客户端的照相功能，将现场拍摄到的施工有待改进的部位上传到PDS系统中，与BIM模型进行对比，从而找出问题，而且可以在施工技术交底会议或安全质量会议中以大屏幕的方式进行对比介绍，这样就省去了查阅图纸等烦琐的工作，提高会议的质量及效率。

（4）成本分析的应用

基于建好的施工模型，核算部通过MC及BE实时调取工程量、价数据，其主要功能还是提供精确的工程量，以便与手工计算的量进行核对，有效避免项目施工过程中的少算漏算，真实反映项目的盈利水平。加快项目结算的过程，提升项目预算的精度与效率，同时为材料部提供数据制定下阶段材料需用计划。实现项目的精细化管理。

（5）BIM和条形码技术结合应用

针对专业钢结构构件非重复性、单一性强、产品物料清单不可重复性的行业特征，"建筑钢结构成品构件条形码信息管理系统"应用于钢结构专业。

传统的条形码包含的数据较少，无法满足建筑材料庞大的数量。现借助BIM技术的信息采集功能可将每一个钢构件都用二维码记录下来。在加工阶段，工厂会在二维码中输入录入材料标高、轴线、坐标等位置信息的条形码标签，材料送到现场后通过仪器扫描就能知道这些材料的用处和位置，既便于及时调配和安装，也便于暂时存储和后期调用。

（6）钢结构制作、安装进度控制

利用上游设计软件tekla，把模型导入luban BE浏览器中进行时间阶段定义，施工进展一目了然。

3. 复杂钢结构综合体建筑绿色建造综合技术

在行业内率先开展了技术创新在复杂钢结构综合体建筑绿色营造的基础研究，围绕"四节一环保"五项核心内容，结合复杂钢结构综合体建筑施工的实际情况，以可持续发展的眼光重新审视传统工艺，通过采用：

（1）"两墙合一"地下连续墙施工技术；

（2）自密实混凝土施工技术；

（3）钢筋自动加工数控成套设备；

（a）"两墙合一"地下连续墙施工　　（b）C60高抛自密实混凝土施工　　（c）钢筋自动加工数控成套设备

（d）集成式升降脚手架应用　　（e）液压自提升卸料平台应用　　（f）盘销承插式脚手架应用

（g）液压移动式布料机施工　　（h）大型动臂式内爬塔式起重机　　（i）BIM技术综合应用

图10-5　绿色建造综合技术应用示意图

（4）外防护集成式升降脚手架；

（5）液压自提升卸料平台；

（6）承插式新型脚手架；

（7）BIM技术综合应用等。

多项绿色建造技术在复杂钢结构综合体建筑中的应用，进行了一次涵盖施工全过程的绿色施工创新技术研究和实践，实现了技术创新在复杂钢结构综合体建筑绿色施工中的规模化应用，形成了适用于复杂钢结构综合体建筑绿色施工的具有指导性和实用性的技术创新推广体系。授权发明专利1项；授权实用新型专利5项（图10–5）。

10.4　工程项目成果

苏州传媒广场工程项目在技术管理创新方面已荣获：华夏建设科学技术奖一等奖、中国土木工程詹天佑大奖、中国建设工程鲁班奖、中国钢结构金奖、中国钢结构协会年度经典钢结构工程、"金钢奖"特等奖、全国优秀工程勘察设计行业奖、江苏省城乡建设系统优秀设计一等奖、住房和城乡建设部绿色施工科技示范工程、中建协绿色施工示范工程、中国工程建设BIM应用大赛推广应用奖、8项发明专利、17项实用新型专利，2项国家级工法、5项省级工法等荣誉。

苏州现代传媒广场交付以来，已成功举办多场大型活动录制，结构安全可靠，设备运转正常，节能环保，系统运行良好，功能满足设计和使用要求，得到业主及社会各界的一致好评，为苏州文化产业发展注入了新活力。通过在现代传媒广场工程项目总承包管理的积极实践，整个项目施工管理顺畅。同时在实施过程中形成了一套针对超大规模工程总承包项目的系列方法，为集团在2019—2025年期间的工程项目管理和科技研发方面积累了经验。

10.5　工程项目经验

10.5.1　科技研发经验

中亿丰科技工作总结苏州现代传媒广场工程科技研发经验，始终坚持"科技支撑发展，创新引领未来"的指导思想，在全面开展跟随创新、集成创新的同时，大力做好原始创新，在绿色建筑、智慧建造、建筑工业化三大重点研发方向不断取得重大突破，并通过管理创新与技术创新形成双轮驱动，强化企业核心竞争力，为企业转型升级保驾护航。围绕企业改革发展的战略目标，坚持以"服务经营、支撑发展、引领未来"为宗旨、坚持以创新驱动企业发展作为科技工作的中心任务、坚持以提升企业核心竞争力为重点，加强体系建设和能力建设，以提升自主创新能力为中心环节，以技术集成为发展方向，切实把科学技术转化为现实生产力，依靠科技优化产业结构，依靠科技增加品牌含金量，依靠科技创造更大经济效益作为工作重点，依靠科技进步把企业改革发展结合起来，全面提升企业核心竞争能力，推动企业转型升级，实现创新驱动发展。

（1）加强重点技术研究。切实研究建筑业变革趋势，做好重大技术的预警，加强对颠覆性技术替代传统产业拐点的预判，加快部署一批具有重大影响、能够改变或部分改变建筑业生态格局的颠覆性技术研究，在绿色建造、智慧建造、建筑工业化、高端技术装备、新材料研发等方面寻求技术突破。做好大数据、云计算、物联网与智能传感等技术的集成，实现建筑与城市基础设施的全寿命智能运维，在轨道交通、地下空间、大型桥隧、海绵城市、综合管廊、旧城改造、品质提升等领域寻求技术突破与引领。围绕"一带一路"，做好海外先进技术的引进、消化与吸收，做好中国标准与海外建设标准的对接，有力支撑海外业务发展。

（2）完善科技研发体系。建立并完善工程研究院和国家级技术中心的功能定位，打造覆盖"科技研发、方案优化、技术服务、成果推广"的统一实施和服务平台，优化工程研究院与集团科技部、集团属二级单位研发、技术机构的关系，紧密地结合工程承包业务当前和未来发展的需要进行课题研发立项。切实建立并借助博士后工作站、院士工作站的人才优势，继续加大与高等院校、科研机构的合作力度，积极开展人才互动和业务协作，促进内外部资源共建共享，打造开放的科技研发平台。

（3）提升工程设计平台功能。依托集团工程设计院，打造全集团工程设计业务的组织实施和统筹管理平台。发挥外联内生功能，协力推进"PPP+EPC""F+EPC"等投资建设模式的创新落地，助推企业转型发展。同时，对传统建造业务的深化设计和设计优化发挥引领和服务作用。

（4）加大技术成果推广力度。推进全面落实建筑业10项新技术，并结合企业实际情况，及时发布推广使用和限制、淘汰技术目录，不断提升技术进步的整体水平。以重大工程为载体，积极开展"科技研发""示范工程"活动，不断提高施工技术水平，提升科技进步贡献率。完善技术进步工作的顶层设计，从企业层面保证科技进步所需资源，做到科技推广应用基金提取和开支到位，加速重大科技成果在工程项目上的推广应用。

（5）强化技术基础管理工作。一是规范立项、验收程序和效益认定办法，为"双优化"（优化组织设计、优化施工方案）工作的开展提供制度保障。加强"双优化"创新成果的评审，根据技术的成熟程度，梳理出"普及技术、推广技术、研发技术"三个层次，做到普及技术强制执行、推广技术予以奖励、研发技术重点扶持。二是提高施组（方案）编制质量。加快推进技术方案的图表化、可视化进程，加速BIM技术的普及应用，做到编制深度到位。严格执行技术方案计划管理制度，各项工程均应编制《施工方案编制计划》并报法人单位审批，做到各项方案识别充分、授权正确，各级单位按照授权严格管理，切实提高技术方案的编制质量。将施工组织设计（方案）纳入工程分包合同，倒逼技术文件的编制质量提升。

（6）创新科技管理工作。加快BIM技术的推广应用，到"十三五"末在全集团实现普及应用。实施专利战略，围绕企业核心产品，通过对行业标杆的"专利分析"，找准技术研发工作的发力点，逐渐完善专利布局，形成核心专利池，提升专利申报的质量，同时，更好地服务和支撑企业市场竞争。开展高新证书维护常态化试点工作，重点研究并解决如何将"科技投入费用、高新收入、研发项目、高新产品"等纳入项目策划，做到科技工作与施工生产的深度融合。

10.5.2 项目管理经验

中亿丰建设集团总结苏州现代传媒广场工程项目管理经验，优化项目管理核心思想，遵循项目独立核算体系、市场化配置资源、项目管理责权利统一、契约精神。2019—2025年期间，中亿丰项目管理工作以提升项目管理标准化、促进项目管理信息化、推动项目管理人员职业化、实现项目管理科学化为目标。

（1）坚持"法人管项目、系统化管理、持续改进、相关方满意"的项目管理方针。坚持法人管项目：统一项目基础管理模式，强化企业的项目管理策划及资源集中调控，规范企业层面对项目的引领、服务、监督行为，确定企业、项目部两个层次的责任及相互关系，促进项目管理体系有效运行，以履约为本，以效益为重，以现金为王；坚持系统化项目管理：规范项目管理基本流程和做法，以项目管理责任目标为中心，确定企业和项目部工作职责，提高企业行政效率，促进项目部执行效率；坚持持续改进：总结、提炼成功经验，改进项目管理制度，优化项目管理体系，健全项目管理考核，提高项目管理绩效；坚持相关方满意：以技术先进、成本节约、安全文明、过程环保等手段建设完美工程，实现建设方满意；提升企业人员道德修养、工作技能和职业发展前景；保障工人职业安全、技能发展和经济利益；加强与优秀供应商、分包商的合作与信任，展示中亿丰企业形象及管理水平。

（2）施工生产管理。根据中亿丰编写的《企业标准化管理手册》和《项目管理手册》，持续推进贯彻实施，规范全集团项目管理行为，注重精心服务、精细管理，打造精品工程，促进生产管理升级。加大对海外、基础设施项目的管控力度，规范管理行为，在确保质量、安全、履约的前提下，逐步形成与房建相融相通的标准化管理体系，保障集团转型升级战略顺利实施。以科技为支撑，以施工工艺升级为主要手段，以市场化模式提升企业资源配置快速响应能力为核心，构建企业与优质生产要素资源供给商共同关心项目的利润、价值创造、客户需求的平行的、共生的供应链新型关系，以提高生产效率，维护社会和谐，推进降本增效。以绿色施工为抓手，持续推进绿色施工创新研究和实施，打造"绿色中亿丰""节能中亿丰"，增强企业竞争力。系统性开展总承包管理能力提升工作，打造全集团项目管理信息新系统，开展房建履约分级管理，建立大履约管理体系，健全环境管理体系，组建环管部门，优化分包考评机制，上下联动，分区域进行分包队伍的选、用、考、评。

（3）安全生产管理。广泛宣传"敬畏生命，关注安全，监管并重，落实责任"的安全理念。

建立完善的安全生产管理标准体系、安全生产责任体系、应急救援体系，把每月都视为"安全生产月"，每天都行走在"安全万里行"的路上，"防风险、除隐患、遏事故"，确保企业健康发展。探索多种形式的安全教育培训方法及模式，提高安全监管队伍整体水平。注重安全监督方式方法的创新，不断强化提高安全监管能力。

（4）工程质量管理。实行项目质量管理五项标准化：即管理机构和岗位设置标准化，检查考评工作标准化，施工工艺标准化，细部节点标准化，管理行为标准化，以"质量管理标准化工地"创建为抓手，深入开展质量管理能力提升活动，不断提升施工过程精细化水平。强化工序质量检验验收管理，做到施工过程旁站管理全覆盖，做到不合格项逐一记录、逐一闭合，做到重点环节、重点部位照片、视频见证。以公司为主体，进一步强化工程质量预验收制度，加强企业总部对工程质量的监管。集团和二级公司应建立质量诚信记录，以项目部及其分包单位为重点逐步覆盖到"全员"，全面记录质量奖惩情况，严格实施"优质优先、劣质退出"制度，营造工程质量"人人有责、违法必究"的法制环境。推进质量检查信息化，搭建基于互联网的质量工作平台，形成质量管控工作"线上流程"与"线下流程"的紧密衔接，逐渐积累企业质量管控大数据库，提高管理的科学化水平。

（5）成本管理。推动项目盈利能力持续提升。一是加强基础管理，通过标准化、信息化、精细化建设促进成本管控高效优质运行。二是突出"三点两线一流"全面管控，即以创效点、亏损点、风险点"三点"分析为基础，以生产线和商务线"两线"并行为重点，以技术为支撑，以现金流为根本，构建项目全生命周期的"利润+现金流"管理新常态。三是推进"五化"管理，即项目目标管理常态化、商务策划动态化、工程确权指标化、结算管理时效化、商务信息化，实现大盈利结算项目比重进一步提高。四是提高融投资、工程总承包管理模式下从设计优化到交付使用的项目全生命周期管控能力。

10.6　企业发展愿景

实现企业发展愿景，必须以习近平新时代中国特色社会主义思想为指导，以建国七十周 年为动力，以更豪迈的步伐跃进中亿丰时代高质量发展阶段，不忘初心、牢记使命，全面贯彻落实党的十八大、十九大精神，牢固树立"创新、协调、绿色、开放、共享"新时代新的发展理念，赋予其切实、合理的新的内涵，深入推进企业深化改革，构建"行动军事化、工作标准化、作风严谨化、管理精细化"的中亿丰团队，谱写和铸就"务实高效、使命必达"的中亿丰作风。实现企业"更强、更优、更大"，促进企业高质量、高品质持续健康发展，实现"缔造一流城市建设服务商"的宏伟远景。

10.6.1　指导思想

公司在"十四五"期间将以更强、更优、更大作为指导思想引领企业发展。

更强，是指企业发展的能力更强。 一是市场竞争能力更强，在高端市场、客户维护、产品系列、服务水平、用户满意等方面要有区域绝对优势，区域市场地位更加巩固；二是创新驱动能力更强，增强技术创新、管理创新、模式创新和机制创新的能力，企业发展更加强劲；三是资源配置能力更强，优化人力资源、财务资源、技术资源和信息资源的配置，企业发展保障更加有力；四是集团管控能力更强，提高战略引领、业务协同、风险管控水平，坚持以客户为中心，以奋斗者为本，坚持长期艰苦奋斗，坚持自我批评，企业治理更加科学。

更优，是指企业发展的质量更优。一是业务结构更优，推动房屋建筑、基础设施和投资运营的协同发展，业务结构更加合理；二是市场布局更优，聚焦总部市场、战略市场、潜力市场和海外市场，区域优势更加显著；三是经营业绩更优，追求经营增长、盈利能力和债务风险的平衡，资产结构更加优化；四是员工生活更优，坚持以奋斗者为本，让广大员工共享企业改革、转型发展成果，归属感、自豪感和幸福感更加增强。

更大，是指企业发展的影响更大。一是经济总量更大，释放规模效应，提升企业能级，综合实力更加雄厚；二是品牌价值更大，注重品牌塑造、品牌维护、品牌推广和品牌提升，客户的认同度、认可度更加提高；三是行业贡献更大，注重绿色施工、智慧建造、组织方式和产业模式的领先，区域行业的领先力更加凸显；四是社会影响更大，展示行业区域标杆和中亿丰团队的风采，政治责任、经济责任和社会责任更加依然彰显。

10.6.2　基本原则

结合内外部环境和企业的实际，公司在"十四五"期间发展应遵循以下基本原则：

（1）速度与质量相结合。经过多年的稳健快速增长，公司已处于高位运营的发展态势。面对高质量发展的新要求，速度与质量必须统筹兼顾，合理确定未来的发展速度，既要高质量发展，又要保持属地行业排头、领先地位。

（2）公平与效率相结合。在深化改革、转型升级、强化资本投入回报的压力下，资源投入必须坚持公平与效率相结合，公平不是平均分配，而是建立公开透明的资源配置规则。企业紧缺的资源，应向优势板块和优势企业集中，向热点领域集中，向经济高地集中。

（3）传承与创新相结合。经过多年的发展，公司积淀了深厚的文化底蕴和管理基础，必须不断总结、完善、传承。相对于快速变化的外部形势，我们在新兴业务、商业模式、发展路径等方面，需要坚持创新思维，实现结构优化与动力转换。

（4）内生与外联相结合。在不断增强自身能力、促进内生发展的基础上，以属地化的方式积极运用并购整合、业务联合等手段，快速实现新业务的高点起步、与既有业务的协同联动、规模人才技术的同步就位，助推公司全国化、国际化战略布局模式的稳健和高效实施。

（5）授权与统筹相结合。工程建造尤其是房建业务和基础设施业务是我们的成熟业务，集团属二级单位都有较强的管控能力，可通过完善授权管理体系，适当采取授权管理，并建立负面清单，加大问责力度。对创新业务和非正常事项，总部统筹管理，强化集团管控，防控经营风险。

10.6.3　发展战略

"十四五"期间将以打造、战略引领力强、品牌影响力强、价值创造力强、企业管控力强、科技创新力强和团队凝聚力强的"六强企业"为指引，以"提质增效、转型升级"为总体发展基调，实施"稳增长、调结构、促转型、提品质"的总体发展战略，以"差异化竞争、产业联动、精细化管理、人才强企、科技创新"为战略路径，加速推进由房建业务独大向房建、基础设施、综合投资业务协同发展转变、从工程承包商向建造商、综合投资商和运营商"三商一体"转变、由参与国际工程承包向成为国际化企业转变、由做大到做强做优转变、人力资源由数量型向质量型转变的"五个转变"，构建大平台，充分整合利用好内外部资源，认真落实各项支撑措施，以诚致远，"和合"共赢，力争在"十四五"末，在现有基础上再造一个中亿丰，成为"江苏著名、全国知名"区域行业最具竞争力的投资建设集团。

第11章

工程项目管理与治理能力现代化

11.1　北京城建建设工程有限公司简介

北京城建建设工程有限公司（简称建设公司），为北京城建集团下属全资子公司，是1983年由中国人民解放军基建工程兵集体转业组建的大型国有企业。具有建筑工程施工总承包特级资质、建筑行业设计甲级资质、市政公用工程施工总承包、机电安装工程施工总承包壹级资质、建筑装修装饰工程专业承包、钢结构工程专业承包等多项高等级资质。

建设公司积极投身国家改革建设事业，从20世纪90年代初参建昌平自行车赛场等亚运会场馆建设，到21世纪初期完成了国家体育场、国家六剧院、国家博物馆、奥运村、首都国际机场T3号航站楼等一大批奥运场馆和重点工程建设，同时承担了北京近百万平方米的保障房、公租房及棚改回迁安置房等重大民生项目建设，共有15项工程荣获中国建筑业鲁班奖、国家优质工程奖和詹天佑大奖，100余项工程荣获北京市等省市级建筑质量最高奖。

建设公司先后获得全国建筑业AAA级信用企业、北京建设行业AAA信用企业、北京建设行业AAA诚信企业、中国建筑业最具公信力十大品牌、中国工程建设领域最具竞争力10强品牌、全国用户满意企业、全国建筑企业科技应用先进单位、全国优秀施工企业、全国质量效益型先进企业、全国十大和谐企业文化奖、全国科技进步先进施工企业、推广鲁布革工程管理经验先进企业、贯彻实施建筑施工安全标准示范单位、首都劳动奖状、首都文明单位、北京重合同守信用单位、AAA级安全文明标准化工地、AAA级安全文明标准化诚信工地等荣誉。

建设公司作为项目法施工的起源地，第一个大胆引进先进施工理念，20世纪80

年代率先在工程项目上全面推行项目法施工，并在理论上不断完善，在实践中不断发展，有效地推进了国有大中型施工企业生产方式的变革，大大地解放和发展了生产力，一大批工程项目的质量、工期、成本、安全、文明施工的管理水平明显上升。项目法施工研究与应用于1993年荣获国家科技进步三等奖。经过多年的实践、完善、提高，项目管理体制运行良好，已成为工程管理必须遵守的准则，对保证公司持续高质量健康发展具有重要意义。

目前，建设公司正在以建筑行业施工企业领先水平的姿态昂首阔步迈向新时代，企业发展规模进一步壮大，发展质量进一步提升，核心竞争力进一步增强，企业科学发展道路越走越坚定，越走越宽广，越走越红火。

11.2　工程项目治理体系案例

项目治理是一种符合组织治理模式的项目监管职能，覆盖整个项目生命周期。项目治理框架向项目经理和团队提供管理项目的结构、流程、决策模式和工具，同时对项目进行支持和控制，以实现项目的成功交付。对于任何项目，项目治理都非常关键，尤其是对于复杂和高风险的项目。通过定义、记录和沟通可靠的、可复用的项目实践，项目治理为控制项目并确保项目成功提供了一套全面的、一致的方法。它提供项目决策框架，定义项目角色、职责和追责机制，评价项目经理的有效性。

在对项目治理过程中，通过公司制度及纲领性文件、规范，约束和促进项目管理行为，同时在过程中不断监督执行，梳理公司各项规章制度、项目的目标责任书、项目指导性施工组织设计文件及其他公司计划性文件等，公司在要求项目部做好前期策划的同时，做好过程督导。

公司始终坚持落实落细"四清晰一分明"（目标清晰、责任清晰、过程清晰、结果清晰、奖罚分明）"四个不能变"（项目独立核算的原则、市场化配置资源的原则、责权利统一的原则、契约精神的原则）"五个100%"项目管理要求（项目管理目标责任书签约率100%、项目风险抵押金缴纳率100%、项目过程监控100%、项目审计考核100%、项目奖罚兑现100%），实现各层级的全面盈利。进一步完善项目策划，规范经营盘点、考核及分析活动，关注利费满足率指标，指导项目经营风险量化评价工作，做好项目经营风险管控，提高精益化管理水平。

项目治理覆盖项目整个生命周期，对于任何项目，项目治理都非常关键，尤其是对复杂和高风险项目，项目治理需要多方人员出谋划策，项目治理与组织治理合理分开。

案例 某礼堂整体改造和地下车库工程

11.2.1 工程概况

该工程总建筑面积：$55\,623\text{m}^2$，地下$42\,451\text{m}^2$，地上$13\,172\text{m}^2$，地下为车库，主要为解决院内居民停车难问题；地上主要用于会议和文化活动交流。地下3层，地上3层，局部7层，檐高31.8m；基础东西长203.9m，南北宽104.1m，基础形式为独立柱基+防水板，框架剪力墙结构，局部为钢结构。屋面为钢网架组合楼板，看台为钢桁架，高支模大跨度预应力空心楼板有十几块，楼层高低错落无标准层，外墙为石材幕墙，地上室内为精装修。

在某礼堂工程施工中，以尊重科学、尊重设计、实事求是的态度，以追求完美、永无止境的精神，坚持"质量第一、预防为主"的方针，用城建人的智慧和汗水，将某礼堂工程打造成一座艺术的殿堂、一座经得起时间考验的建筑丰碑。

11.2.2 组织机构管理

某礼堂整体改造和地下车库工程得到中标通知书后，公司就是否成立项目经理部及拟成立项目经理部的名称、项目级别及定员编制意见上报公司经理办公会审议通过，企业管理部根据经理办公会意见起草成立项目经理部文件；党委工作部按照干部管理程序拟定项目班子成员并提交公司党委会研究审议；人力资源部按照项目编制定员总量及项目需求，按照公司系统管理办法规定协调各业务系统配备项目管理人员。

11.2.3 项目特点与难点

1. 结构形式复杂，施工难度大

某礼堂工程外观形象庄重典雅，结构形式既有混凝土框架剪力墙结构，也有预应力空心板，还有钢结构看台及钢结构桁架，礼堂地上结构由于结构布置不规则，含夹层板、梁较多，标高多变，楼层跨越多变，现场施工难以形成有效流水，周转材料一次性投入量大，施工周期长。

2. 工期紧，施工过程跨越雨季、冬季，季节性影响大

某礼堂工程计划工期413日历天，结构施工跨越冬季、主体装饰装修工程跨越雨季，将造成季节性施工投入加大和施工效率降低，针对易受季节影响的分部分项工程量大的特点，需根据其所处的季节及施工阶段，进行季节性施工措施的研究，作出相应施工方案。根据北京地区气候条件，除需考虑冬雨季外，还应针对特殊天气等因素建立反应机制，为保证工程进度提供有力支持。

3. 施工质量标准高，总分包管理难度大

不同于一般的公共建筑，某礼堂工程设计复杂，工期紧、质量标准高（鲁班奖）。项目部根据工程特点，通过合理配置技术、质量人员结构，形成强有力的技术、质量保障体系。

本工程主要有石材幕墙、仿古建彩绘、钢结构、预应力分包工程及由甲方直接分包的电梯工程、舞台机械工程、舞台灯光、音响设备安装工程、室外园林绿化、道路工程等工程，存在着大量工作面交接、工序衔接、配合、协调等工作，管理难度大。工程施工过程中，要求技术管理工作紧紧围绕工程技术经济和鲁班奖目标，强化施工组织、方案的优化、技术交底的针对性和可操作性，做到施工方案科学、合理，技术交底清晰明确。结合技术质量人员现场跟踪作业、检查指导，有效保障了施工生产的顺利推进和对施工质量的良好预控，并实现了对工程成本的有效控制。

4. 施工技术难点及重点

（1）大跨度预应力空心楼盖施工

礼堂楼板从负一层顶板到三层顶板每层均存在多处分布不均的预应力空心楼板，空心楼板厚度不一，采用椭圆形轻质聚苯填充材料作芯模，填充材料最大截面尺寸500mm×550mm，楼板支模高度19.2～24.8m，最大单块空心楼板面积达560m²。空心楼板是结构工程施工的重点和难点。

（2）钢结构单件重、安装难度大是结构施工的重点

本工程钢结构主要分布在礼堂的观众厅二层看台和屋面、观众厅走廊、舞台上空屋面等，鉴于以上跨度大、单件重的具体特点，吊装机械和吊装方案的科学选择是本工程钢结构吊装重点、难点。

（3）预留、预埋施工

玻璃幕墙、舞台机械设备、钢结构等需要在结构上进行大量的埋件预埋，精度要求高，也是本工程的另一施工难点。

（4）多种复杂工艺应用

结构采用了多种先进、复杂工艺，包括大跨度预应力混凝土空心楼板、大跨度钢桁架、高强高性能混凝土工艺等。特别是预应力部分需混凝土强度达到设计要求才能进行张拉，对周转材料的占用周期及占用量明显加大。

（5）多专业工种立体交叉作业

在工期紧张的情况下，土建、钢结构、幕墙、舞台机械设备安装及其他机电安装等各工种交叉作业多，对总承包商的组织、协调及管理能力提出了较高的要求，同时对施工的整体进度形成了一定制约。

11.2.4　项目经营设计方案

某礼堂工程施工前期，公司经营部门会同项目经营人员对经营成果进行测算，即项目经营设计方案。该工程合同总造价2.82亿元，其中有效造价土建自施部分1.5亿元。通过前期分析项目各项收支数据，发现该工程常规亏损为劳务费和周转材料，通过测算，两项共亏损1 500万元。另外钢筋单价兰格网下调200元/t，突破较大，混凝土单价与实际支出基本持平，两者工程量的实际消耗又多于图纸计算工程量，造成这两项盈利空间较小。通过对比分析专业分包的价格，测算的盈利率仅在5%～8%。针对招标文件规定3次付款时间节点以及人工费不予调整等条款，项目领导抓住合同谈判的时机，全力争取主动。对于人工费的把控，在签订合同时，新增约定"施工期间人工费调整方式，根据北京市有关政策文件，结算时双方协商确定是否调整以及调整方法"以及对付款节点增加至9次的改变。虽新增约定在描述上存在极大的不确定性，但也不是没有突破的可能。由于在施工过程中工程质量好、服务周到，"急甲方之所急，想甲方之所想"，沟通到位，与业主方达成一种和谐友好的氛围。最终精品工程的交付使用，获得业主方的一致好评，从而人工费得到了调整。对于周转材料的把控，投标报价时模板方案是按小钢模考虑的，可本工程质量目标为鲁班奖，采用小钢模无法满足质量要求，实际使用的周转材料为新采购的木材、多层板，且在抢工期，大部分木材、多层板均为一次性投入未周转。评比鲁班奖前期，项目部编制了关于鲁班奖提升做法的现场签证，其中就提到了模板方案，当时处于鲁班奖评比的关键时期，最终业主签字确认并在结算时给予一定的补偿。

承接一个工程，就要为企业创造一份效益，前期的测算潜亏700余万元，二次经营方案将甲指分包的室内精装修、外墙石材装修、礼堂座椅等大项划入总包范围内，才有可能实现扭亏为盈的局面，但合同内总包管理费计取了2%仅155万元，与预期目标相差甚远。过程中多次与业主交流沟通，最终同意甲指分包单位与总包签订合同，这样为总包方赢得了主动权，后期谈定甲指分包单位的合同价及结算价要包含总包方5%的管理费，最终在分包结算时将总包管理费扣除。虽然过程艰难复杂，但最终的结果还是与设计方案的初衷保持一致，某礼堂工程最终盈利额也达到了各方满意的水平。

11.2.5　项目管理措施及效果

项目经理部成立后，公司经营管理部在规定的时间内与项目签订《项目经济承包考核责任书》，统一班子思想，明确项目抵押金缴纳金额。项目领导班子足额缴纳。通过民主决策，组织好各项招标，严格控制成本，使得风险抵押金与项目的盈亏联动挂钩，鼓舞了士气，鼓足了干劲。某礼堂工程作为公司的重点工程，经营管理部牵头的盘点工作除了每个季度盘点检查，过程中不定时多次到现场指导经营工作，并提出了宝贵的意见和中肯的建议，分析实时的项目经营情况，对于重点难点部分，出谋划策，并在合规的前提下，打破烦琐流程，及时帮助项目完成各项手续，在经营工作的时间和质量上均取得了成效。

11.2.6　施工部署

1. 施工组织机构

项目经理部编制定员：项目经理、项目副经理、总工程师、总经济师、总会计师以及配套的技术、质量、试验、测量、计量、物资、设备、消防、保卫、安全、环保、卫生等各部门、各专业的管理人员。

2. 项目部主要人员分工及职责

（1）项目经理：对工程项目的质量目标、进度指标、经济指标、安全责任负全面领导责任。

（2）生产副经理：对工程的进度、安全生产、文明施工、材料调配、劳力调配负直接领导责任。

（3）项目总工：对工程的质量、技术管理、计量管理、试验管理负直接领导责任。

（4）栋号长：对栋号工程的生产指挥、质量要求、技术交底等负直接领导责任。

（5）项目质量工程师：对整体工程质量工作负监督检查职责。

3．设备、构件、配件、加工产品、材料采购的分工

材料考察及采购主要由材料主管负责，会同技术质量、经营部门共同确定厂家后，由经营部门统一签订合同。

钢筋5 000余吨，考虑资金的压力选择两家以上合格供货商供货；混凝土近3万m³，在考察周围搅拌站，经比较后确定实力强的厂家供货（混凝土运距控制在20km以内）。甲供设备由甲方根据总包单位的总体计划及时进场。

材料部门根据施工进度计划提前确定供应厂家，根据技术部门的材料计划及时组织进场。

4．总包配合与服务的范围

（1）根据进度安排，提前通知分包单位进场准备。

（2）提供场地上已有的脚手架和工作平台。

（3）提供现场的垂直运输设备，并做好各单位使用时间上的分配。

（4）提供现有的动力及照明电源给各分包单位使用。

（5）分包单位提供设备及材料的堆放场区、少量人员的临时生活区和办公室。

（6）提供现场的测绘资料供分包单位参考使用。

（7）根据分包单位的实际需要，给分包单位提供使用的操作面、储存库等。

（8）分包单位在其分包的项目中，做好安全防护工作，做到无伤亡事故发生。

（9）分包单位在施工中做到工完场清，既为下一工序的分包单位提供作业环境，又不能影响总包单位创建文明安全现场目标的实现。

（10）分包单位所需专业劳务人员及机械自带。

5．工期计划

根据本工程场地狭小，工期紧，施工准备时间短等特点，为保证合同目标的实现，采用预拌混凝土，加大机械和劳动力的投入。项目经理部加强管理，以保证质量，加快进度。

总体施工安排：9月进行临设搭建、施工组织，10—11月初完成清槽及验槽施工，11月初开始基础结构施工，次年1月中旬完成±0.00以下结构施工，次年5月中旬完成主体结构施工，次年3—5月中旬进行钢结构施工，次年3—5月进行二次结构施工，次年3—9月进行装饰装修施工，次年5—9月进行外墙幕墙施工。机电设备安装从次年3—9月，大型设备在8月底前安装完毕，系统调试在9月底前完成。

为保证工期和施工质量，现场采取有效的措施和合理的施工安排予以保证：

（1）合理划分流水段，增加作业面，以加快施工进度。

（2）提前做好结构实体检测，合格后立即进行结构验收；结构分两次验收，地下结构、地上结构分别及时验收，保证提前到3月插入二次结构和初装修。

（3）视工程需要，适时增加人员、周转料及设备，保证按计划工期顺利实施。

11.2.7　施工进度管理

1. 劳动力组织措施

提前编制劳动力需求计划，及时组织人员进场施工，根据工程进度需要，及时调配人员。

2. 物资采购和设备管理措施

做好物资采购工作，制定物资采购计划，按施工进度提前10天组织进场。每天检查设备运转情况，定期对设备进行保养，发现问题及时处理。

3. 技术措施

根据施工进度，提前进行专业会商，加强设计深化的力度，为顺利施工奠定基础。根据现场施工进度，设立专门的深化设计人员，在项目总工的领导下，综合设计图纸、现场实际、工艺要求、精品工程质量标准等因素，根据施工进度要求，在规定时间内完成完善的深化设计，用于指导施工和材料选购，同时，在施工过程中根据需要不断完善深化设计。

每一项分部分项施工之前要编制清晰的、详细的、有针对性、可操作性强的施工方案，并与相关施工队伍详细交底，使其充分领会施工技术要求，避免施工出现不必要的返工。在重点工序、部位施工前要加强现场巡查，发现问题对劳务管理层和作业人员进行及时补充交底。

根据工程特点和难点采用先进的施工新技术、新材料和新工艺，提高施工功效，保证工程质量，缩短施工工期。

4. 资金保证措施

及时审批专业分包单位、材料供应商、劳务作业单位付款申请，按合同约定及时支付工程款、材料款、劳务人员工资，保证合同履行率，使工程顺利开展。

11.2.8　施工主要管理措施

1. 工期保证措施

制定分级控制保证计划：根据总控计划编制月控制计划，根据月控制计划编制周计划，周计划根据前三天的实际情况，调整后三天计划并且制定下周计划，实行

3日保周、周保月、月保总控计划的管理方式。

根据进度、工程量和流水段划分合理安排劳动力和投入生产设备，保证按照进度计划的要求完成任务。

加强操作人员对质量意识的培养，提高施工质量和一次成活率。达到质量标准的一次成活率提高了，也就加快了施工速度，从而可以保证施工进度。加强例会制度，解决矛盾、协调关系，保证按照施工进度计划进行。

2. 质量保障措施

成立以项目经理为组长，项目总工程师为副组长，相关责任人为组员的质量创优组织机构。

（1）施工前，应严格按照国家现行施工规范和验评标准，组织编写工程施工组织设计。

（2）认真组织学习执行有关规章制度，加强规范、强条的学习和培训，对全体员工进行质量意识教育，牢固树立"质量是企业的生命"和"为用户服务"的思想。

（3）按照质量管理体系运行文件的要求建立保证组织体系。

（4）要根据专业特点制定本工程的质量管理重点，并成立QC小组，经常开展质量分析活动和劳动竞赛活动，做好记录。

3. 技术管理措施

（1）施工组织设计管理

项目经理在开工前组织经理部相关人员共同编制工程施工组织设计，经公司审批后采取书面形式向经理部人员及分包单位交底；接受交底人必须认真贯彻执行，按分工要求积极开展工作；变更施工组织必须经过审批，对擅自行事、违反施工组织造成损失者要追究其责任。

（2）施工方案管理

施工方案作为报请监理及公司审批施工的依据、作为施工过程中管理检查的依据、作为工程结算的依据之一，一定要体现出先行性、先进性、科学性、经济性与现实可行性的特点；编制人要具有创新思维，力求采用新工艺、新技术、新材料；方案编制后交项目总工审核，并按要求做相应修改，上报公司技术部；方案经审批后由编制人向有关人员交底，并据以执行，未经编制人同意不得擅自修改方案。

（3）技术交底管理

应按工程分部、分项进行交底，内容包括：设计要求；施工组织及施工方案实施的具体技术措施与施工方法；与其他专业交叉作业的协作关系与注意事项；各工种协作与工序交接质量检查；规范、规程、工艺标准；质量标准及检验方法；成品保护；安全措施等。

技术交底必须具有先行性、针对性、可操作性与现实可能性，杜绝空泛、潦草、敷衍等大忌。

技术交底必须用书面形式，经技术负责人（总工）审核、签认后交施工班组签认；技术交底必须交给质量部门和其他相关部门各一份以促进工作交圈。

（4）设计变更、洽商管理

贯彻先洽后干的原则，维护设计文件的严肃性；根据施工实际，主动向设计人员提出某些改善性的建议，以达到施工总体最佳效果的目的；各种签证齐全后，及时落实设计变更，以防返工或减少返工损失；设计变更、洽商文件一定要及时完整地交给经营部门并提供或帮助核定返工量（若有），以供及时办理经济洽商；设计变更、洽商要由技术部门予以办理或发放。

（5）技术资料管理

本工程的施工资料按结构长城杯标准编制，竣工图按合同要求编制三套。

4. 安全保障措施

成立以项目经理为组长，生产副经理为副组长，相关责任人为组员的安全领导小组。

（1）安全生产管理目标：无人员伤亡；无重大机械、触电、坍塌、火灾、中毒等事故发生；无重大伤残事故；轻伤率控制在3‰之内。

（2）安全管理目标计划控制

1）对所有施工人员入场前必须进行三级安全生产教育，时间不少于50h，做到随到随教育、随考核，培训登记手续齐全，考试合格率应达到100%；进行安全体验式培训，教育内容学习《安全生产法》，现场安全知识、制度、安全操作规程（由安全消防、机械、临电等专业管理人员讲课），根据工程情况和事故案例进行讲解，使施工人员懂得安全重要性，提高施工人员自我保护能力和安全防范意识，对特殊工种根据本工种的特点进行教育考核，合格率应达100%，上岗持证率达100%；对无证上岗人员严管严查。

2）项目部每月出宣传板报一期，利用板报进行表扬和批评，做到安全生产人人皆知。

3）在上级主管部门组织的综合检查评比中争创样板绿色工地。

4）服从地方政府安全生产管理部门的指导和帮助，积极配合检查及进行整改，为工地的安全生产管理工作作出应有贡献。

（3）安全施工管理主要措施

1）认真学习贯彻落实安全生产法，保障从业人员的权利和义务，健全安全生产的保障措施和相关人员及各部门的安全职责，并对因违反安全法规的要承担相应的法律责任。

2）实行领导值班周一检查、周三复查制度。值班领导必须带队对施工现场进行每周不少于2次的安全检查整改。安全员坚持日检，并组织工程队安全员统一办公、统一检查，使施工现场安全处于受控状态。高度重视班前教育两个5min，班前5min安全条件验收，不具安全生产条件的不得施工，下班5min安全环境保持恢复作业面安全状态。

3）对公司员工和施工队签订安全生产责任状，做到指标分解，责任到人，全面落实安全生产责任制。

4）及时与施工队和劳务分包方、配属单位签订安全生产协议书，并办理安全生产资质证明和相关的安全生产手册。

5）根据施工现场的实际情况，在天气变化、节假日、施工人员进场，有针对性的对工人进行安全培训教育，对特殊工种施工人员严格管理使用，岗位调换新工人必须先进行技术培训，考试合格后方准上岗。

6）以国家相关法律、法规和当地安全管理部门的相关法规的奖惩规定为依据，制定相关的奖惩条例。对在安全生产工作中做出特殊贡献的个人，经安全生产委员会研究给予重奖。对在管理中不重视安全工作引发事故和造成经济损失的单位、个人进行重罚，并根据相关法规追究其行政、法律责任。

（4）安全管理制度及管理规定

1）全员安全教育、培训制度：项目部安全部门，每年度或新开工程对全员进行一次安全教育考核，年度教育时间不得少于12h，每周对经理部全员进行1次教育每次教育时间不得少于1h。每月必须组织本栋号人员进行一次安全教育，每次教育时间不得少于2h，对有特殊情况未参加者，过后要进行补课。各分包队，施工班组，每天必须对本单位人员进行上岗前的安全教育，教育内容及时间可根据当天的天气、周围的环境和作业工种情况而定，并做好书面记录。安全教育要结合施工实际情况，《安全活动》和季节情况进行。对新招收的合同工、临时工、季节工、农民外包队，在上岗前必须进行一次安全教育，教育时间不得少于4h。对变换工种人员，在变换工种作业前，必须进行一次变换工种的安全教育，教育时间不得少于4h。

2）特种工种安全教育制度：对特种作业人员，每月必须进行一次安全教育，对因有特殊情况未能参加者，过后要进行补课。对特种工的安全教育，每次不得少于4h。凡属外单位调进来的特种作业人员，上岗前必须进行一次安全技术培训考核，对未经学习、教育考核的人员，不得从事施工作业。对特种作业人员，在离开岗位7天以上，1个月以内者，再返回工作岗位时，必须进行一次安全教育，教育时间不得少于8h。对特种作业人员，在离开工作岗位1个月以上者，再返回工作岗位时，应对其进行短期安全技术培训，学习培训完后再经过考核，考试不合格者不准返回工作岗位从事特种作业。

（5）安全检查

1）工现场的全面安全检查由安全领导小组组织实施。

主管副经理具体组织全面检查、生产、技术、材料、机械、劳资、外管员、安全人员、栋号长、外包队负责人参加。

全面安全检查，定于每月5号、15号、25号上午进行，下午讲评，并将问题按严重程度排序，填写安全检查记录。

2）安全员坚持日检制度，随时发现的情况，要及时、坚决处理。有困难的，随时报告主管副经理。

3）班组作业区，坚持班组长检查制度，及时发现作业中的违章行为和不安全因素，立即、坚决纠正，并向栋号长及时报告。

4）安全检查的目的是：及时鉴别已查处的不安全行为和不安全状态的性质，采取有效措施，彻底消除，以减少事故危害。

5）各层次的安全检查中发现的问题或不安全因素，应遵循"三定"原则，把解决的措施、时间、人员落到实处，以尽快、彻底消除危害因素。

6）各层次的安全检查都需认真，记录查出的问题做到件件有着落，彻底解决。

7）安全检查的情况，有安全人员负责及时通报、反馈信息工作，对正在解决过程中的问题进行复查，组织验收等监督性工作。

5．消防保卫措施

（1）施工现场防火领导小组，每月召开一次防火领导小组会议。

（2）施工现场实行逐级防火责任制，由专职保卫干部全面负责日常消防安全工作。

（3）施工现场严格执行施工组织设计和平面布置，不得随便改动。

（4）加强对全员入场的防火安全教育和日常遵纪守法教育（每月两次，每次2小时），提高全员防火意识，遵纪守法的自觉性。

（5）施工现场的义务消防队每季活动一次，每半年搞一次灭火演练，并做好记录。

（6）加强对特殊工种人员的培训、教育、管理。施工作业用火，作业人员必须持防火安全技术交底，经现场保卫人员审查批准后领取用火证，方可作业，用火证只在指定地点和限定的时间内有效。

（7）安装电气设备，进行电、气割作业等必须由合格的电焊工、电工等专业技术人员操作。

（8）施工材料的存放、保管、应符合防火安全要求，易燃材料必须专库储存，化学易燃物品和压缩可燃性气体容器等，应按其性质设置专用库房分类存放，其库房的耐火等级和防火要求应符合公安部制定的《仓库防火安全管理规则》。

（9）易燃作业时必须与施工单位签订保卫工作协议书，同时将易燃作业方案报公司相关部门备案。

（10）因施工需要搭设的临时建筑，应符合防火要求，不得使用可燃、易燃材料，施工使用的围挡必须符合防火要求。任何人不得在施工现场内住宿。

（11）冬期施工严禁使用可燃材料作保温材料，使用电热器，经有关工程技术部门提供的安全使用技术资料，并经施工现场防火负责人同意。

（12）临时用电线路设置按"用电规范"要求，架设并定期检查做好记录。结构施工照明线路应符合用电要求。

（13）加强施工现场的防火安全检查，除上级检查外，每周检查一次，及时发现隐患，及时消除隐患。执行用火申请审批制度。

（14）在施工程内严禁存放可燃料具和设置可燃仓库。对现场吸烟问题，现场易燃、易爆材料的使用制定有针对性的措施。

6. 环保管理措施

成立以项目经理为组长，项目总工程师和副经理为副组长，相关责任人为组员的环保领导小组，制定相应管理措施。

（1）防止大气污染；

（2）防止水体污染；

（3）防止噪声污染。

11.2.9 施工技术质量管理

1. 技术创新

针对工程的复杂性，项目部技术质量人员积极开展技术创新、难点技术攻关和新技术应用工作。通过应用住房和城乡建设部推广的20余项新技术，提高了工效和质量水平；通过对国内首次应用，座椅下送风的观众厅看台大跨度空心折线斜楼板、屋顶大跨度钢结构屋盖等施工难点开展技术攻关，攻克了一系列技术难题，实现了5 000余平方米各类空心楼板和数十道大跨度、大断面预应力大梁一次成型、无缺陷。受到甲方、监理、质量监督部门和专家好评；通过对屋盖大跨度钢结构论证研讨，在设计单位配合下，对钢结构方案进行优化调整，大大降低了施工难度和安装成本，而且由于方案优化调整，减少了大量现场焊接工作，减少了人为因素对工程质量的影响，提高了工程质量和工效。装修方面根据工程施工内容及工序要求，制定样板计划，坚持样板先行。通过样板施工，立规矩、定标准，使操作有依据、管理有尺度、质检有实例，大面积施工中统一操作工序、统一做法，统一验收标准。

2. 质量创优

（1）结构工程确保北京市结构"长城杯"金奖，竣工工程"建筑长城杯"金奖，质量达到国家建筑工程最高质量奖——"鲁班奖"标准。

（2）为保证项目质量目标的实现，要求分部工程质量目标必须全部达到"精"的标准（精是指满足长城杯、鲁班奖评审的质量标准）。为便于对工程质量进行有效控制，将各分部质量目标进一步分解至子分部、分项工程，以便进行有效控制，同时将业主分包单位的分部工程质量目标纳入总包管理，确保分项工程合格率100%、优良率95%以上。

（3）各分项工程要求一次验收合格，杜绝等级质量事故的发生，消除质量通病，无影响结构安全隐患和设备安全、使用功能的问题，确保用户满意度达95%以上。

（4）质量评定资料，技术资料和质量体系贯标资料及时、准确、齐全，装订整齐符合要求。

（5）落实样板制。首先对施工重点工序及重点分项工程进行分解，根据工序及分项工程的安排制定样板计划，明确样板名称、样板部位、完成时间、负责人等，在施工部位挂牌注明工序名称、施工责任人、技术交底人、操作班组、施工日期等。重点的分项工程、重点工序样板必须经公司、监理等验收。通过样板制，立规矩、定标准，使操作有依据、管理有尺度、质检有实例，大面积施工中要做到统一操作工序、统一施工做法，统一质量验收标准。水、电、通风等专业工程根据土建装修做好专业样板。

（6）施工中，对所有分部分项施工内容进行全面检查，不得有漏项，质量好坏以全面的检查数据为依据。

（7）质量否决制度。加强领导，建立健全质量管理体系，全面加强企业的质量管理工作，在施工中，工程技术、质量人员、监理人员发现有不符合要求或与国家规范有差距的，有权勒令停工、返工，任何人员不得阻碍，做到有令即停。

11.2.10　施工现场管理

某礼堂工程相对复杂，生产工作必须计划先行，项目部非常重视各阶段施工进度计划的编排工作，技术牵头，生产、材料部门反复讨论研究，制定了较为科学合理的施工组织计划、进度计划，然后严格抓好各方面落实，确保了工程有序开展，在施工过程中不分昼夜，坚持每天开碰头会，每天早上六点、晚上八点项目部主要领导带队巡查工地发现问题、落实计划，克服了许多困难，终于按期交付，获得了好评。

项目部严格落实集团、公司各项规章制度，未发生重伤以上事故，获得了北京市文明安全施工样板工地。

11.2.11　项目风险管理

（1）原设计钢结构工程体系为桁架体系，工程措施费因投标时未报价，造成此项分包亏损270多万元，为降低损失项目部领导研究以加快工程进度和提高钢结构合理性为由，项目部组织钢结构重新设计，并最终通过甲方、设计组织的专家评审会受到一致肯定，重新设计了原钢结构网架体系，该项盈利约200万元。

（2）在装饰施工合同中，原地上粗装修部分报价几乎未考虑措施费，由于均为异常的高大空间，若项目自行施工增加巨额措施费亏损是显而易见的。为此，项目部利用甲方指定分包地上部分精装修的机会，指出交叉施工的重重不利影响，要求重新划分甲指精装范围，将地上部分所有装修含普通装修部分均划为甲指分包项目，并由装饰公司重新报价，初步规避了巨额措施费，减少了很大的损失。

（3）努力降低成本：423天的合同工期，十分紧迫，项目经理部引进新的有实力有诚信的劳务队承担主体结构施工，尽量给施工队相对充足的报价时间。在结构施工中由于难度大、没有标准层、甲方监督站异常严格的隐蔽验收，再加上数百项的设计变更，造成无法流水施工，施工队的人员大量窝工。面对现实，控制好劳务费支付节奏，努力建立互信，工程封顶时项目部适时地启动劳务结算，为工程全面控制成本奠定了坚实的基础。

（4）赢得后续任务：在领导班子的带领下，通过全体员工的共同努力，努力开源，先后又承揽了精装、外幕墙、夜景照明、弱电、市政、车库交通设施、录音棚、座椅、室内灯饰等工程。

（5）合理规避风险：及时办理378份设计变更、63份洽商和364份签证，形成了制度和习惯。

11.2.12 主要获奖

"鲁班奖"工程；北京市结构长城杯金质奖；竣工长城杯金质奖；国家级工法一项；专利四项；北京市建筑业新技术应用示范工程；全国工程建设优秀质量管理小组；集团优秀模板方案三等奖。

某礼堂工程历经400多天的施工工期，虽然过程艰难复杂，但是经项目经理和项目团队以最合适的施工方法、最有效的项目治理，协调各方关系，按照组织战略指南开展各项工作。在前期策划、过程执行和控制及项目收尾后，项目团队能够将精品顺利交付甲方使用，回顾整个过程，最终的结果还是与设计方案的初衷保持一致，某礼堂工程最终盈利额也达到了各方满意的水平。

第12章

"中国建造"走向海外

河南国基建设集团有限公司（简称国基建设）是国家房屋建筑和市政公用双特双甲建筑企业，中国建筑业协会副会长单位。1996年在河南省建筑行业率先进行了股份制改造，在各级政府的大力支持下，公司迅速稳步地发展壮大，目前已成为"品牌价值作支撑、房屋建筑为依托、多元经营相配套"的大型企业集团。

河南国基建设集团始终坚持"立足中原、面向全国、走向海外"的发展战略，主营业务遍及全球15个国家和地区，海外投资总额达20亿美元，已形成以"园区运营为主体、房地产开发为核心、国际贸易为纽带、矿产开采为方向"的海外经营发展新格局。

回顾河南国基建设集团走过的发展历程，区别于其他劳务和境外工程承包以及对非直接出口模式，而是利用中非两地的比较优势，整合两地资源，不做外贸而服务于外贸，不做外经而融合带动当地经济，以"创新商业模式，搭建市场平台"成为突出特色，其创立的"搭平台，做服务"的经贸园区模式和"结亲家，借东风"的公务员小区开发模式也为急于跨境转型的中国外经外贸企业提供了可资借鉴的标本。

12.1 "走出去"的动因

创新是民族繁荣进步的灵魂，是一个国家兴旺发达的不竭动力，同样也是企业生存发展和永葆活力的重要源泉。河南国基建设集团在成立时就确立了"求新务实、敢为人先、创新发展"的企业理念，无论是投资营销、工程建设，还是技术开发、营运管理，都强调以"新"取胜，只有"敢为人先"，才能"铸就大业"，只有"抢先一步"，才能夺取市场空白点和技术制高点。

早在党的十六大召开后，党中央提出了实施"走出去"战略。公司在"求新""创新"理念驱动下，决定在我国"走出去"还处在刚刚起步阶段的时候，大胆地走出国门看一看，了解一下国际市场，以谋求在公司发展道路上有所创新，这就是国基"走出去"的初衷。

河南国基建设集团主业为建筑安装和房地产开发，目前国内市场竞争十分激烈，一个企业如果缺乏危机感，就很难抵御市场风险；只有未雨绸缪，才能赢得主动；市场是企业的生命线，只有拥有市场，才能获取更大利润，"走出去"可以利用国际国内两个市场、两种资源在更广阔的空间和领域中配置资源，求得更快发展。当然，河南国基建设集团明白，在开拓国际市场的过程中，必然会存在着多重风险，但是"风险大收益也大"，只要方略对路、方法对头，就可以避免风险，去赢得市场、赢得发展。这就是国基建设想"走出去"闯一闯的一个重要原因。

从国际环境看，我国加入WTO后，对外开放进入了一个新的阶段，世贸组织的140多个成员将互相开放，实行国民待遇，为中国企业进入各成员国或地区带来了方便；在经济全球化和贸易自由化的推动下，世界性的产业结构调整步伐正在加快，亚洲、非洲和拉美的许多发展中国家出于结构升级的要求，急需从国外引进资金、技术和设备，为河南省企业利用适用技术和比较优势"走出去"，开展对外投资，提供了广阔的市场需求空间和难得的发展机遇；在全球经济复苏的背景下，许多国家为了吸引外资，放宽了限制，制定了更优惠政策，为中国企业开展境外投资和合作提供了十分有利的商机。

从国内环境看，党的十六大和十六届三中全会明确指出，"实施'走出去'战略是对外开放新阶段的重大举措。"从20世纪90年代以来，国务院和有关部委先后发布了上百多部鼓励和规范"走出去"的政策、法规和文件，并将海外投资纳入国民经济统计序列，为中国企业"走出去"提供了优越的政策资源和可靠的制度保障；我国经济持续快速发展，经济总量和对外贸易额已分居世界第4位和第3位，中国综合国力的提升与国际声誉和地位的提高，为企业"走出去"提供了强大的后盾。

河南国基建设集团认识到，在"走出去"的问题上，全国政策相同，谁抢得先机，谁就能获得政策资源的先发性效益，谁就能图得更快发展，响应国家"走出去"号召，抓住这一历史性的发展机遇，是河南国基建设集团当时决定"走出去"的根本原因。

河南国基建设集团是一个发展中的企业，与国内的大公司、大集团相比，虽仍有相当大的差距，但必须有自强自立和知难而上的精神，敢于"走出去"，科学地认认真真地做好每一件事，就能克服重重困难。河南企业只有在实干中抓住商机，用取得的业绩来树立河南形象，才能改变别人对我们的偏见，为河南企业争气，为河南人争光，这也是国基集团决心"走出去"干一番事业的基本原因。

12.2 "走出去"落脚点的选择

2003年，在中国加入世贸组织两年之后，"经济全球化"的热潮迅速席卷中华大地。在"国际化"潮流的影响下，河南国基建设集团也意识到"走出去"是公司实现可持续发展的必由之路。在确定"落户"非洲之前，河南国基建设集团参观考察了世界许多国家，欧美、西亚、阿联酋、阿富汗等国家、地区都进行了深入的调查，但是通过了解，这些国家的经营成本高，政策限制多，不适合国基"落脚"。在经过一番调研之后，公司最终将目光投向了非洲大地，而非洲之所以能成为公司海外扩展的首选地，原因在于：

首先，非洲市场发展空间巨大。连绵的内战，使非洲社会的经济遭受了严重的破坏，各行各业都处于百废待兴的状态，有许多空白的市场等待我们去发掘。而且非洲社会商品匮乏，经济发展水平较低，且非洲国内急于引进技术和项目，能为国内产业转移提供条件，从而在经济上具有较强的互补性。

其次，非洲的投资政策宽松。改革开放以来，我国经济建设取得了巨大成就，非洲国家认为中国的发展道路对他们来说很有借鉴意义，因此，非常鼓励我国的企业到当地去进行投资建设，且在政策上给予了良好的优惠政策，且提供了良好的投资环境，宽松优惠的政策为我国提供了便利的条件。

最后，非洲可利用的资源特别丰富。非洲幅员辽阔、资源丰富，是最后一个充满商机能让投资者获得合理经济回报的大市场。而且，非洲的劳动力资源相当丰富，且价格相当低廉，"走出去"既可以帮助非洲国家减轻劳动就业压力，也能弥补河南省劳动力成本上升的不足。

12.3　开拓非洲市场遇到的困难

机遇和挑战往往是并行存在。2003年，河南国基建设集团开始进军海外市场，将塞拉利昂作为向非洲市场进军的桥头堡。而一系列发展难题也都摆在了台面上。主要有以下几个方面：

12.3.1　投资环境差

非洲各国政策不一，除极个别国家外均存在政局不稳、传染疾病肆虐、建材供应不足、水电供应不畅、专业人才缺乏等固有问题，具体包括：

（1）基础设施落后。基础设施落后一直是非洲经济和社会发展的瓶颈。以塞拉利昂的电力供应为例，塞当时发电量不到3 000MW，而整个国家的电力需求在10 000MW左右，缺口巨大。此外，多数非洲国家的电信服务和交通运输也不尽如人意，落后的基础设施状况极大增加了公司在非的运营成本，特别原材料的运输、机械采购等更是影响巨大。

（2）法律法规体系不够完善健全。非洲国家，无论个体目前发展情况如何，由于相同的殖民地背景，其法律体系和法律环境有一定的共性。就法律本身而言，多是将英国普通法、伊斯兰教法和本地习惯法相融合的产物，富有现代精神的法律无法实际施行。很多国家做到了有法可依，但是从广大民众的角度却没有建立起有法必依的守法意识，而执法不严、违法不究的情况就进一步架空了法律。在非洲国家中，这种表面的法制现代化和深层的民众法治意识淡薄的缺口短期难以弥合，法律法规体系不够完善健全为企业在非经营带来巨大的不确定性和风险。

（3）外汇管制、汇率贬值与原材料供应不足。非洲国家经济基础大多比较脆弱，基础设施很差，货币大多是易于贬值的软币，工业不发达，相关产业链不完整甚至缺失，给承包企业带来很多问题。例如，埃塞货币比尔在金融危机中，兑美元的汇率从1∶9跌至1∶13，同时，埃塞的外汇储备非常紧缺，外汇汇出管理非常严格且手续复杂，因此企业金融风险非常大。在坦桑，用美元兑换坦桑尼亚先令时，需要提供2006年以后印制的美元，否则不予兑换。在埃塞，各种工程项目所需的设备及配件当地供应困难，往往耗费承包商几个月的时间从国外进口，大大增加了成本和施工周期。

（4）高素质劳动力匮乏。由于教育落后和自然条件优越养成的懒惰习性等原因，非洲缺乏高素质的劳动力，甚至一些基本的技工在当地也很难聘到，只能从国内或别的国家招聘。与此同时，部分非洲国家对于本地化内容以及外籍劳务管理都有严格限制。比如在埃及，外商只能以合资的形式成立建筑公司，且外资股权不得超过49%，非埃及员工在公司里的比例不得超过10%。尼日利亚对外籍劳务也实行配额制管理，通过严格限制外籍劳务数量来保护本国就业，降低失业率。这些国家工作签证的期限普遍较短，办理手续繁杂。一方面是合格劳动力资源匮乏，另一方面又严格限制外国劳务数量，这给我企业在非承包和投资项目的正常经营带来极大困难。

（5）安全问题突出。非洲属于流行病高发地区，多种致命传染病盛行外加防治不力，每年有数百万人口因此丧失性命，这些疾病，如疟疾和结核很难预防，对我们在非务工人员的身体健康威胁极大，需要我们"走出去"人员和企业格外注意。此外，非洲的治安形势也不容乐观。即使在肯尼亚、南非、埃及等非洲较发达国家，治安状况也难称良好，安保工作一直是我企业在非经营的工作重点。

（6）存在多种形式的贸易壁垒。为保护本国商品和工业，许多非洲国家都设置了多种贸易壁垒，给我们企业对非出口增添了许多困难。如关税壁垒、通关环节壁垒、技术性贸易壁垒、贸易救济措施等，大幅增加了公司的成本预算，增添了很多麻烦。

12.3.2 施工难度大

在非洲，由于环境恶劣、工人技术有限等一系列问题的出现，本来一些施工项目在国内本来不成问题，但在非洲地区却成难题。

（1）由于当地气候条件恶劣，昼夜温差较大，混凝土表面产生裂缝成为关键技术难点；施工条件的限制和采购困难成了亟须解决的首要问题，机电安装及设备均需从国内采购运输至施工现场；时间差是技术论证沟通的难点，非洲的时间与我国时差5～9个小时，沟通一般都在夜间，增加了工作负担。质量问题的主要原因有当地缺少熟练工人、质量好的材料的缺乏、表达能力不足、对外部承包商的监管不足、项目管理水平低、官僚主义等。

（2）对当地文化、社会与用工制度不熟悉。目前，中国企业在非洲履行社会责任情况较之过去虽有进步，但总体社会责任意识仍然比较单薄，且与当地社会沟通较少。一些企业漠视当地劳动法，把国内的用工模式带到非洲，而当地工会和用工制度与中国差异较大，从而产生了一系列问题。一些企业的中方员工在与当地员工的交往中，常常局限于工作接触，不善于用平和的方式或采用非正式、随和的方式交往，与当地社区、非政府组织的交往更少，由此产生心理上的距离，引发一些冲突。

12.4　解决方法

不服输的国基人在困难面前深刻认识到，传统的市场拓展模式不适合非洲，因此我们决定与当地政府合作。2005年成功在塞拉利昂首都建立集生产、仓储、物流、贸易、服务于一体的"国基工贸园区"，建成后被塞国政府作为招商引资典范进行推广。2006年11月塞国总统亲自到访国基，对园区运营和发展给予高度评价。此后我们又与塞国政府合作进行地产项目和矿产资源开发，并成为首家同中非基金合作的民营企业。在项目实施过程中，我们打破传统的国际贸易和工程承包经营模式，"以外经带动外贸，以外贸促进外经"的新型商业运作模式日趋成熟。

我们与多个国家"结亲"，提出了"非洲国家公务员住房解决方案"，拉开了与非洲各国合作开发公务员小区的序幕。由于莫桑比克"国基理想城"项目、赞比亚"银憩花园"项目的投资建设取得了巨大成功，塞拉利昂、马拉维、乌干达、刚果（金）、津巴布韦等国家陆续与我们合作建设公务员住房项目，这一模式将持续向南非、肯尼亚、埃塞俄比亚、科特迪瓦等17个国家推广。与政府合作民生工程，既解决了非洲当地的社会矛盾，为当地政府树立了政绩，又规避了市场投资风险；以投资带动工程总承包，使我们成功跳出了传统的海外工程承包模式；投资项目带动多个行业发展，提供大量就业机会，为非洲当地增加了就业岗位。2014年11月，时任住房和城乡建设部部长陈政高一行考察非洲，专程视察了赞比亚"银憩花园"项目，对国基在非洲取得的成绩给予了高度评价。

质量是企业的生命。我们始终坚持"创建筑精品、树国基形象"，严格按照"企业标准高于国家标准"，严把施工质量关。在海外我们更是把建筑质量当作头等大事来抓，非洲国家工程施工质量相关标准和规范薄弱，有些领域甚至是空白。我们高标准、严要求，逐项对照鲁班奖的标准，对项目建设全过程严格质量管控，承建的莫桑比克"国基理想城"和赞比亚"银憩花园"项目先后荣获"境外鲁班奖"，填补了河南省建筑企业"境外鲁班奖"的空白，乌干达坎帕拉公务员一期住房建设项目荣获2018—2019年度中国建设鲁班奖（境外工程）。随着公务员住宅项目的成功实施，"中国建造"的国基品牌成为品质高、质量优、设施全的象征，得到当地政府和民众的高度认可。

高效协作的人才团队是海外事业取得成功的关键。经过多年的培养选拔，目前国基海外团队汇聚了300多名企业管理、营销、设计、施工、财务、国际贸易、外语翻译等高素质专业人才，全方位保证了海外项目顺利运营。2013年，我们从海外项目所在国选拔一批非洲学员，到郑州大学"河南国基国际人才培训班"进行为期两年的学习交流，学成后回本国项目部工作，为国基发展提供了人才保障和智力支持。在海外，我们始终牢记自己是中国企业，开展经营活动的同时不忘社会责任和国际担当，多次开展修建道路、为非洲贫困儿童捐资助学等慈善活动，提升了企业在当地的影响力，树立了中国建筑企业的良好形象。

12.5　创新效果

十七年披荆斩棘，十七年风雨兼程，河南国基建设集团凭借对海外市场的精准把握及自身的开拓创新精神，成功地开创了新型的工贸园区运作模式与非洲地产开发模式，实现了由传统到新型的华丽转身，抢占了事业发展的制高点，以下就是两种创新模式。

12.5.1　工贸园区创新模式

2005年，由河南国基与塞拉利昂贸工部共同投资兴建的塞拉利昂国基工贸园区成功开园，园区位于塞首都弗里敦东区，地理位置优越，紧邻首都弗里敦通往各省及邻国的唯一高速公路，交通十分便利。园区自成立后，成功引进众多国内外中小型生产企业和贸易公司，并建立了由塞拉利昂国基投资发展有限公司开办的彩瓦厂、塑钢门窗厂、地砖厂和建材及家具展厅，以及由园区入驻企业开办的氧气厂、床垫厂、涂料厂、农机具组装厂等20多个投资项目。

国基工贸园区的特色主要表现在以下三个方面：

（1）新型的商业运作模式。在工贸园区的运营模式上，河南国基创造性地提出了"外经带动外贸，外贸促进外经"的新型商业运作模式，并以此为核心指导，将工贸园区定位为服务各类国际外经外贸企业商务运作的平台。

（2）特色的政企合作模式。工贸园区由河南国基与塞拉利昂贸工部合作成立。塞拉利昂贸工部以原有工作间所有土地、厂房及其资产作股（塞国以合资公司的名义，办理土地证、房产证等）占整个工贸园区股份的18%，国基实业以机械、设备、建材、物资、技术、资金和经营管理作股占82%。这样的合作模式，不仅使公司获得了塞国一些资源性的支持，同时也为公司取得各类投资优惠政策提供了便利。

（3）合理的规划先行模式。根据塞国国情，结合中外企业的投资需求，在园区设计上，建成了可满足国内外中小企业投资中各类厂房需求的生产加工区、可满足园区生产的各类产品及贸易产品销售的商品展示区、可满足园区商户用于生产的原材料、半成品以及贸易产品存储的保税仓储区，以及为园区商户提供便捷食宿、文娱休闲的后勤服务区，形成了集生产、仓储、物流、贸易、服务于一体的园区模式。

自运行以来，园区已在塞拉利昂当地创造了良好的经济效益和社会效益，得到上至以总统为首的政府官员，下至普通百姓的普遍好评。

12.5.2　房地产开发创新模式

以房地产及工程建设为主业的河南国基，心中始终怀有在非洲开发地产项目的情结。因此，在稳步运营工贸园区的同时，公司非常关注当地地产市场。供不应求的非洲房产市场，让公司看到了其中所蕴藏的无限商机。在市场需求以及自身愿望的双重驱使下，河南国基开始了非洲的地产开发之路。

2007年，河南国基在塞拉利昂开发了"西非阳光"项目，是公司在非洲打造的第一个地产项目。作为商务生活一体化的高档别墅项目，西非阳光很快便以其的区位优势及完备的配套设施，赢得了市场的青睐，虽然价格一路上扬，但却挡不住客户的热情，销售形势一片大好。"西非阳光"项目在非洲地产界的成功"试水"，极大地振奋了河南国基投资非洲地产的信心和决心，但河南国基没有止步于眼前的成功，而是以此为垫脚石，站在更高处，审视整个非洲地产市场的需求，以寻求更适合公司发展的地产运作模式。

通过对非洲地产市场的进一步的了解，河南国基将目光停留在了非洲一类特殊群体——国家公务员身上。一个国家中，国家公务员作为精英阶层，在社会上扮演着举足轻重的作用。随着非洲国家局势的稳定，经济的发展，这类群体的数量日趋庞大，但目前非洲国家公务员的住房情况却不容乐观，大多数公务员都没有属于自己的住房。近年来，非洲国家公务员人数的不断增多以及对住房需求的日益高涨，与当地政府无法短时间内满足公务员的住房需求的社会现实，渐渐发展成为社会矛盾，影响到了非洲国家的社会稳定。面对这样的社会现实，河南国基迅速做出了正确的判断，非洲公务员住宅项目是一个巨大的潜在的空白市场，并将定向开发公务员住宅项目定位为公司非洲地产项目开发主打方向。

河南国基建设集团开发的公务员住宅项目在开发模式上，是以公务员群体为主，由非洲国家政府引导，与当地金融机构合作，结合当地实际情况，利用当地政府优惠政策及公司自身的行业优势，降低房屋成本，满足当地社会群体的住房需求。在规划理念上，公司在开发上将采取社区组团式开发方式，统一规划，并将提供幼儿园、学校、超市、医院等配套设施，并将根据不同级别分区域开发，建筑面积与装修标准也按级别区分，使各区域之间既功能共享，又相对独立。通过这样的规划设计，为当地居民提供舒适便捷的生活居住空间。

这种由河南国基建设集团首创的海外地产开发模式，具有非常深远的意义：首先，它解决了非洲当地社会现存的矛盾，满足了公务员的住房需求，为当地政府树立了政绩，同时也让公司避免了投资市场风险，有"双赢"之效。其次，它开创了与当地政府机构、金融机构联合开发地产的合作模式，探索出了一条适用于非洲地产开发的合作运营模式。再次，它以投资为主题，带动工程承包，成功地跳出了传统的海外工程承包模式。最后，项目的启动，也将带动非洲国家多个行业的发展，繁荣当地市场，并提供大量就业机会，帮助当地政府解决就业问题。

2011年8月，莫桑比克总统格布扎来访河南国基，对公务员项目的运作给予高度评价。2011年9月，莫桑比克公务员住宅项目举行了规模盛大的奠基仪式，时任河南省副省长史济春先生与莫桑比克总理阿伊雷斯·阿里出席了仪式。2012年1月，项目一期300套住宅工程已顺利启动开建。

莫桑比克公务员住宅项目的成功开启，既印证了河南国基公务员住宅项目开发模式的合理性，同时，也一石激起千层浪，在非洲地产界产生了巨大反响。其他国家也纷纷向河南国基投来橄榄枝，2011年9月，塞拉利昂工程、住房和基础建设部与河南国基签订合作协议，目前，项目一期工程已开始施工；2011年12月，赞比亚发展署与河南国基签署公务员项目合作协议，目前，一期工程已破土动工；2012年9月，马拉维住房开发总公司与河南国基签订合作协议。

另外，刚果金、津巴布韦、科特迪瓦、坦桑尼亚、埃塞俄比亚等国家也先后慕名来访河南国基建设集团，探讨合作事宜。

12.6 "走出去"及参与"一带一路"建设的几点体会

河南国基建设集团走出海外近20年，我们一路走来，规模从小到大、实力由弱到强、品牌从无到有，尤其是近几年我们在"一带一路"倡议下，规模进一步提升。作为一个企业，我们的视野、深度和活动领域都有限，但在经营活动中我们体会到，即便在建筑施工、传统商品出口领域，中国外经外贸易企业在非洲仍有巨大发展空间，常规外贸也面临着产品升级的机遇，对此，我们也有一些切身体会。

（1）非洲面临消费品升级的机会。目前，非洲市场产品仍然质次价高，伪劣商品充斥，质次价高。有人戏称，非洲目前仍是全球二手物品和劣质商品集散中心，而商品来源地，大多来自中国。我们的短视也造成了非洲民众对中国商品价廉低端的印象。在对非商品输出的数量上，充其量解决了"有"的问题，远达不到"好"的标准。举个例子，在莫桑比克，合格的电水壶插头屡用屡坏，原因是没有大功率铜线，不得已屡坏屡换，这客观上加大了消费成本。这种情况比比皆是，很多产品，不是不需要，而是买不到。

对应商品急需升级的现实，是非洲国家近年来快速发展带来的消费水平提升。衡量一个国家潜在富裕程度的标准，一是人均资源的占有程度，二是劳动生产力水平。非洲国家普遍地广人稀，资源丰富，人均占有资源程度高。而随着非洲绝大部分国家政局的稳定，外资企业的进入，劳动生产力稳步提高，这些，提升了普通民众的消费水平。而我们的外贸企业，仍然固守以往标准，将会失去这一市场，这对于我国国内严重过剩产能来说，减少了这一市场，无疑是噩梦。

（2）转移过剩产能，需要强力进行外贸平台升级，加强终端掌控能力。非洲是转移我们国家过剩产能的重要消费品市场，并且其地位越来越重要。但如何使产品快速进入当地市场，以前没有人给出答案。而现在我们的开发实践，构建的"搭平台，做服务"这一商业模式，证明不仅赚钱，而且有力的促进了中国商品和加工产业进入非洲市场。但是，由于企业是在自发经营的基础上进行的商业行为，探索到这一模式，囿于前期规模较大的资金要求，在其他国家进行复制时显得力不从心。对此，我们的想法是政府主导，企业运作，一是联合其他有资金能力和愿意进入非洲市场的企业，在非洲其他国家建立类似于工贸园区的服务平台，以建立中国工贸易园区为抓手，带动中国外贸企业在该国的聚集，并对该国轻工产品和消费市场形成辐射能力。

（3）以信息技术为基础，对原有的经贸园区管理系统和服务系统进行升级。借鉴国内电子商务模式，在国外，以经贸易园区为实体依托，在国内，建立电子商务平台，进行市场信息共享，实现网上下单，线下支付，第三方物流运输到园区的发展目标，形成一个开放性的平台，更好的满足不断发展的中非贸易需要。这些构想，都需要政府在政策和资金上给予支持。

（4）跟进市场需求，科学谋划，与同行共享商业机会，打造外贸产业的国际竞争力。公司在未来发展过程中，需要立足当前已经取得的项目经验，密切关注当地市场的发展趋势，利用当前有利的资源和发展优势，科学谋划，进行精准的市场定位，制定切实可行的发展策略，围绕目标精耕细作。在政府和主管厅局的领导下，我们愿意和其他同行一起，共同做大以上两种成熟的商业模式。一是共享经验，我们愿意把这些成功的经验和失败的教训和兄弟企业一起交流，同时，也希望在其他非洲其他国家和我们一起，采取各种合作方法，推广这两种商业模式，为中国企业中国产品进入当地市场提供更便利的机会。二是结合我们自身情况，继续寻找新的商业机会，并利用当地资源，嫁接我们的优势，创新商业模式，使生产要素的组合速度更快，效率更高，市场切入点更精准，比如开发东非国家的农业资源也是值得大做文章的地方。

河南国基建设集团开拓海外市场仅仅是迈出了一小步。党的十八大以来，在以习近平同志为核心的党中央更是对"一带一路"提出了新的要求和倡议，如今随着"一带一路"倡议实施，建筑企业"走出去"正处于"天时、地利、人和"的大好时机。我们将凭借自身在非洲多年积淀的有利条件，以房地产项目为核心，以基础设施建设为新切入点，以工程质量和创新为抓手，积极融入"一带一路"建设，大力拓展经营业务和范围，在海外建筑市场书写"中国建造"的华美篇章。